JN065320

エルドアンが変えたトルコ

長期政権の力学

間 寧 Hazama Yasushi

作品社

エルドアンが変えたトルコ

——長期政権の力学

はじめに

一九九四年夏、アンカラ

トルコの首都アンカラ郊外の幹線道路から脇道に入ると、農村集落の面影を残す家並みが続く。そのなかで、建物と不釣り合いに大きな看板が屋上で目立つのが福祉党の本部だった。福祉党は、トルコの国家制度を認めたうえでイスラム教を重視する政党として知られていた。そのとき福祉党は、一九九四年三月のトルコ統一地方選挙で大躍進した直後だった。

「最近の党躍進の理由について聞き取りをしたい」との私の願いは聞き入れられた。ギシギシと音がする階段を上がって二階にたどり着くと、顎髭の刈り込みの跡が新鮮な三〇歳代の党本部広報部員であるファルクさんが、にこやかに迎えてくれた。曰く、「福祉党は一九九〇年に大きく変わりました。われわれと考えが違う人に、あらゆる機会を捉えてつながるようになったのです。これを見てください」。

私の前の机に置かれたエクセル・シート様式のＡ４紙は、党県支部長のいわば営業月報用紙だった。県内の各郡においてさまざまな組織や行事、たとえば小企業主、工場・ストライキ現場、喫茶店、お悔やみ・病気見舞い、結婚式・割礼式、新聞・出版社、催事・見本市、県・郡知事、市長、裁判所・弁護士会、葬儀、などに訪れた回数を記入するようになっている。また、翌月の各県での主要な行事を書き込む欄もある。

ファルクさんはまた、党中央決定執行委員会（党大会に次ぐ意思決定機関）全四一委員の名簿を見せてくれた。

その名簿の上位から二〇番目に、現在のトルコ大統領であるレジェップ・タイップ・エルドアンがいた。彼はイスタンブル県連会長として頭角を現し、弱冠三〇歳ながら同年の統一地方選挙でイスタンブル市長に当選したのだ。エルドアンがその八年後の二〇〇二年に単独政権を築くとは、そのときは予想もできなかった。

経済発展

トルコは過去二〇年で一人あたり国内総生産（ＧＤＰ）が約三倍に増え、ＧＤＰ総額では世界二〇位に入る。自動車産業はトルコ最大の産業となり、その生産台数は欧州で五指に入るし、白物家電産業も欧州市場で首位を争う。観光立国としても、外国人旅行者受入数でイタリアに次ぐ世界六位（二〇一九年）までに成長した。

中所得層は倍増し、五日間程度の連休でも欧州諸国に容易に旅行するのが普通になった。それは、新聞での旅行代理店の格安運賃広告、イスタンブル空港の大混雑、ローマやウイーンに行ったなどの多くの知人の土産話からも実感できた。

トルコの生活水準の平均をやや上回るアンカラでも、私がかつて訪れた福祉党本部の近くにはいまや巨大なショッピングモールが林立し、豪華な国内外ブランド店や美食レストランが軒を連ねている。郊外には高層マンションや一戸建てからなる新興住宅街が広がるが、市営地下鉄延伸により郊外から中心街への移動も交通渋滞に煩わされる必要がなくなった。

トルコの最大都市イスタンブルでも、市内最大のゴミ捨場（メタンガス爆発が起きたこともある）として知られていたウムラニエ地区は、いまやトルコ金融の中心地となった。町中のタクシーは、かつては中古車が多く、運転手さんに「ドアはバシッと強く閉めて」と言われることもあった。いまや、ほぼすべてが新車の装いである。乗り込んでドアをふわりと閉めると、カチャッと小気味よく閉まる。

世界の注目

このように発展したトルコはエルドアン政権期に世界の注目を増すようになったが、それは常に何らかの国との関係においてだった。たとえば、米国の対イラク戦争にトルコは協力するのか、トルコは欧州連合（EU）に正式加盟できるのか、過激派組織イスラム国（IS）にトルコはどう対応するのか、トルコはEUへの難民流入を止められるのか、トルコのロシア接近は北大西洋条約機構（NATO）からの離反をもたらすのか、ロシアのウクライナ侵攻でなぜ停戦交渉を仲介しているのか、などである。

トルコへのこのような注目は近年の経済発展に加え、トルコが欧州、中東、アジア（すなわちユーラシア）にまたがり地政学的に重要な国であることが理由だ。日本の二倍の広さの国土の一割が欧州、九割がアジアに存在するトルコは、国民八四〇〇万人の九割以上がイスラム教徒でありながら、国家制度を宗教的戒律から切り離した世俗主義国家である。ＡＫＰもこの世俗主義国家という条件のもとで存続してきた。

軍事的にはＮＡＴＯ加盟国として第二の兵力を保有し、中東・ロシアへの最前線をなしている。経済的には、ＥＵには準加盟ながら一九九五年に関税協定を結び、外資にとって魅力的な貿易拠点となっている。中東やロシア、コーカサス、中央アジア、さらにはアフリカ諸国との通商関係をも近年強め、対外関係での欧米偏重を徐々に是正している。

日本との関係では、かつて一九八五年のイラン・イラク戦争当時に、在イラン邦人救出にトルコが特別に航空機を派遣したことや、日本がイスタンブルのボスポラス第二架橋の建設を支援したことなどが知られている。エルドアン政権下ではさらに、日本はボスポラス海峡横断地下鉄の建設を支援、かつて小泉首相、安倍首相（二期目）が両国相互訪問を実現し、トルコ進出日本企業拠点数も五倍増の三〇〇近くに達した。

知られざる超長期政権

ところで、トルコの地政学的条件や日本との友好関係は周知の事実なのに対し、意外にも知られていないのは、世界でも希有な二〇年間の超長期政権の存在である。日本でいえば、二〇〇一年に就任した小泉首相がまだ在任している感じである。今日のエルドアンはロシアのウラジーミル・プーチン大統領とも並んで強権指導者にたとえられる。たしかにプーチンは、大統領就任四年後に強権化して長期政権を確立した。しかし、エルドアンが強権化したのは政権樹立から一五年後である。

では、なぜ選挙の洗礼を受けながらこれほど長く政権を維持できたのか。エルドアンの与党公正発展党（ＡＫＰ）は、政権樹立以降の五つの総選挙と四つの統一地方選挙のすべてで勝利している。これを単に政党の組織力では説明できない。組織力に頼って政権を奪取しても、失政が続けば選挙で勝ち続けることはできない。それは「アラブの春」で与党になったイスラム系政党のその後の凋落からも明らかである。

つまり、トルコにおける超長期政権の台頭と衰退の力学は、ロシアではなく、むしろ他の新興民主主義国に、さらには先進民主主義国にも共通する。本書ではこの力学を、過去二〇年にわたる全国レベルと個人レベルのデータをもとに解き明かす。その結論は、政治指導者の戦略論にとどまらず、われわれ個人の問題として、人々を引き寄せる指導力の根幹が何かというリーダーシップ論にもつながるだろう。

トルコ県区分地図

注：●は県庁所在地（il merkezi）。県庁所在地名は以下を除き県名と同じ。アンタキヤ（ハタイ県）、イズミト（コジャエリ県）、アダパザル（サカリヤ県）。

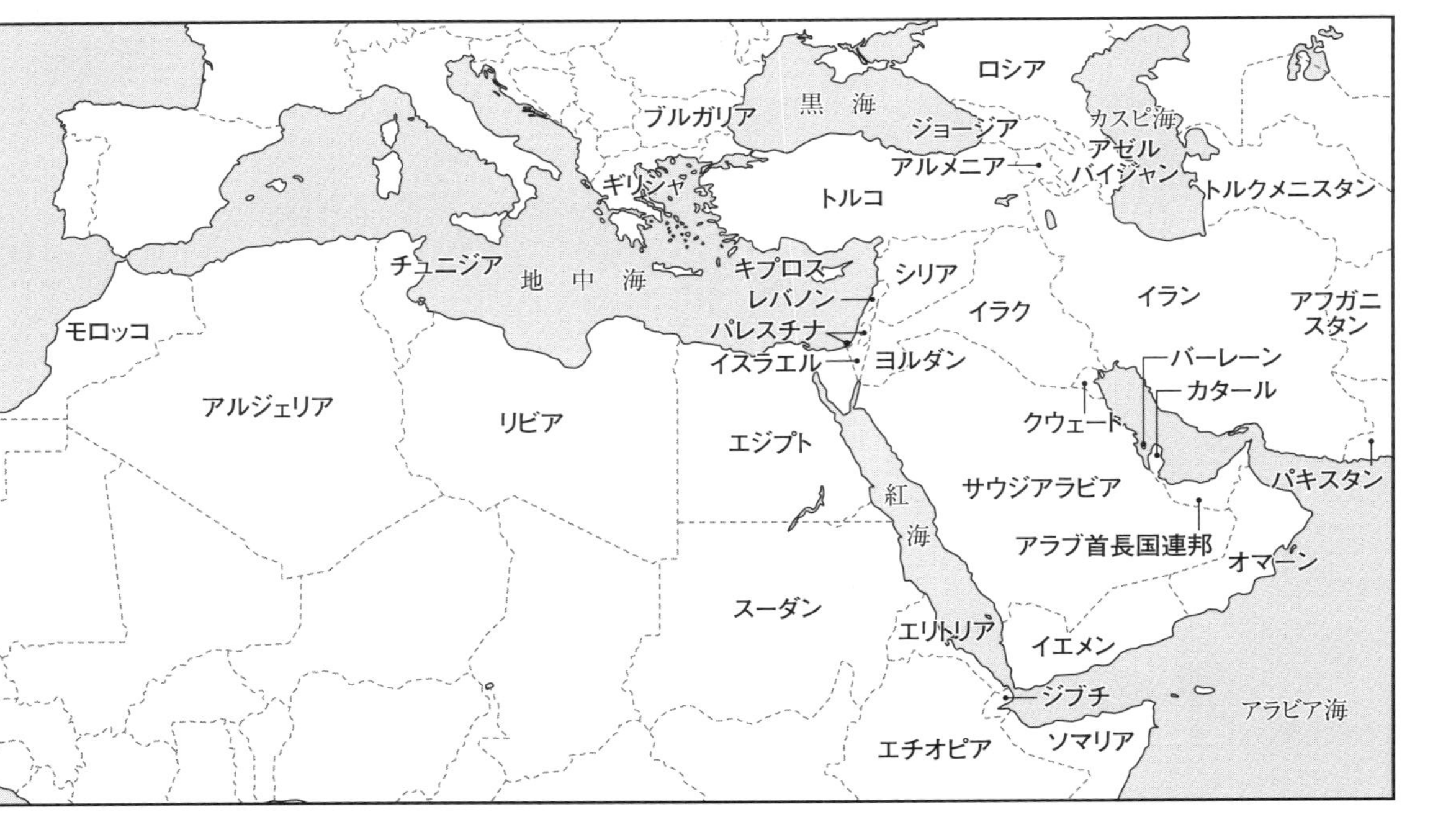
ロシア
黒海
ブルガリア
ジョージア
カスピ海
アゼルバイジャン
アルメニア
トルクメニスタン
ギリシャ
トルコ
チュニジア
地中海
キプロス
シリア
レバノン
イラク
イラン
アフガニスタン
モロッコ
パレスチナ
イスラエル
ヨルダン
バーレーン
カタール
アルジェリア
リビア
エジプト
クウェート
紅海
サウジアラビア
パキスタン
アラブ首長国連邦
オマーン
スーダン
エリトリア
イエメン
ジブチ
アラビア海
エチオピア
ソマリア

中東地図

目次

序章　なぜ一党優位を維持できたのか

これまでの政党制や選挙についての研究は、一党優位制（predominant party system）を見逃してきた。一党優位制は、同一の政党ないし政党連合が三回の民主的選挙で連続して議会過半数を獲得している政党制と定義できる。[1] このような条件は成立しにくいように思えるが、実際のところ一党優位制は珍しくはない。先行研究によると、一九七五～二〇一〇年の間に定着した七五の民主主義国のうち、その半数にあたる三七カ国が一党優位制を経験している。日本以外では、たとえば英国の一九七九～九七年および一九九七～二〇一〇年、オーストラリアの一九八四～九六年、チリの二〇〇二～二〇一〇年、スリランカの一九七八～八五年などである。[2]

このように一党優位制は無視できない異類とはいえ、そのなかでもトルコの公正発展党（ＡＫＰ）政権は二〇〇二年から二〇年も続いた。この在任期間は、前述の三七カ国における一党優位制期の与党の

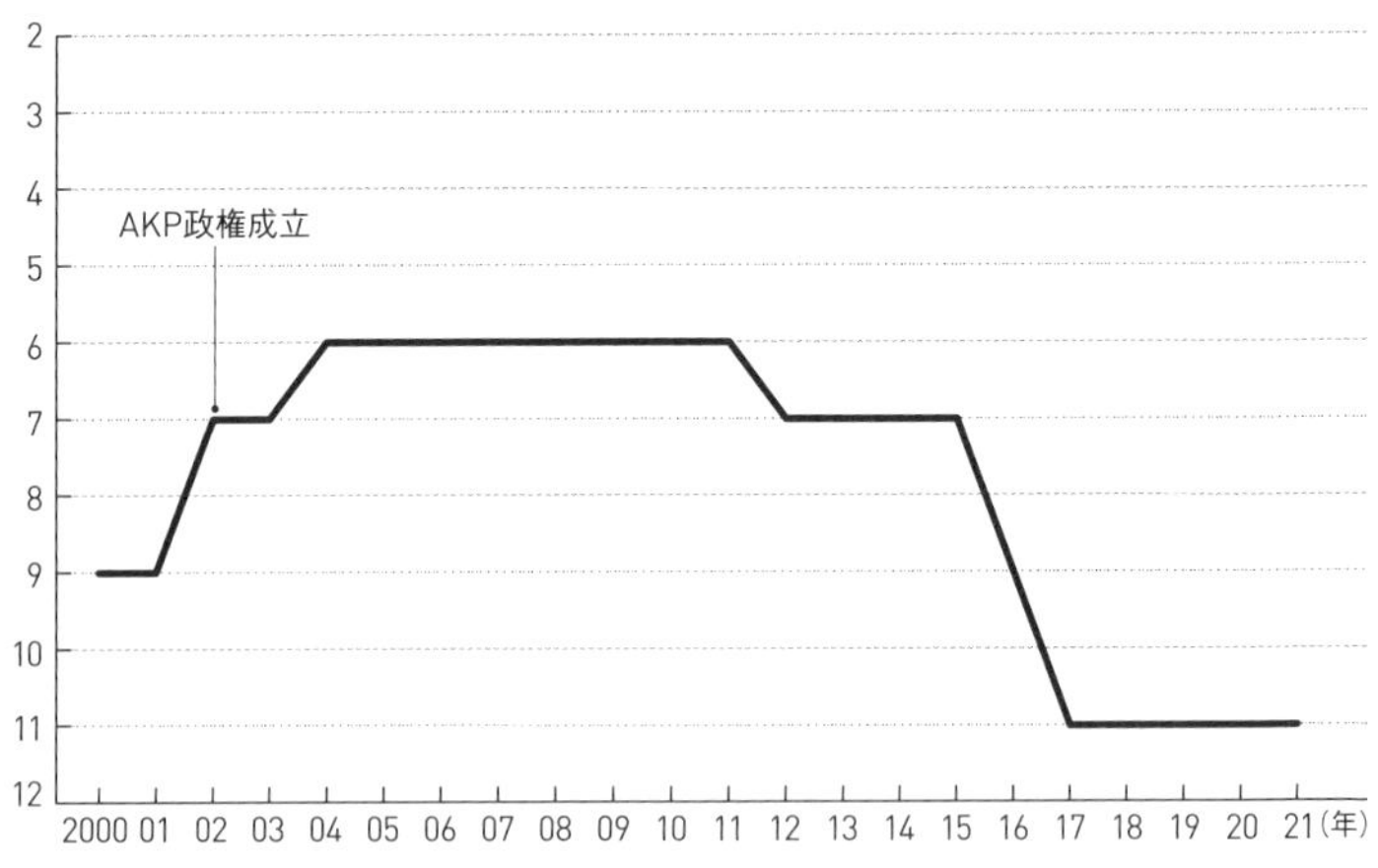

図 0-1　フリーダムハウスによるトルコの民主主義度

注：政治的権利指標と市民的自由指標の合計値（最小 2 から最大 12）。値が小さいほど民主主義度が高い。

出所：フリーダムハウスのウェブサイト（https://freedomhouse.org/report/freedom-world）のデータより筆者作成。

在任期間の平均一一年、中央値七年と比べても長い[3]。本書は、（一）競争的な選挙を実施する民主主義諸国で一党優位制の与党は政権をなぜ長期間維持できるのか、（二）一党優位制が衰退に至る原因は何かという疑問に、トルコを事例としてデータにもとづく分析で答える。

結論を先にいえば、この間、トルコのレジェップ・タイイップ・エルドアンを党首とするＡＫＰが選挙に勝ち続けて政権を維持できた最大の理由は、強権政治ではなく、「引力政治」にある。すなわち、後光力、庇護力、言説力という三つの力により国民を引き寄せる政治である。

ただし、このような政権維持の力学は、制度が機能している限りにおいて成り立つ。制度が恣意に取って代わられると、強権を用いても無力政治に陥ることになる。本書では、なぜ強権によって政権を維持することができないのかについても、あわせて論じる。

トルコの政治体制は近年強権化し、二〇一八年以降は民主主義ではなく権威主義とみなされるようになった[4]（図０－１）。この過程で意外にも、強権化が一党優位制をむしろ衰退させることが明らかになった。実は権威主義についての最近の研究によると、現在のトルコのような選挙権威主義体制は長続きせず、民主主義体制または（普通の）権威主義体制のどちらかへ移行しやすい。体制として中途半端で不安定であるためとされているが、そのメカニズムの解明はこれからである。その移行過程の分析にも、本書は知見を提供する[5]。

さらに、選挙での与党劣勢が予想されたため、トルコの一党優位制の台頭、定着、衰退を研究する意義はさらに高まった。また、一党優位制が再興した日本や一党優位制が台頭した新興民主主義諸国とも、本書の知見を共有することができるだろう。このように本書は他の類書とは異なり、エルドアン政権を解説するのではなく[6]、より一般的に、選挙の洗礼を受けて政権維持するためには何が必要かを明らかにする。序章では、一党優位制とトルコの政党政治の背景を紹介したうえで、本書の概観を示しておきたい。

一党優位制とトルコ

複数政党制移行後のトルコの政党制は、①一九五〇年代の二大政党制、②一九六〇年代以降の多党制、③二〇〇〇年代以降の一党優位制へと変遷してきた（表０－１）。①二大政党制から②多党制への変化の理由のひとつは、一九六一年に選挙制度がそれまでの比較多数制から比例代表制に変更されたことである。県別選挙区での議席配分が、全議席を第一党に与える方式から、政党の選挙区得票数に応じて議

政党：1950-1960 年							
							無所属
							4.8
							1.5
							0.1
政党：1961-1980 年							
MHP	MSP	TBP	TİP	YTP			無所属
—	—	—	—	13.7			0.8
—	—	—	3.0	3.7			3.2
3.0	—	2.8	2.7	2.2			5.6
3.4	11.8	1.1	—	—			2.8
6.4	8.6	0.4	0.1	—			2.5
政党：1983-2018 年							
MÇP/ MHP	HP	IDP	MDP	GP	İYİ Parti	他政党	無所属
—	30.5	—	23.3	—	—	—	1.1
2.9	—	0.8	—	—	—	—	0.4
—	—	—	—	—	—	0.4	0.1
8.2	—	—	—	—	—	1.6	0.5
18.0	—	—	—	—	—	4.9	0.9
8.4	—	—	—	7.2	—	7.6	1.0
14.3	—	—	—	3.0	—	4.6	5.2
13.0	—	—	—	—	—	4.6	6.6
16.3	—	—	—	—	—	3.7	0.2
11.9	—	—	—	—	—	2.4	0.1
11.1	—	—	—	—	10.0	1.9	0.0

HDP*: Halkların Demokrasi Partisi　人民の民主党
HP: Halkçı Parti　人民党
İYİ*: İyi Parti　善良党
MÇP: Milliyetçi Çalışma Partisi　民族主義者労働党
MDP: Milliyetçi Demokrasi Partisi　民族主義民主党
MHP*: Milliyetçi Hareket Partisi　民族主義者行動党
MNP: Milli Nizam Partisi　国民秩序党
MP: Millet Partisi　国民党
MSP: Milli Selamet Partisi　国民救済党
RP: Refah Partisi　福祉党
SHP: Sosyal Demokratik Halkçı Parti　社会民主人民党
SP: Saadet Partisi　至福党
TİP: Türkiye İşçi Partisi　トルコ労働党

表 0-1　トルコ総選挙結果：1950-2018 年

年	投票率	DP	CHP	MP	CMP	TKP	HP
1950	89.3	52.3	39.4	3.1	—	—	—
1954	88.6	57.6	35.4	—	4.9	0.6	—
1957	76.6	47.9	41.4	—	—	—	3.8
年	投票率	AP	CHP	CGP	CKMP	DkP	MP
1961	81.4	34.8	36.7	—	14.0	—	—
1965	71.3	52.9	28.7	—	2.2	—	6.3
1969	64.3	46.5	27.4	6.6	—	—	3.2
1973	66.8	29.8	33.3	5.3	—	11.9	0.6
1977	72.4	36.9	41.4	1.9	—	1.9	—
年	投票率	RP/FP/AKP	DYP	ANAP	DSP	SHP/CHP	HADEP/HDP
1983	92.3	—	—	45.1	—	—	—
1987	93.3	7.2	19.1	36.3	8.5	24.8	—
1991	83.9	16.9	27.0	24	10.8	20.8	—
1995	85.2	21.4	19.2	19.6	14.6	10.7	4.2
1999	87.1	15.4	12.0	13.2	22.2	8.7	4.7
2002	79.1	34.3	9.5	5.1	1.2	19.4	6.2
2007	84.3	46.6	5.4		20.9		
2011	87.2	49.8	—	—	—	26.0	—
2015	83.9	40.9	—	—	—	25.0	13.1
2015	85.2	49.5	—	—	—	25.3	10.8
2018	86.2	42.6	—	—	—	22.7	11.7

注：党名略称が RP/FP/AKP のようにつながれているのは，RP が FP，さらに AKP に継承されたことを意味する。

出所：1950-1957 年は Tuncer (2003)，1961-2002 年は SIS（各年），2007-2018 年は Yüksek Seçim Kurulu (2019) より筆者作成。

党名略称

AKP*: Adalet ve Kalkınma Partisi　公正発展党
ANAP: Anavatan Partisi　祖国党
AP: Adalet Partisi　公正党
CHP*: Cumhuriyet Halk Partisi　共和人民党
CKP: Cumhuriyetçi Köylü Millet Partisi　共和農民党
CKMP: Cumhuriyetçi Köylü Millet Partisi　共和農民国民党
DP: Demokrat Parti　民主党
DkP: Demokratik Parti　民主党
DSP: Demokratik Sol Parti　民主左派党
DYP: Doğru Yol Partisi　正道党
FP: Fazilet Partisi　美徳党
CGP: Cumhuriyetçi Güven Partisi　共和信頼党
GP: Genç Parti　青年党
HADEP: Halkın Demokrasi Partisi　人民民主党

注：*2018 年国会選挙で議席を獲得した政党。

席を与える方式に取って代わられたのである。

もうひとつの理由は、強制的な政党制再編の試みへの反動である。一九八〇〜八三年の軍事政権は、一九八〇年当時の政党・政治家の政界復帰を禁止し、しかも議席獲得に必要な全国得票率を一〇％にして、新政党・新政治家からなる二大政党制を構築しようとした。しかし一九八七年総選挙直前の憲法改正で、旧政党・旧政治家が政界復帰を果たし、政治的影響力を取り戻した。このため、一九八〇年以降の新政治勢力と一九八〇年以前の旧政治勢力が、（左派あるいは右派の）同じ支持基盤をめぐって競い合うという政党制の細分化が起きた。これは、いわゆる政党制再編と反対の現象である。

このような多党制の構図が大きく変わったのが二〇〇二年総選挙である。連立政権を構成していた三つの党は、二〇〇一年二月のトルコ史上最悪の経済危機の責任を問われ、いずれも議席獲得必要得票率（一〇％）を得られず院外政党に転落した。代わりに二〇〇一年に結党されたＡＫＰが単独過半数政権を樹立したのである。

ＡＫＰはその後、二〇〇七年、二〇一一年と、総選挙で三回連続して議会過半数を獲得した。そのため本書では、ＡＫＰ与党の一党優位制の台頭期を二〇〇二年から二〇〇七年、定着期を二〇〇八年から二〇一四年とする。二〇一五年には議会過半数を五カ月間失う事態が起き、二〇一八年の集権的大統領制移行後は、ＡＫＰがそれまで野党だった右派小政党の民族主義者行動党（ＭＨＰ）と連合しないと議会過半数議席を維持できなくなった。そのため、二〇一五年以降を衰退期とする。

図０－２は、一九八〇年代以降の国会選挙における政党得票率を示している。右派政党は右端から五つ、左派政党は左端から三つである。右派・左派とは、トルコでも一般的な定義とほぼ同様である。す

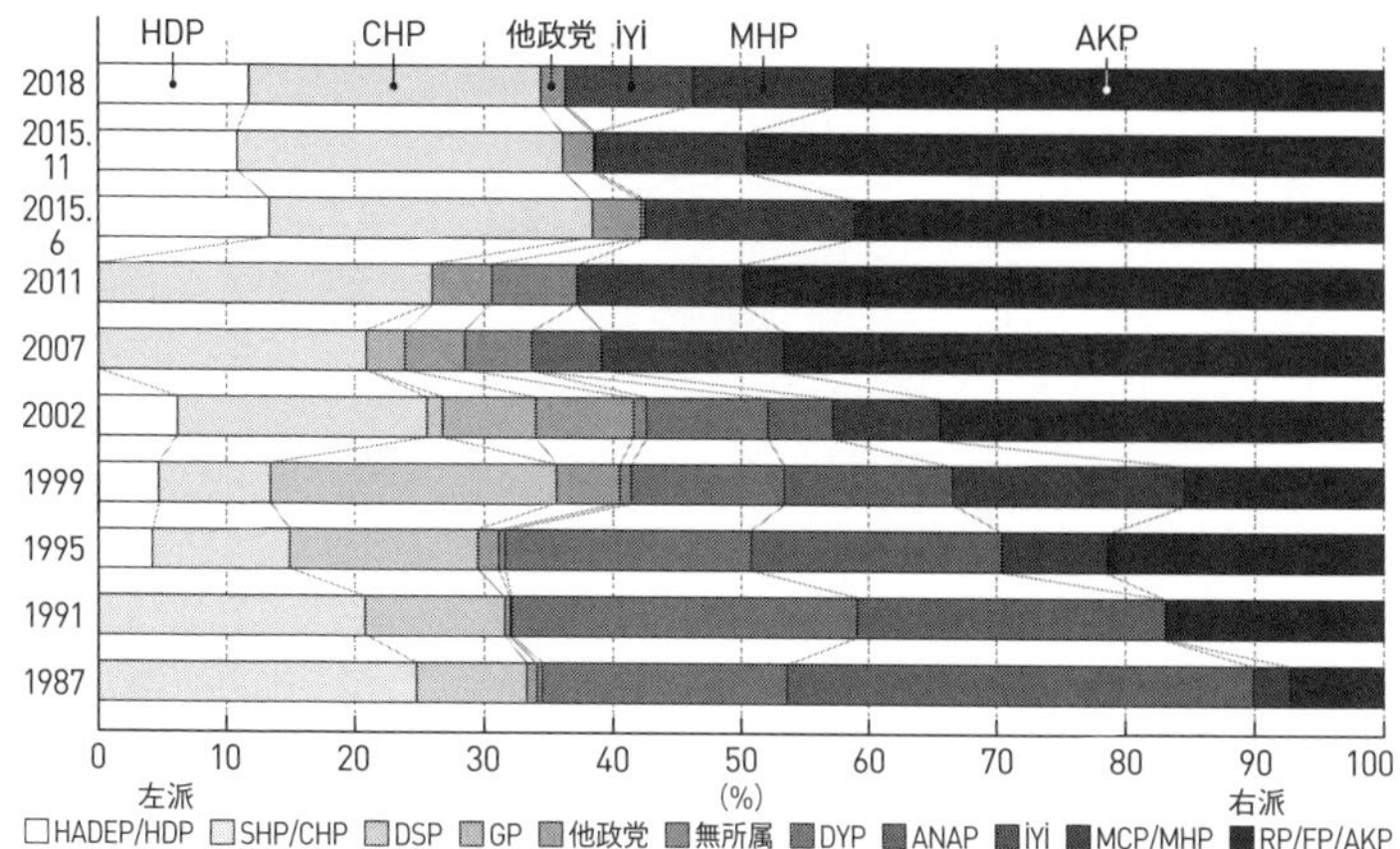

図 0−2　国会選挙での政党得票率：1987-2018 年

注：政党の得票率は左右イデオロギーに従って配置した。色が薄いほど左派寄り，色が濃いほど右派寄り。
政党名で RP/FP/AKP とは，実質的には同じ政党だが，解党と再結党により政党名が RP → FP → AKP と変わったことを示す。
HADEP/HDP は親クルド政党だが，同党支持者のイデオロギーでは左派に最も近い。

出所：トルコ総選挙結果をもとに筆者作成。

なわち右派は、政治的には宗教性や民族主義が強いという点で保守的で、経済的には自由市場を重視する。左派は、政治的には世俗主義や個人主義が強いという点で近代的で、経済的には国家の役割を重視する。だが、トルコでの右派・左派の定義では、他国と比べて、政治の要素が経済の要素よりも大きい。一九九〇年代には右派、左派ともに複数の政党が競合している。それに対して、二〇〇〇年代には右派がＡＫＰに、左派はＣＨＰにそれぞれ集約されるようになった。

しかし、そもそもこのような一党優位制が誕生したトルコ共和国とはどのような国なのか。以下ではまず、トルコ共和国の政治史を概観したうえで、政党政治の特徴をみておきたい(7)。

一党制下での世俗改革と国家主導経済（一九二三〜四六年）

トルコ共和国の誕生は、第一次世界大戦でオスマン帝国が同盟国として敗戦した（一九一八年）ことを契機にしている。先立つ二回のバルカン戦争（一九一二年と一九一三年）でヨーロッパ領土の大部分を失っていたオスマン帝国は、この敗戦でさらにアラブ領土のほとんどを失った。そのうえ、連合国軍は残ったアナトリア領土分割を開始した。このとき軍人ムスタファ・ケマルが祖国解放戦争を指導、外国勢力を駆逐し、オスマン帝国のスルタンを廃位させ、一九二三年に共和制を樹立した。

一九二四年憲法は国権の最高機関をトルコ大国民議会としたものの、ケマルが結党した共和人民党（CHP）による一党独裁制が敷かれた。議会により初代大統領に選出されたケマルは、一党独裁体制に支えられて急速な世俗化政策をおこなった。また、トルコ民族主義にもとづく国民国家の原則を打ち立てた。地方の宗教勢力やクルド人（または両方の性格を持つ集団）は当初これらに反発したが、政府により力で抑え込まれた。経済面では一九三〇年代にエタティズム（国家主導経済）を導入した。

複数政党制への移行から多数派の専制へ（一九四六〜六〇年）

トルコは一九四六年総選挙で複数政党制へ移行した。与党CHPが辛勝したが、CHP離党者が結党した民主党（DP）は善戦した。DPは、エリート支配や国家による経済統制に不満を持つ農民や実業家から支持を得、次の一九五〇年総選挙では勝利して初の政権交代を実現させた。DPは農村開発や宗教への寛容な態度で、一九五四年と一九五七年の総選挙でも勝利を重ねた。その一方、同党は一九五〇年代後半、しだいに独裁化して野党やメディアを弾圧し、また過度の景気拡大政策で経済的混乱を招いた。一九六〇年、学生による反政府抗議行動が起きるとDP政府は軍隊に発砲を命じたが、軍部は逆にクーデタを起こした。政府DP要人は逮捕、起訴され、なかでも首相、外相、蔵相は処刑された。

軍部・文民代表からなる制憲議会が起草した一九六一年憲法は、DP期（一九五〇〜六〇年）への反動の産物だった。まず、「多数派の専制」を防ぐため、三権分立および政治参加を重視した。そして比例代表選挙、憲法裁判所、より自律的な議会などを導入するとともに、集会・結社の自由を拡大した。また、無秩序な経済運営を防ぐため、国家企画庁が設立され、経済における国家の役割がふたたび強まった。経済開発戦略としては、輸入している工業製品の国産化を軸とする、輸入代替工業化が採用された。

多元主義的憲法と政治的不安定（一九六〇〜八〇年）

一九六一年憲法体制は、行政府の力を抑制する効果を発揮したが、その一方で政治的不安定を恒常化した。比例代表制により単独政党が議会過半数を確保することが難しくなり、一九六一〜六五年および一九七三〜八〇年の時期には短命の連立政権が続いた。

一九六〇年代後半には単独政権が樹立されたものの、労働組合や学生の運動が活発化すると、これに対抗するために右派も組織化し、両派の衝突が起きた。治安の悪化を憂いた軍部は一九七一年、書簡で政府に退陣を要求した（書簡によるクーデタ）。総辞職した内閣を引き継いだのは超党派テクノクラート内閣で、軍部の強い影響のもと、とくに左派勢力を抑え込むための諸法を成立させた。一九七〇年代後半になると二度の石油危機や輸入代替工業化の行き詰まりなどで、経済は悪化し、外貨危機や高インフレに見舞われた。左右両派の衝突の激化で、テロによる犠牲者が毎日平均二〇人にまで達した。議会は与野党対立により、次期大統領を選出できなかった。

反動的憲法と再民主化（一九八〇年〜）

軍部は一九八〇年にクーデタを決行、議会を閉鎖し、軍事政権を樹立した。主要政治家は逮捕・投獄などにより公職から追放され、全政党が解党させられた。多くの団体も解散を命じられ、指導者は起訴された。軍事政権が実質的に起草して一九八〇年に公布した憲法は、一九六一年憲法が保障していた政治的権利および自由を制限するとともに、三権のなかで行政府の権限を強めた。また、選挙での議席獲得のための政党の最低得票率として全国平均一〇％が定められた。経済分野では、国際通貨基金（ＩＭＦ）と世界銀行主導の構造調整を実施し、それまでの国家主導経済・輸入代替工業化から自由市場経済・輸出指向工業化への転換をおこなった。

一九八三年の民政移管選挙では、官僚・軍人・実業家などからなる三つの新党のみが軍事政権から参加を許可されたが、軍部に最も疎遠とみなされた祖国党（ＡＮＡＰ）が勝利した。トゥルグット・オザル首相は経済自由化政策をさらに推し進め、一九八〇年代前半のトルコ経済を成長と安定に導いた。一九八七年総選挙ではＡＮＡＰが自党に有利な選挙法改正で勝利したが、その人気はすでに低下していた。一九八〇年代前半の経済安定化政策のつけを払わされた大衆の不満が鬱積していたのと、ＡＮＡＰ政権下で政治的自由化が進まなかったためである。経済も、総選挙直前の政府支出拡大に起因する財政赤字とインフレ、さらに一九九〇〜九一年の湾岸危機・戦争の影響で悪化していた。ＡＮＡＰは、一九九一年総選挙では所得増と民主化を公約する野党に敗北した。

一九九一～九五年は中道右派・中道左派連立政権が民主化を重視し、刑事訴訟法を改定するほか、憲法改正で市民社会組織の政治活動解禁、公務員への団結権承認を実現させた。他方、一九九〇年代には親イスラムの福祉党（RP）が組織政党に転身し、既成政党に対する有権者の不満をバネに支持率を上昇させていた。その結果、一九九五年総選挙では、RPが二一％の得票率ながら第一党になり、中道右派政党と初のイスラム派首班連立政権を翌年に樹立した。しかし、一九九七年になってRPがしだいにイスラム色を強めると、軍部は政府に厳格な世俗主義政策を要求して連立内の対立を煽り、同政権を発足一年での崩壊へと導いた。

代わって登場した世俗連合政権は議会少数派連立政権で、CHPの閣外協力を必要とした。CHPが次期総選挙目前の人気取りのために汚職を理由に提出した内閣不信任案が可決され、同政権は一九九八年に総辞職した。その後は選挙管理内閣が一九九九年総選挙まで続いた。一九九九年総選挙では、一九九七年から世俗連合政権と選挙管理政権を担っていた民主左派党（DSP）が国民の信頼を増して第一党となり、MHPとANAPと結成した連立政権で首班となった。そして、欧州連合（EU）加盟交渉開始に必要とされた憲法・法改正の多くを実現した。その改革派連立政権が、二〇〇一年経済危機の責任を二〇〇二年総選挙で取らされたことで、AKP政権が誕生したのである。

本書ではトルコにおいてAKPの一党優位制がなぜ長期間続いてきたのか、それがなぜ衰退しているのかを、図0－3が示す構図で解明する。まず、一党優位制を支えてきた柱は何か。それは、経済業績

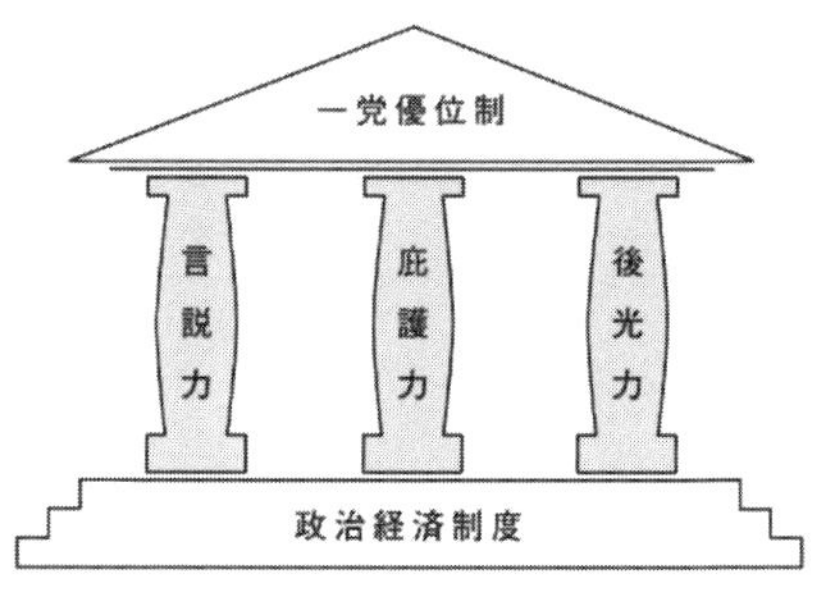

図0−3　一党優位制：3つの柱と土台
出所：筆者作成。

の後光効果（後光力）、社会保障による庇護（庇護力）、多数派支配を正当化する言説（言説力）である。これら三つの柱が、有権者を引き寄せる引力政治を実現したことを、第2章から第4章で論じる。つぎに、これら三つの柱はなぜ揺らぐようになったのか。それは、土台である政治経済制度が侵食されているからであると、第5章から第7章で論じる。本題に入る前に、ＡＫＰとはどのような政党なのかを、第1章でまず見ていきたい。

コラム【1】 エルドアンが首相になるまで

エルドアンは、一九五四年二月にイスタンブルのベイオール区にあるカスムパシャ町で生まれた。五人からなる異母兄姉のうち上から三番目だった。祖父は旧ソ連ジョージアのトルコ国境沿いのバトゥミから、一〇〇キロメートル程度離れたトルコの黒海沿岸のリゼに移民した。父親はリゼで沿岸警備隊のフェリーの船長となった。家族はリゼとイスタンブルを行き来していたため、エルドアンは幼少期をリゼでも過ごした。父親は信仰心が厚いうえ体罰も行使する家父長的な性格だった。エルドアンもその性格を受け継いだ、との指摘もある。

エルドアンの生まれ育ったカスムパシャ町は、イスタンブルの観光客にとっては目抜き通りの、イスティクラル通りから歩いて二〇分程度しか離れていない。いわば中心街の裏にある下町である。観光客はボスポラス海峡を眺めるために通りから左の坂道を下るが、右の坂道を下ると水が淀んだ入り江のほとりに着く。そこがカスムパシャ町の入り口で、エルドアンの家はそこからさらに急坂を上りつめたクラクスズ街区にあった。

下町カスムパシャの住民は、当時は音楽家、画家、彫刻家、作家やユダヤ人、アルメニア人、ジプシーなどの職種や民族、さらに窃盗や恐喝などの犯罪に絡む人々など多様だった。住人どうしのつながりは強く、粗野で強気の町内気質があった。エルドアンはこのカスムパシャ出身であることを誇りとしていた。

エルドアンは一九六〇年にカスムパシャの小学校に入学したが、夏期には地元のモスクが開催する夏期コーラン教室に通って礼拝を学んだ。小学校の教頭が教鞭を執った宗教倫理授業で正しい礼拝を実践してみせると、教頭は感心し、父親を呼んでエルドアンをイスタンブル聖職者養成学校（イマーム・ハティプ・リ

エルドアンが生まれ育ったカスムパシャの現在（著者撮影，2022 年 9 月）

セ）へ進学させることを進言した。父親はコーラン教室の師に相談し、「聖職者養成学校は、聖職者だけでなく信心深い人間を養成する。医者にも弁護士にもなれる」との励ましを得ると、彼の進学が決まった。

トルコでは、一九五〇年に初の政権交代が起きて宗教活動への規制が緩和された。それによって、一九五一年に聖職者養成学校が、礼拝の導師と説教師を養成する目的で中等部三年、高等部四年の七年制として設立された。実際には宗教以外の科目も教え、しかも（聖職者は男性に限られるのに）女子校も設立されたので、信仰心の強い親が宗教教育と普通教育を同時に受けさせるために通わせることが多かった。とくに小学校卒業直後に宗教教育を七年間連続して受けることは、子どもの人格形成に大きな影響を与えると指摘されてきた。

一九六五年にエルドアンが入学したイスタンブル聖職者養成学校は、カスムパシャの入り江の対岸にあったが、彼は入寮した。コーラン朗読や弁論の大会で受賞するなど頭角を現した。同校でサッカーも始め、その後、セミプロとしてプレーするまでになった。毎週父親からもらう小遣いを使って、週末に飲料水やリングパンなどを売り歩いて家計を支えた。たとえば、前日の売れ残りのリングパンを朝に安価に仕入れて、家で母親に蒸してもらい定価の半額で売ったりもした。

エルドアンは聖職者養成学校で、イスラム主義をトルコ民族主義およびオスマン朝伝統主義と融合させた詩人・作家かつ政治思想家、ネジップ・ファズル・クサキュレックの思想に触れ感銘を受けた。彼はそのクサキュレックの影響が大きいイスラム・民族主義系の学生組織に一九六九年に加盟し、その後、中学部の会長に就いた。

一九七三年に聖職者養成学校を卒業後、エルドアンはイスタンブル商業学専門学校（現在のマルマラ大学経済商業学部）に入学したが、卒業記録はない。在学中に親イスラムの国民救済党（ＭＳＰ）にて政治活動を始め、青年部ベイオール区支部長、さらに青年部イスタンブル県支部長に就いた。一九七八年にＭＳＰの女性組織で活動していた現在の妻と互いに一目惚れして二四歳で結婚し、二人の娘、そして二人の息子を授かった。

一九八〇年のクーデタ後の軍政下で全政党が解党されると、エルドアンは民政移管後の一九八三年にＭＳＰの後継である福祉党（ＲＰ）に入党、政治活動を再開した。同党のベイオール区支部長となり、一九八五年にはイスタンブル県支部長かつ（党の最高意思決定機関である）中央決定執行委員に任命された。一九九四年三月にイスタンブル広域市長に当選、清掃ゴミ回収や陳情対応などの行政サービス向上を実現した。一九九七年に政治集会でイスラム教徒を兵士にたとえたズィヤ・ギョカルプの詩を朗読すると、国民の分断を煽動した罪で実刑判決を受けて市長を解任され一九九九年に四カ月服役、被選挙権も剥奪された。

ＲＰはエルバカンらが世俗主義に反したとの理由で一九九八年に解党された。その後継の美徳党（ＦＰ）も二〇〇一年に解党されると、同党の若手議員が穏健・現実主義の公正発展党（ＡＫＰ）を結党し、エルドアンはその党首に就任した。そして、彼は、二〇〇二年一二月に野党も支持した憲法改正で被選挙権を回復すると、二〇〇三年三月の国会補欠選挙で勝利し、首相職を前任者のギュルから受け継いだ。

第1章　公正発展党とは——政党としての特質

そもそもエルドアンの公正発展党（ＡＫＰ）は、なぜ最初に勝利できたのか。ＡＫＰの政党としての強みは何か。このような疑問を持って二〇〇五年八月にアンカラのバルガット地区にあるＡＫＰの党本部を初めて訪れたとき[1]、同党は結党から四年、与党になってから三年もたっていなかった。

党本部に至る道は一応舗装されているものの、あちこちが陥没しており、乗っていたタクシーが大きく揺れた。しかし五階建ての建物の一階に入ると大手銀行本店と見まがう光景が広がった。ロビーの中央部は有権者でごった返していた。周り四方は陳情受付け窓口で、陳情者が一人ずつ順番に呼ばれて対応されていた。

私もその窓口のひとつに呼ばれてＡＫＰの活動について調べたいと「陳情」した。女性の窓口担当者は陳情内容をまずコンピュータに打ち込んだうえで、「通常であればお問い合わせの内容を担当大臣に伝えてその対応結果をご本人に伝えますが、今回は取材のようなので党本部の外政担当者を呼びます」と言った。ほどなく、党ＥＵ関係担当で後にＥＵ担当国務大臣になったエゲメン・バウシュ氏が現れた。

バウシュ氏の説明によると、この公正発展党コミュニケーションセンター（ＡＫＩＭ）と呼ばれる陳情センターは、同党の各県支部にも備えられ、各大臣の対応を最後まで追跡することで、有権者の問題をいち早く解決している。実際、私の横の窓口に来ていた肝臓病の患者は、低所得者であるため医療費無料認定をすでに受けていた。今回は、ドイツの病院で治療を受けるための保健省の手続きが完了した、との返答を受けていた。

陳情センターの写真［党の 2005 年当時のパンフレットより］

もちろん、このような陳情システムは政権与党としての地位を利用している。実際、ＡＫＩＭは二〇〇三年三月に設立された。しかしその前身は、一九九四年にイスタンブル広域市長となったエルドアンが市民の陳情の場として設置した「白い机」であり、ＡＫＰが野党の時代から一般市民からの日常的な支持を得ようと試みてきた結果のひとつといえる。

本章は、ＡＫＰの政党としての強みが何であるかを、政党論に従い、イデオロギー、組織、支持層の点から明らかにすることを目的としている。そのために、まずは先行研究、次に既存および独自の世論

表1-1　トルコの主要政党の性格*

政党名	与野党区分	組織の厚み[a]	政策の明瞭性[c]	行動規範
公正発展党（AKP）	与党	○：39.7	○：親イスラム（右派）	○
共和人民党（CHP）	野党	△：9.7	○:世俗主義(中道左派)	○
民族主義者行動党（MHP）	与党	△：7.7	○：民族主義（右派）	○
人民の民主党（HDP）	野党	×：0.6	○：親クルド（左派）	×
善良党（İYİ）	野党	—[b]	○：穏健民族主義（中道左派）	○

注：*2018年国会選挙で議席を獲得した政党。

a）数字は，各党投票者当たり党員（%）。出所は，2015年党員数と同年6月総選挙結果からの推計（Musil 2018, 83, Table 5.1）。

b）2017年に結党されたため，統計なし。

c）政党の左右イデオロギーは，本書で使用した世論調査データでの政党別支持者の左右イデオロギー指標の平均値から判別した。

調査データと選挙結果を用いて、AKPの他の政党との違い、および時期別変化を分析する。

政党は三つの点から分類できる。第一には組織の厚みで、エリートを中心とした薄い組織か、それとも大衆を基盤とする厚い組織かである。第二には政策の明瞭性で、政党の政策を綱領に明記し、その実現を公約しているか、それとも利権の取引や分配を優先し、自党の政策を曖昧にしているかである。第三には行動規範で、現体制を原則的に受容する体制志向か、それとも現体制の原則のすくなくとも一部に異議を唱える反体制志向かである⑵。

この枠組みに従うと、トルコにおける主要五政党のなかで、AKPの最大の特徴は、第一の組織の厚みといえる（表1-1）。トルコにおける政党はイデオロギーが明確であるため、第二の政策の明瞭性は五党すべてで高い。なお、トルコ憲法は特定の宗教、宗派、民族、言語にもとづく政党を禁止している。実際にこれらの属性を代弁する政党は、宗教や民族などに関する権利や自由の拡大を求めるが、宗教体制や民族分離独立は目指さない。そのため、それら政党のイデオロギーは、親イスラム、親クルドと表現される。第三の行動規範では、親クルド政党である人民の民主党（ＨＤＰ）は、反体制武装組織であるクルディスタン労働者党（ＰＫＫ）との関係を否定しておらず体制志向は弱い。それ以外の政党は体制志向が強い(3)。

一　イデオロギー

トルコにおける親イスラム政党

トルコで最大の組織力を持つ政党となったＡＫＰの起源は、一九七〇年にネジメッティン・エルバカンが結党した親イスラム政党である国民秩序党（ＭＮＰ）とその支持組織である国民視点（ＭＧ）にまで遡れるが（図１－１）、大衆政党としてのＡＫＰの雛形は一九九〇年代半ばに得票率を伸ばした福祉党（ＲＰ）でつくられた(4)。ＲＰはエルバカンが依然として党首だったものの、一九九〇年代初めに戦略転換をおこない、敬虔なムスリムのみならず社会的疎外感を持つ大衆にも支持層を広げ、一九九四年統一地方選挙と一九九五年総選挙で躍進した。

エルバカンは一九九六年に中道右派政党との連立により、トルコで初めての親イスラム主班政権を樹立したが、イスラムを強調する路線が仇となって一年足らずで崩壊した。さらに、ＲＰが憲法裁判所により解党させられた後は美徳党（ＦＰ）を結成させた。自らは無所属としてＦＰを指揮したが、ＦＰも解党措置に追い込まれた。

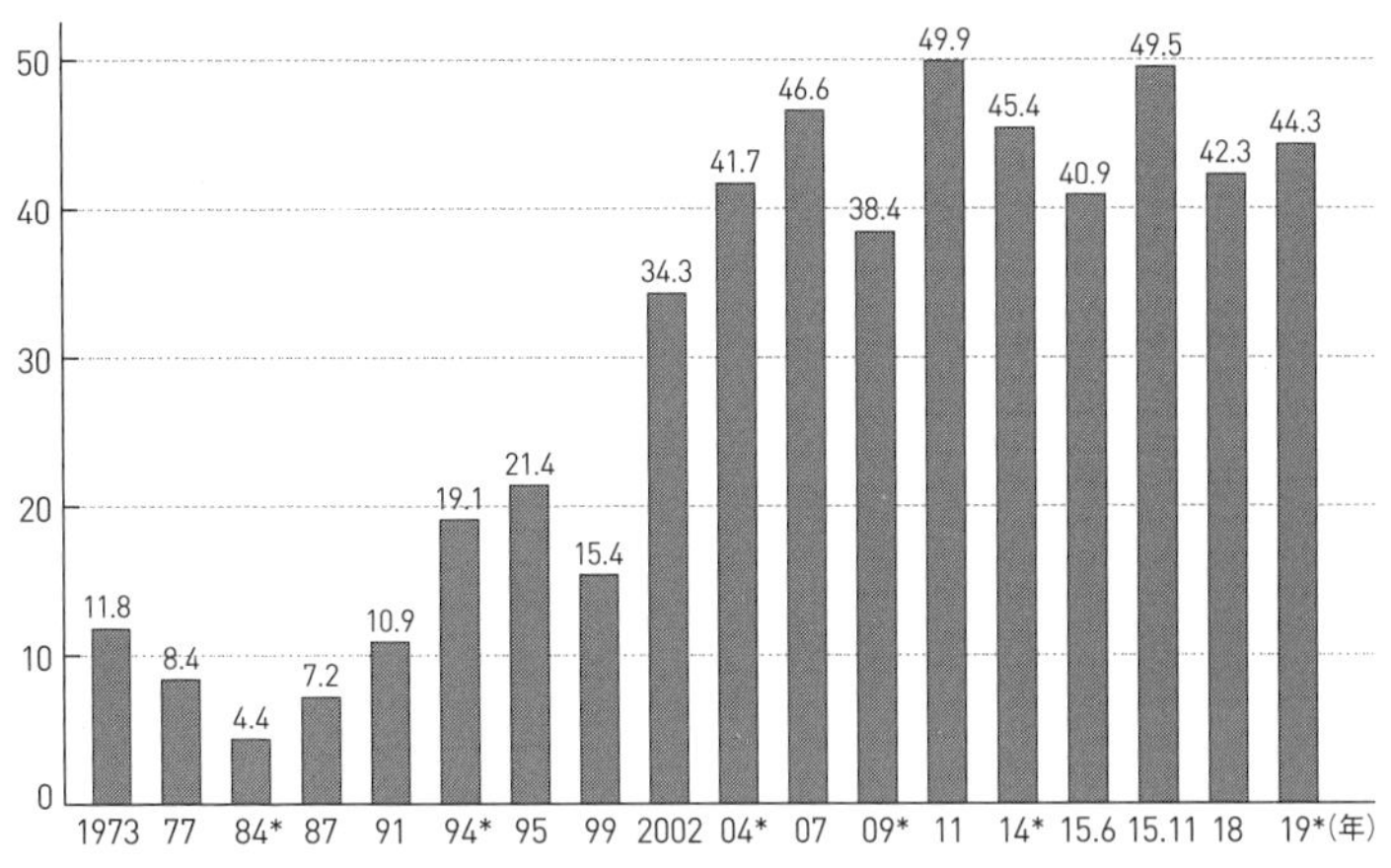

図1-1　親イスラム政党の得票率（%）

注：＊は統一地方選挙，それ以外は総選挙。
1973-77 年は国民救済党(MSP), 1984-95 年は福祉党(RP), 1999 年は美徳党(FP), 2002 年以降は公正発展党（AKP)。
1991 年の 10.9%は，3 党統一リストの得票率に RP 当選者の比率をかけて推定した値。
出所：高等選挙委員会ホームページのデータより筆者作成。

ＦＰの後継政党の結党をめぐり、エルバカンの個人支配や彼の世俗主義との対立を厭わない対決路線に反対した刷新派が、エルバカンの息のかからない新党として結成したのがＡＫＰである。残された伝統派は、至福党（ＳＰ）を結党した。ＡＫＰを理解するうえでＲＰを無視することはできないが、ＡＫＰがＲＰ以上に発展した理由は、党内の競争と多様性にあった。以下では、ＡＫＰのイデオロギーと組織を、ＲＰからの延長と刷新という観点からみていく[5]。

保守民主主義標榜

親イスラム政党の改革派がトルコの厳格な世俗主義を考慮して結党したＡＫＰは、当初、親イスラム主義ではなく保守民主主義と自称した。そして民主主義、人権、多元主義という普遍的規範の一部として宗教の自由を、いわば間接的に求めるにとどめた。またエルバカンの独裁的党運営を反省材料として、党内民主主義のため党首の五選と国会議員の四選を党規約で禁じた。

また、地方自治体での強さをも反映して地方分権を唱えた。経済では、自由市場と民営化を他の政党よりも主張した。社会正義についての考えは、党名の「公正」に反映されている。[6] ただし、労働者の権利を擁護するよりは、組織化されていない人々、たとえば生活困窮者、寡婦、身障者、負傷兵とその家族などを扶助することを優先した。[7]

ＡＫＰは、政権第一期には中道右派政党の出身者を多く取り込むことで、そのイデオロギーや人材の幅広さを印象づけた。それを可能にした大きな理由は、二〇〇二年総選挙で連立与党の大敗が世論調査の結果から予想されていたため、連立与党の議員や地方組織が党鞍替えによる生き残りを図ったことである。

連立与党のなかでイデオロギーがＡＫＰに最も近い中道右派のＡＮＡＰの議員や党組織がＡＫＰに合流したことで、ＡＫＰは宗教保守主義と市場経済主義を掲げる勢力の中心となった。国会議員や地方組織でのＡＮＡＰからＡＫＰへの転籍は選挙の三カ月前から起きていた。[8] また、アブドゥッラー・ギュルを首相とするＡＫＰ初代内閣では、閣僚二五名の半分がＡＮＡＰ出身で、[9] ＡＫＰの前身政党であるＲＰの出身者は七名に限られていた。[10] 二〇〇三年にエルドアンが首相に就任しても、閣僚はほぼ変わらなかった。二〇〇七年総選挙勝利後も内閣改造は小幅にとどまった。[11]

親イスラム政策と公共事業経済

それが第二期以降、ＡＫＰ政権は親イスラムの傾向を強めるようになった。第一に、二〇〇七年総選挙での四七％という得票率をもとに、ＡＫＰ政権が国民の多数派を代弁するとの主張を正当化した。ＡＫＰはさっそく二〇〇七年一〇月、大学でのスカーフ着用解禁を可能にするための憲法改正をおこなった。この憲法改正は、憲法裁判所から二〇〇八年に違憲判決を受けたり、ＡＫＰの解党訴訟の根拠になったりするなど、政治的危機をもたらした。

しかし第二に、それまでＡＫＰ政権に抵抗してきた軍部や司法府などの世俗主義国家エリートが、二〇〇八年に始まる一連の訴訟により粛正されていった（第５章参照）。これらのいわゆる「陰謀訴訟」では、秘密テロ組織がＡＫＰ政権の転覆を試みたという虚偽の容疑により、退役・現役軍人、大学学長、マスコミ関係者、知識人、実業家、さらに同訴訟を批判する人々が逮捕され、長期勾留された。

世俗主義エリートの凋落により、スカーフの着用は大学生で二〇一〇年、運用上自由化された。第三に、二〇〇九年三月統一地方選挙でＡＫＰの得票率が三九％と、二〇〇二年以来初めて低下した。ＲＰからの分派であるＳＰが票を伸ばしたのを見たエルドアンは、内閣改造でＲＰ色を強めた[12]。二〇一一年総選挙勝利後も、内閣改造は人材刷新ではなく役職交代にとどまった[13]。

第三期になると、ＡＫＰ政権はイスラム的価値を社会に広める政策を実施するようになった。二〇一二年三月、政府は八年生一貫義務教育を廃止し、初等教育最初の四年間終了後に聖職者養成学校を含む職業専門校への進学を可能にした。この政策は，幼年期に宗教教育に触れさせる目的を持っていた。一〇月の（党の最高意思決定機関である）中央決定執行委員会改造ではＲＰ色が強まった[14]。二〇一三年一〇

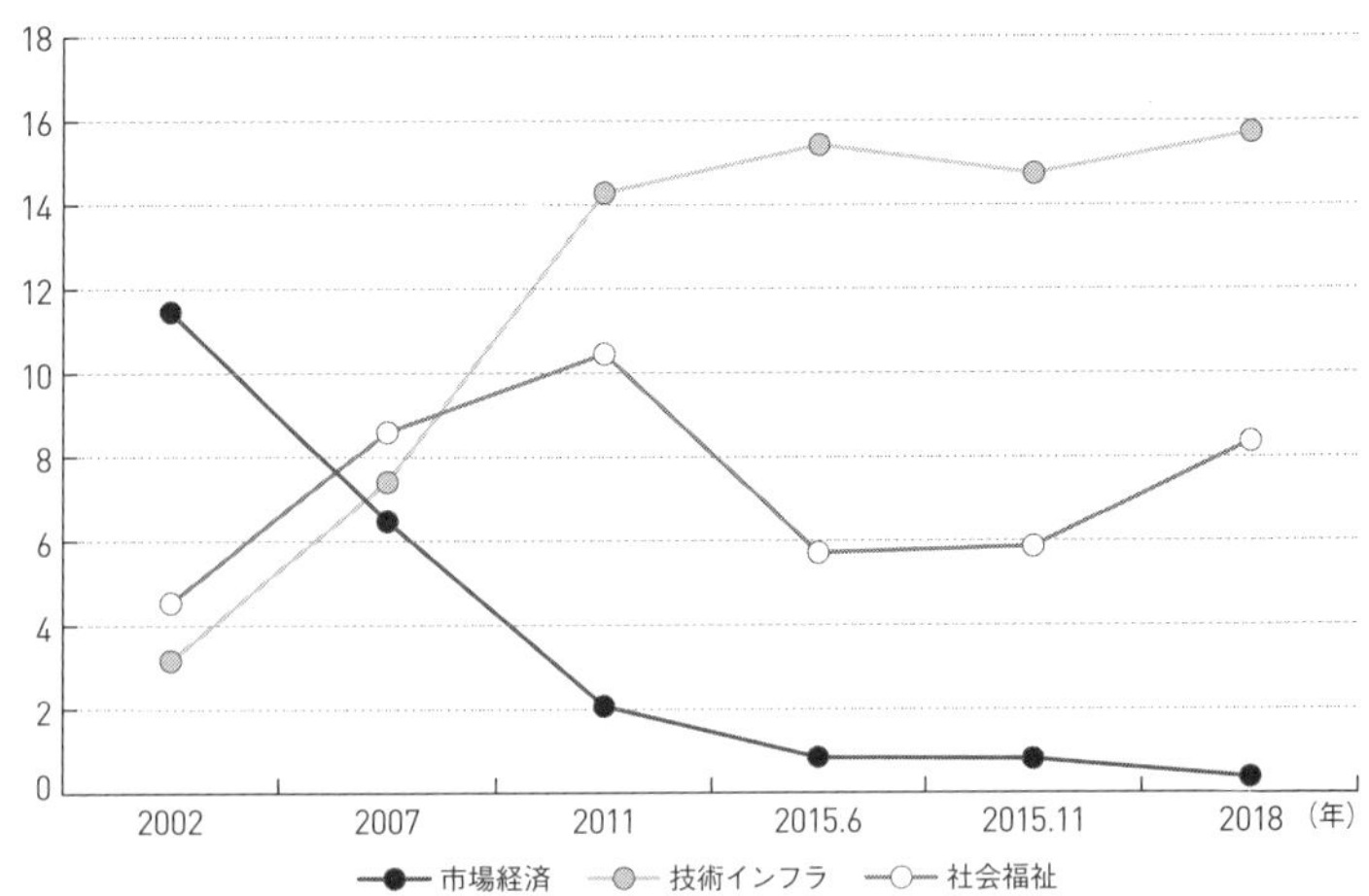

図 1-2　AKP 選挙公約における市場経済，技術・インフラ，社会福祉の比重（%）

注：選挙公約の全文節数に占める市場経済，技術・インフラ，社会福祉に言及した文節の比率。技術・インフラへの言及で技術とインフラそれぞれの比率は不明。ただし選挙公約での単語出現頻度で見ると，「技術」に対する「インフラ」の単語出現頻度の比率は 2007 年から 2018 年までの平均で 85％と，両者の出現頻度に大きな違いはない（2002 年はデータなし）。
横軸は，選挙年。2015 年は総選挙がやり直されたため，6 月と 11 月に実施。

出所：Volkens et al.（2019）より筆者作成。

月には公務員のスカーフ着用が自由化された[15]。二〇一三年五月には、政府は酒類販売を規制する法律を成立させた。店舗立地、販売時間などの制約が課されるとともに、免許更新条件が厳しくなった。

さらに、二〇一三年五月のイスタンブル公園再開発の反対を発端とする「ゲジ抗議運動」などＡＫＰ政権への批判が表面化すると、エルドアンは世俗主義者を仮想敵としてその反宗教性を強調する言説を展開した。たとえば、ゲジ抗議運動の際に彼は、抗議者は警官から避難した先のモスクでビールを飲んだ、イスタンブル中心街のカバタシュで宗教的スカーフを着用した女性が襲われたなどと主張した。しかし前者の主張は同モスクの聖職者から否定されたし、後者の主張は防犯ビデオ録画の証拠で覆された。また、宗教庁長官にエルドアンの考えや政策を支持する発言をさせることで宗教を自らの権威強化に用いた[16]。このような傾向は、二〇一六年七月のクーデタ未遂事件後、政府批判勢力への弾圧過程で強まった[17]。

経済でも市場経済から公共事業に重点を移した。詳細は第7章に譲るが、その変化はＡＫＰの選挙公約における変化にも見て取れる。ＡＫＰの経済・社会政策についてその内訳をみると、市場経済志向が弱まったのに対し公共事業志向が強まったこと、社会福祉志向はおおむね維持されたことがわかる（図1－2）。ＡＫＰの選挙公約では、経済・社会政策に高い比重が与えられている。二〇〇二～二〇一八年の選挙公約の全文節のうち、経済政策および社会政策に関する文節の比率は、それぞれ三八％と二〇％で、合わせて全体の六割近くを占める。一般的に、有権者の投票行動に大きな影響を与えるのが経済状況と所得分配であることは疑いない[18]。なお、選挙公約において政治的内容は少ない。政治的主張、とくに世俗主義や民族性に関する主張は、憲法や政党法に抵触して解党訴訟の根拠ともなりうるため、抑制されてきた。

二　組織化

都市市政の基盤

ＲＰは、トルコの政党では初めて選挙活動のためにコンピュータ・システムを導入し、有権者との人間関係構築を基本とした組織的選挙運動を展開した。運動員は選挙の翌日から次の選挙のための運動を開始した。各人が町内の通りごとの担当となり、戸別訪問して日常的問題を聞き出し、解決を手助けするなどして人間関係を築いた後に、ＲＰの思想や政策を紹介するのである。このような手法は、農村から大都市に移動してきたものの、都市生活に慣れない人々に対してとくに有効だった[19]。ＲＰは女性委員会、青年委員会、投票所監視人、町内管理委員会を設置し、他の政党よりも組織化と動員力に優れていた。

ＲＰは一九九四年の統一地方選挙で、全国平均で一九％の得票率ながら実質的な勝利を収めた[20]。最大都市イスタンブルや首都アンカラをはじめ、全県七六のうち三分の一以上にあたる、二八の県庁所在市で市長職を獲得した。ＲＰ所属のエルドアンはイスタンブル広域市長に選出された[21]。中央集権的なトルコでは、中央政府が県と郡に内務官僚である県・郡知事を任命して中央が周辺を統括するが、県議会、市長、市議会、村長、村議会は選挙で選ばれる。ＲＰ市政は、同党支持者を職員に採用したり、支持者の多い低・中所得者地区へ食料や燃料の配給をおこなったりするなど、同党の政治マシンとして機能するとともに[22]、一九九五年一二月総選挙で同党が得票率を二一％と、前回一九九一年総選挙での一〇％から倍増させるのに貢献した[23]。一九九九年統一地方選挙でも、ＲＰの後継政党である美徳党（ＦＰ）はイスタンブルやアンカラなどの広域市市政を維持した。

ＲＰやＦＰの市政が大都市での貧困層を形成する国内移民との関係を構築したことの成果は、国内移民最大の受け入れ県だったイスタンブル県において顕著である。図１‐３は、イスタンブル県内の各郡における国内移民純流入率とＡＫＰが初勝利した二〇〇二年総選挙での、ＡＫＰ得票率の関係を示して

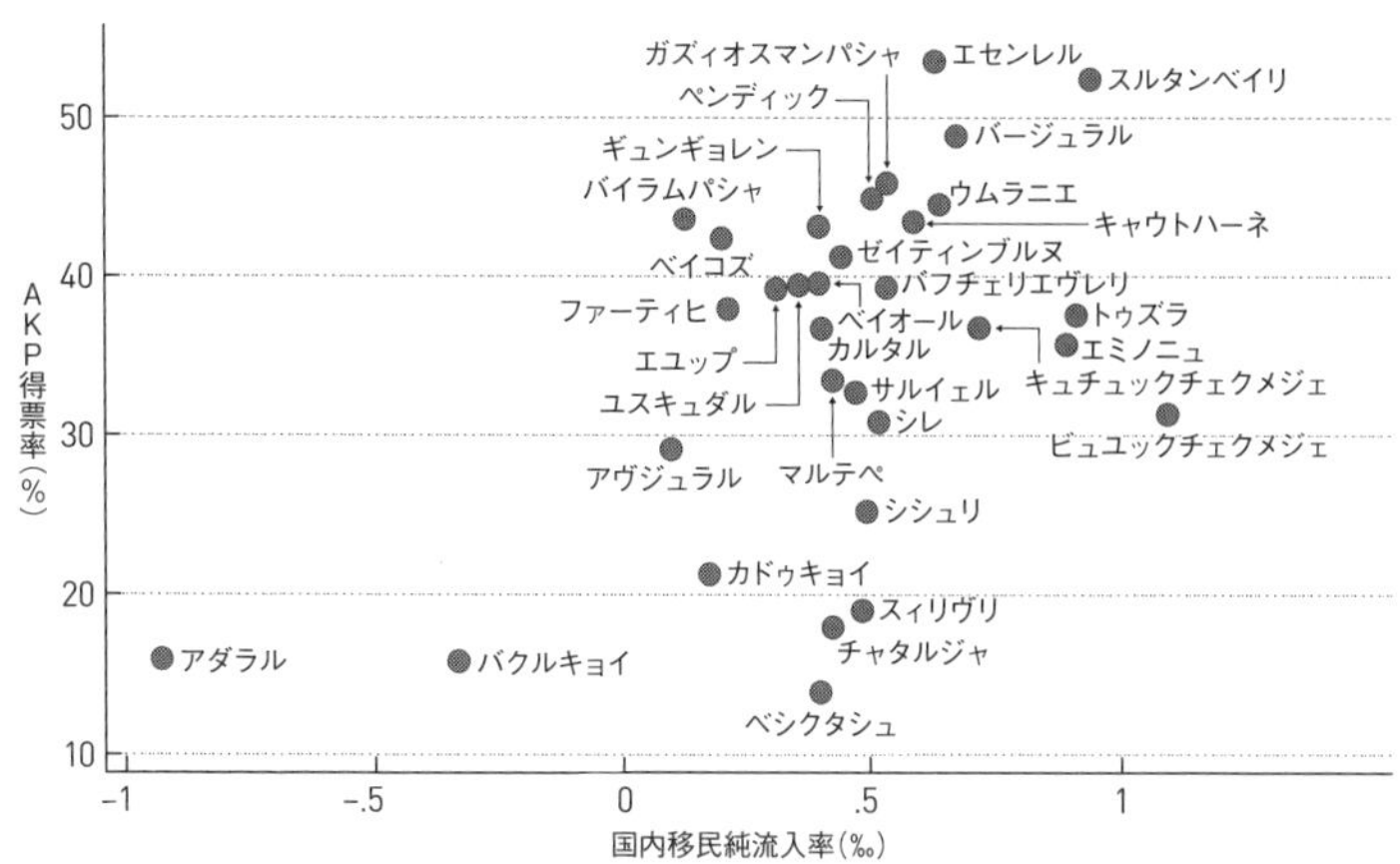

図 1-3　国内移民純流入率と親イスラム政党(AKP)得票率：
2002 年総選挙イスタンブル県の郡別結果

注：国内移民純流入率とは，国内移民流入率から国内移民流出率を差し引いた比率（千分の一表示。以下も同様）。国内移民流入率とは，県外から該当郡への国内移民流入数が該当郡人口に占める比率。国内移民流出率とは，該当郡から県外への国内移民流出数が該当郡人口に占める比率。
国内移民数は，1995 年から 2000 年の間に関するもの。1995 年と 2000 年の国勢調査の人口統計から Turkstat が算出した。
国内移民純流入率と AKP 得票率の間の相関係数は 0.484，アダラル（諸島郡）を除いても 0.376（有意水準はそれぞれ 0.005 と 0.037）。

出所：Turkstat ウェブサイト（http://www.turkstat.gov.tr）のデータより筆者作成。

いる。国内移民純流入率が多いほどAKPの得票率が高いことがわかる[24]。

階層的な党組織

RPの対人関係構築による日常的選挙活動は、AKPにそのまま受け継がれた。AKPの党組織は、党中央組織、県組織、郡組織、町組織、村・町内組織、投票所委員会の六階層からなる[25]。県組織の構造は、郡組織、町組織、村・町内組織と同様に、本部、女性部、青年部からなる[26]。

ドーアンによれば[27]、選挙活動において戸別訪問は、郡組織員一名、女性部員一名、町内管理委員または同じ投票所圏内の住人一名からなる三名で、女性が必ず参加して実施される。訪問時には小さな贈り物や花が持参される。党の郡組織から来たこと、首相や市長の挨拶があったことが伝えられ、郡支部長の手紙が渡される。また党や市長に何らかの要望や苦情があるかが問われ、会話から得た印象、訪問先家庭の情報、たとえば病人、障がい者などについても、持参した定型様式に記入される。この意味で、女性部が企画する家庭懇談は町内と築いた関係を発展させるのに重要な役割を果たす。家庭訪問は一定の期間をおいて繰り返され、目標数に達するまでおこなわれる。また選挙に向けて町内の人通りが最も多い通りでスタンドを設置し、地下鉄出口や市場の前でパンフレットを配布する。パンフレットには保健、教育などの領域での政府実績に関する情報が盛り込まれている。また、投票年齢に達したばかりの青年に投票を呼びかける催しも企画する。

ＡＫＰの選挙活動について著者が二〇〇七年八月一七日に聞き取りした同党本部の選挙部長ハシム・カラマン氏によると、選挙対策組織は県、郡、町・村（il, ilçe, belde/kasaba）の三層からなり、三三〇〇ある。県では四〇人、郡では二〇人、合計一二万人の党選挙活動担当者がいる。これ以外に有志の活動家として九〇万人がいるため、選挙活動に関わる人数は一〇〇万人に達する。選挙活動は投票所単位で実施される。各投票所（有権者約三〇〇人）に九人の担当者が割り当てられるため、一人の担当者が三〇人、九家族に対応することになる。これらの家族は近所どうしであるため、互いの影響を受けやすい。選挙活動担当者には地域で信頼されている人を選ぶ。選挙が終われば翌日から次の選挙のための活動を開始し、毎週会議を開く。選挙活動では、町内の冠婚葬祭に参列したり病気の住人を見舞うなどして、情感を分かちあう。冠婚葬祭には党役員が参列して、住民に名誉を感じさせる。

このような戦略と戦術は党中央組織が策定し、地方組織に実施を命じる。たとえば党中央組織は、戸別訪問で用いられる会話内容までも定め、統一的に実施させている。その結果、党活動員は常に上層部からの命令を頼り、さらには党指導者への服従を当然と考える。党活動員の経験や声が上層部や党中央組織に反映されることは、想定されていない。党活動員は、党の仕事の大部分を指導者たち、とくにエルドアンがおこなっており、自分たちは街路の部分の仕事をしているにすぎないが、自分たちの仕事が不充分だと党指導者や党の地位が揺らぐと認識している(28)。地方組織の活動は、得票最大化を目標としている。低所得層住民の悩みを共有し、社会扶助受給を手助けする奉仕活動により、その支持を得るものの、その意見を代弁はしない。ＡＫＰはこのようにして支持者から政治的な委任を得ていると、ドーアンは指摘する(29)。

ＡＫＰの政党構造は階層的で、執行部は地元の中小企業家、とくに建築不動産業への新規参入者などの経済の有力者からなる。支持層の社会的地位により近い党活動員は、執行部の意思決定に関与できず命令を実行するだけの立場にある。それでも、党主催セミナーや選挙運動に参加することにより、対人関係構築などの能力の開発を経験し、さらに与党活動員であることから、政府や市の官僚機構で優遇を得るなど、社会的地位の向上を実感できる。党活動員は党上層部のエリートと支持層を仲介するので、ＡＫＰが庶民を代表する政党であるとの印象を与えるうえで大きな役割を果たす(30)。

有権者との関係を築くには、主婦に日常的に接触することが効果的である。主婦は近隣の情報に詳しいし、献金も仲介できるからである。そのためＡＫＰ女性委員会が主婦を組織化している(31)。青年委員会は大学の学生サークルに浸透し、講演会や催しを企画してＡＫＰの思考を間接的に宣伝、自宅や寮を訪問し、ＡＫＰと近い関係にある宗教関連団体を紹介するなどした。党と市民の意思疎通を図るのに中心的な役割を果たしているのが町内代表委員会で、党員が町内、通り、集合住宅棟ごとに組織化されている[32]。これはRPが設立した町内管理委員会に相当する。町内管理委員会の監視長は、ひとつの投票所に対応する二五〇人から三〇〇人の住民を管轄し、それぞれ七五名までを担当する四名の監視役から詳細な報告を受け、それを党に伝達していた[33]。

ＡＫＰが新たに開発し発展させた手法もある。党中央組織が地方組織を統合的に管理する一方で、地方組織には地元の特性や独自性を尊重する対応を促している[34]。また、党支部ごとに設置された陳情窓口を党本部で統合したＡＫＩＭ（前述）を構築し、有権者の陳情を担当官庁に伝達、対応と解決までを党支部が追跡し有権者に結果を伝えることを可能にした。さらに、ＡＫＰ地方自治体は中央政府との政治的つながりを利用した。ＡＫＰ市政においては、中央政府予算からの裁量的財政移転および財務省が許可する外債発行が非ＡＫＰ市政よりも多いこと、しかも選挙での対野党優位が小さいＡＫＰ市政においてより多いことが確認されている[35]。関連企業を落札させる代わりに与党へ献金させ、分配政策への収入を確保するとともに、同企業に与党支持者を雇用させる。このように、積極的な組織化の試みとＡＫＰの与党地位、さらに党費無料制により、同党党員は二〇一〇年代半ばまでに一〇〇〇万人と、有権者の八人あたり一人にまで達した[36]。

トルコ主要政党の党員への聞き取り調査によると、党員活動の時間や頻度は、右派系政党であるＡＫＰと民族主義者行動党（ＭＨＰ）が、左派系政党である共和人民党（ＣＨＰ）とＨＤＰより高い。ただし、ＡＫＰは圧倒的な党員数を誇る。その数は国内第二党であるＣＨＰの四倍である。そのため党員全体による組織活動力が他政党を大きく引き離す。党員の入党理由で、ＡＫＰがＣＨＰとＭＨＰと大きく異なる点は、党指導者を入党理由とするとの回答比率が二〇・七％と全回答の第二位を占めていることである。同回答の比率は、ＣＨＰとＭＨＰでそれぞれ三・二％と六・二％にすぎない[37]。これはエルドアン党首のカリスマ性がＡＫＰ支持の大きな要因であることを示唆する。二〇一七年の集権的大統領制の導入により個人支配傾向が強まり[38]、長期的には党内民主主義や組織活動は低下している。党内政治や選挙戦が、党首の意思決定と遊説にそれぞれ大きく依存するためである。すなわちＡＫＰの組織政党としての性格は、他の政党に比べれば際立つものの、弱まりつつある。

エルドアンよる党支配へ

エルドアンはＡＫＰ結党から一貫して最有力指導者であったものの、当初は党首以外にも数名の有力者が存在した。なかでも、彼とともにＡＫＰのトロイカを形成したのはギュルとビュレント・アルンチュだった。ギュルはイスラム開発銀行での勤務経験があり、一九九六〜九七年のＲＰ首班連立政権では外務担当副首相、ＡＫＰ政権第一期最初の四カ月間は首相を務めた。アルンチュはギュルと対照的に世俗主義国家エリートとの対立も辞さない原則主義者で、ＡＫＰ政権下で最初の国会議長を務めた際、スカーフ着用問題をめぐって軍部や大統領との摩擦を生じさせた。

ＡＫＰ第二期以降、党内有力者の影響力は低下した。エルドアンは国会議員の四選を禁じる党規約をそのままにすることで党内の有力者を引退に追い込む一方、自らは議院内閣制の大統領となることで権力の維持を狙った。また党首の五選を禁じる党規約を二〇一一年に廃止し、党首継続ないし返り咲きの道を確保した。国会議長を務めたアルンチュの役割はＡＫＰ政権第一期で終わり、第二期以降は閣僚となり閣内に封じ込められた。最有力者のひとりであるギュルは、二〇〇七年に大統領になり憲法規定に従い党籍離脱したことで政権との関わりは薄くなっていた。エルドアンはギュルの再選を阻止するための法改正を試み、これが違憲判決を受けると、二〇一四年大統領選挙前のギュルとの直接会談で立候補を断念させた。

エルドアンは二〇一四年の大統領当選直後、無党派規定(憲法第一〇一条)を無視して大統領選出日と就任日との間にAKP党大会を開催させてギュルの総裁選挙参加を阻んだうえ、学者出身で党内基盤が弱いアフメット・ダウトール外相を総裁候補に「指名」し、単独候補として総裁に就任させた[39]。その後、ダウトールが土建業中心経済から製造業中心経済への転換、汚職撲滅、構造改革、EU協調外交などを志向してエルドアンとの間に距離が生まれると、エルドアンは大統領府側近に登用したAKP元議員を使って党中央決定執行委員会を支配した。

二〇一五年九月のAKP党大会でダウトール首相がギュル派勢力と連携して党を掌握することを阻止するため、ダウトールが作成した中央決定執行委員候補五〇名の名簿を、大統領府筆頭顧問らからなる名簿と差し替えさせた。従わなければビナリ・ユルドゥルムを総裁候補に立てるとのエルドアンの脅しは嘘ではなく、ユルドゥルムに代議員の圧倒的多数の支持署名が集まった。二〇一六年五月にダウトールは党首・首相辞任に追い込まれた。エルドアンはその後任に自身により忠実なユルドゥルムを指名したことで、内閣への支配を強化した。そして、MHPの支持をも受けて二〇一七年四月に集権的大統領制導入のための憲法改正を国民投票で成立させた。

エルドアンは憲法改正で大統領の無党派規定がなくなったことを受け[40]、復党して党首に返り咲いた。

そして二〇一九年一一月に予定されていた大統領・国会同時選挙の準備として、党組織と同党市政の刷新を図った。彼がこれらの組織を「金属疲労を起こしている」と批判して人材の入れ替えを予定していることに対し、与党内から組織のモラルを低下させるとの不満も出た。「金属疲労」の実際の判断基準が憲法改正での各組織の働き具合や該当選挙区での賛成票率などであり、ＡＫＰ組織や市政の住民へのサービス提供状況ではないからである。

また、ＡＫＰの党大会に次ぐ意思決定機関である中央決定執行委員会は二〇一九年一〇月、党県支部長の任免権を党首に与える決定をおこなった。さらに一〇月以降、二〇一九年一一月の大統領選挙の前哨戦である同年三月の統一地方選挙をより有利に戦うためとの口実で、イスタンブル、アンカラ、ブルサなどの広域市を含む六市の市長を任期途中で辞任させた。

三　支持層

「周辺」の支持

ＡＫＰの支持基盤である「周辺」とは、社会的および地域的な意味での周辺を意味する。まず社会的な支持構造を、二〇一一年、二〇一五年、二〇一八年総選挙直後のアンケート調査結果からみてみたい。ＡＫＰは投票者のほぼ二人に一人の支持を得る国内最大の政党になっていたが、低所得層、宗教心や民族主義意識の強い保守層、に代表されることがわかる。低所得層からの支持については、①ＡＫＰ投票者と②野党投票・棄権者のそれぞれに占める低所得層（所得順位下位四割）の人口割合は、二〇一一年は①四二・九％と②三七・〇％、二〇一五年は①四七・八％と②三八・二％、二〇一八年は①五三・五％と②四五・四％で、①と②の相対的比率は三つの選挙においてほぼ一定である。[41]

信仰心が「ない」、「少しある」、「いくらかある」、「とてもある」との答えのうち、「とてもある」との答えの比率は、①AKP投票者と②野党投票・棄権者において、二〇一一年は①五二・四％と②三一・一％、二〇一五年は①三八・〇％と②二四・〇％と、①と②の相対的比率はふたつの選挙において同様だった（二〇一八年には同様の質問はなかった）。地理的には、トルコ中部の中央アナトリア地域においてAKPは最も支持率が高い（図1－4）。この地域は経済発展度合いが比較的低いことは、一人あたり県別国内総生産（GDP）の対全国平均比率からも読み取れる（図1－5）。また、これらの地域では社会的には宗教的保守性とトルコ民族主義が強い。[42]

支持構造変化

AKPはこのように社会的および地理的な周辺、つまり低所得、宗教保守、トルコ民族主義の人々の支持を確保したものの、その支持構造は不変ではなかった。年代別でみると、最若年層（一八～二四歳）からの支持が得られない傾向が近年強まった。①AKP投票者と②野党投票・棄権者に占める若年層（一八～二四歳）の人口比はそれぞれ、二〇一一年に①一四・六％と②二〇・八％、二〇一五年は①一四・八％と②一九・〇％と、両者の差は五ポイント程度だった。それが二〇一八年には①九・八％と②二二・三％と、両者の差は一〇ポイントに倍増した。若年層は、AKP政権しか経験しておらず経済成

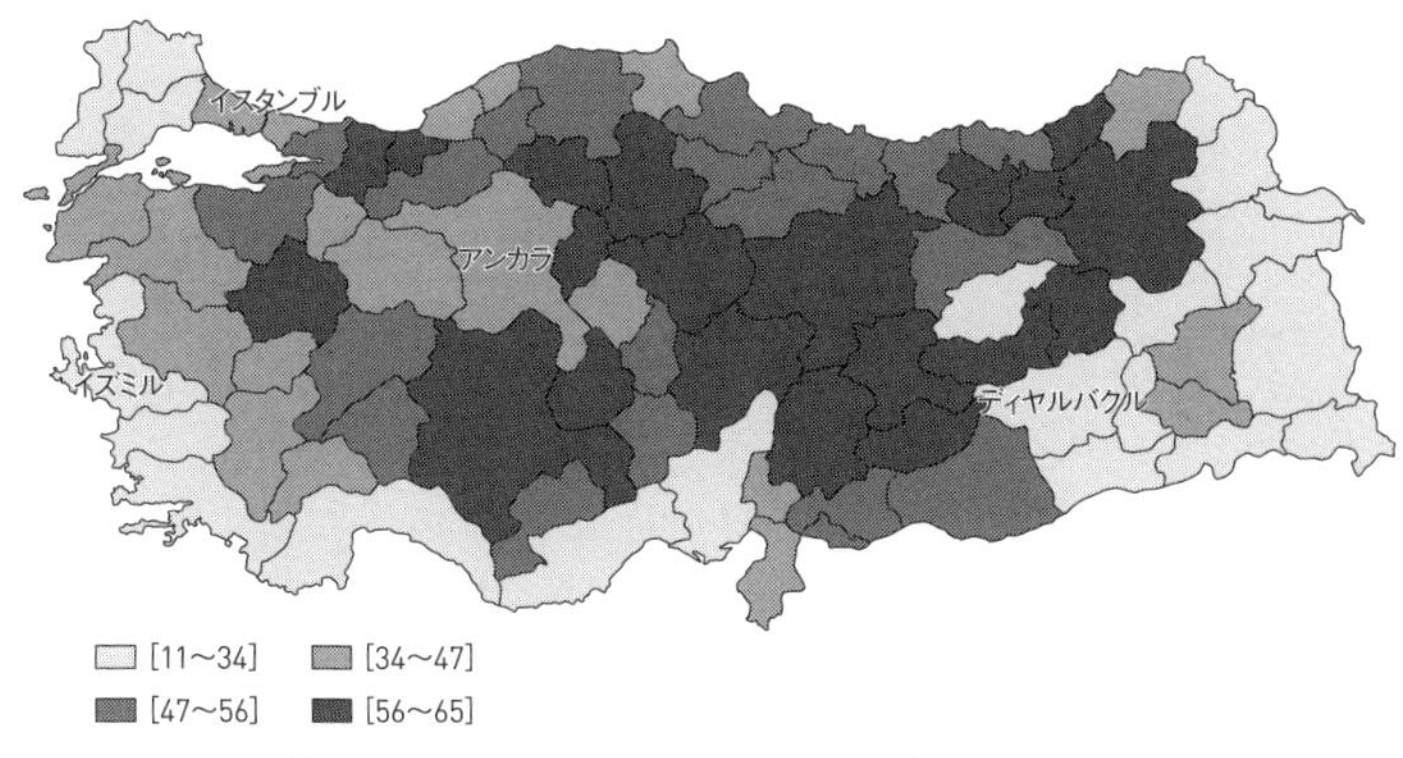

図1-4　AKP得票率（%，2007-2015年総選挙平均）

出所：Turkstatおよび高等選挙委員会のホームページのデータより筆者作成。

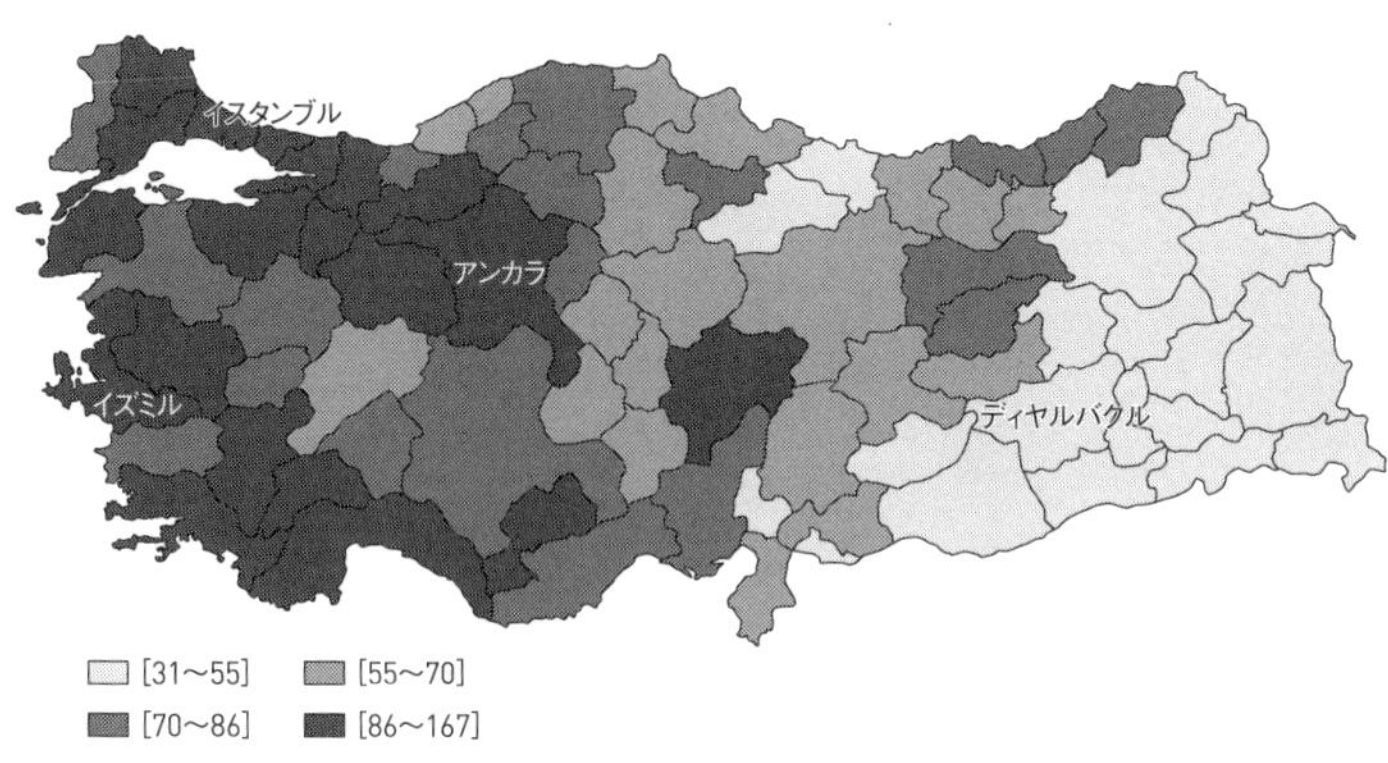

図1-5　1人あたり県別GDPの対全国平均比率（%，2004-2015年平均）

出所：Turkstatのホームページのデータより筆者作成。

長下で育った。ＡＫＰ政権以前の経済危機などの記憶はなく、政権業績評価の基準が高いとも考えられる。他の世代に比べて教育水準が高いことも指摘できる。野党投票・棄権者に占める若年層の比率が三つの選挙でほとんど変わっていないことからすると、若年層の離反はＡＫＰ支持率の低下の大きな要因と推察できる。今後の新規有権者は若年層であるため、ＡＫＰ支持率低下傾向は続くと考えられる。

ＡＫＰは二〇一六年七月のクーデタ未遂後の国内の愛国主義の高まりを利用すべく、内政外交における民族主義の色彩を強めた(43)。欧米諸国がＡＫＰ政権への支持を表明せず、首謀組織のギュレン派を擁護すると、ＥＵやＮＡＴＯへの不信感を強め、ＡＫＰ政権支持をいち早く表明していたロシアへ接近した(44)。そして、ＮＡＴＯ加盟国でありながらロシア製Ｓ４００ミサイル防衛システムの購入、シリア内戦での停戦共同仲介などを実現させた。さらに北シリアで制空権を握るロシアの黙認下で、ＰＫＫの姉妹組織に対する軍事作戦を三回にわたり実施した(45)。また、東地中海と黒海にまたがる広い海域をトルコの領海と主張する、「青い祖国」と呼ばれる反欧米の軍事思想も唱えられるようになった。国内の民族主義が強まるとともに（図１－６）、ＡＫＰへの民族主義者から支持も増えた（図１－７）。ＡＫＰは、二〇一六年は民族主義的有権者を民族主義政党であるＭＨＰと二分していたが、それ以降はそれらの過半数の支持を得るまでになり、ＭＨＰを引き離した。

ＭＨＰとの競合

宗教心と民族主義意識が強い有権者層をめぐり、またそのような有権者が多いトルコ中部において、ＡＫＰとＭＨＰとの競合関係が二〇一五年以降強まった。両党は大統領制移行憲法改正のための二〇一

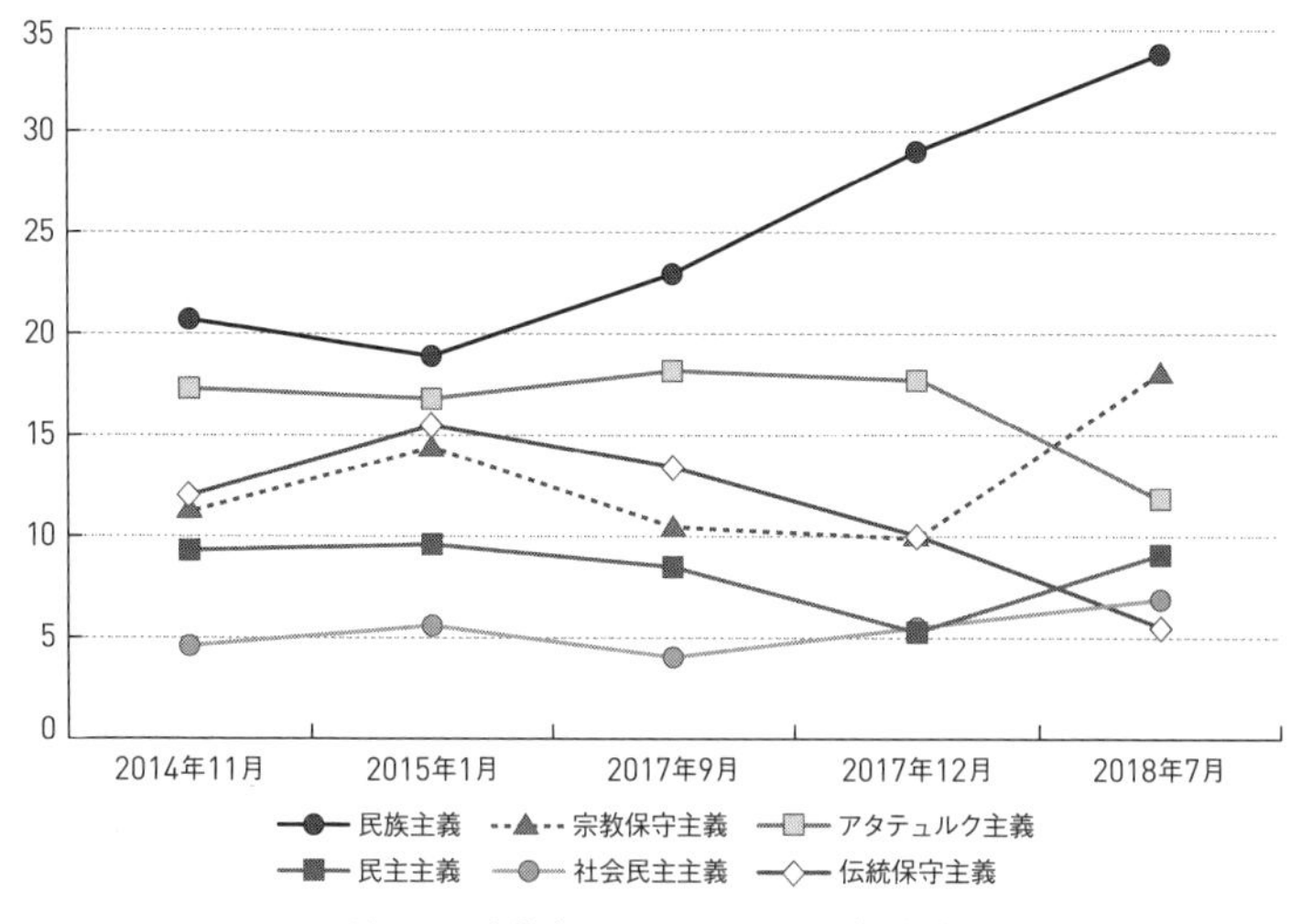

図1-6　有権者のイデオロギー分布（%）

注：「その他」と「わからない」を含む全回答数に対する比率。
出所：メトロポール社ホームページのデータ（2014年，2015年）および著者のメトロポール委託世論調査データ（2017年と2017年）より筆者作成。

七年国民投票のために協力して以来、与党連合を組んでいるものの、互いの支持基盤が似ているため、票の積み上げよりも票の食い合いが起きている。これは、二〇一八年の総選挙で両党のうち一方が得票を増やした地域で、他方が得票を減らしたことからも明らかである（第6章参照）。また同選挙ではAKPからMHPへの票流出により、それまで支持率がとくに高かった県でのAKP得票率低下が目立った。経済発展水準が低いとともに宗教心が強いクルド地方で、AKPは二〇〇七年に大きく伸ばした支持率を、その後二回の選挙で失い続けた。AKP第一期政権でのクルド地域での治安の回復や、EU加盟のための民主化措置であるクルド語使用自由化などはクルド地域で好感をもって受け入れられた。しかし、その後の政府とPKKとの対立再燃や対クルド自由化政策の行き詰まりは、クルド

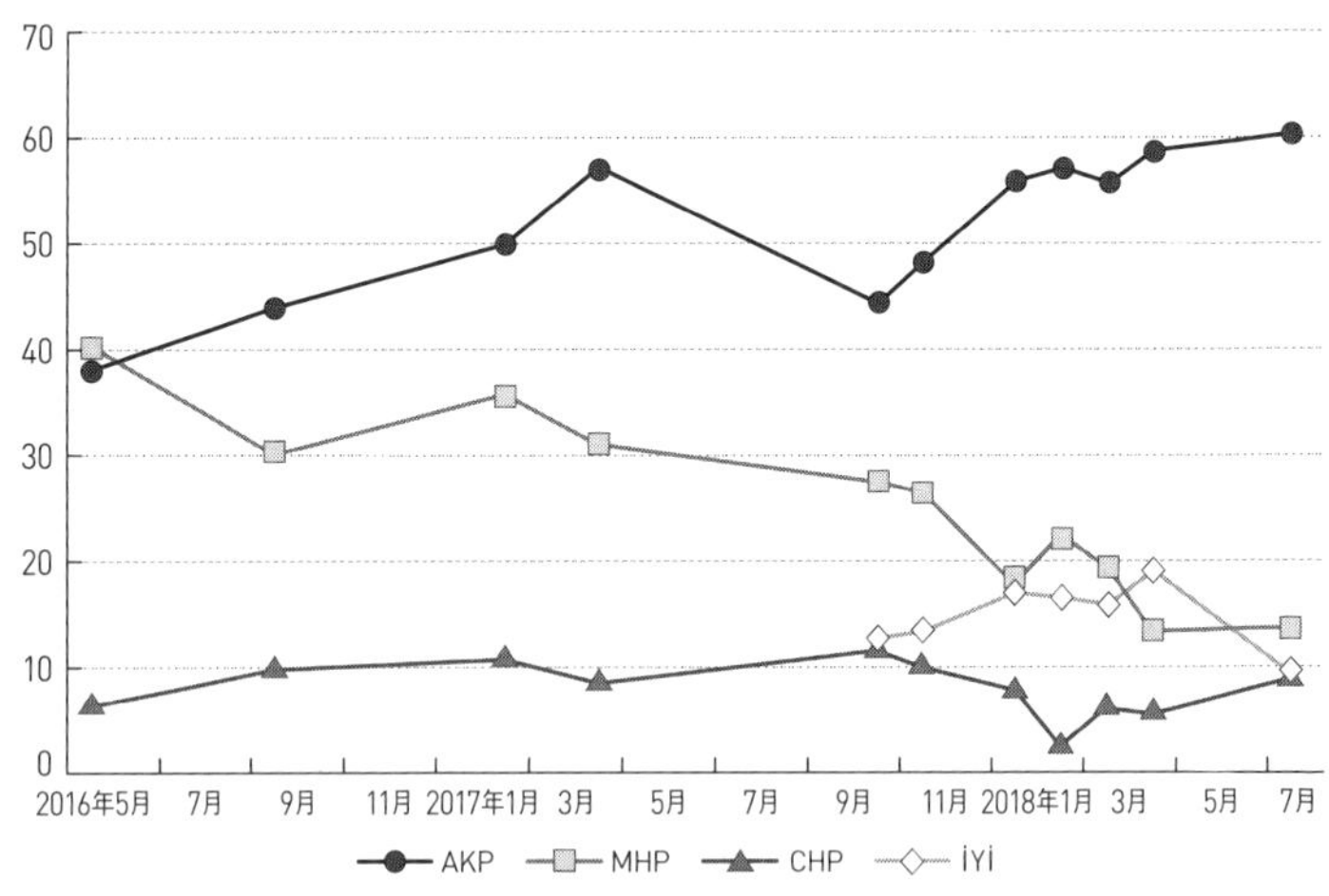

図1-7　民族主義有権者の政党別分布（%）

出所：*Cumhuriyet*, 28 May 2018 に引用されたメトロポール世論調査データ（2016 年 5 月から 2018 年 5 月）, Kemal Can, "AKP Milliyetçiliği: Yedek Anahtar," *Cumhuriyet*, 29 May 2018 および筆者のメトロポール委託世論調査データより作成。

地域でのAKP支持を低下させた。

AKPは、一九九〇年代に組織化を進めた親イスラム政党をさらに発展させ、トルコで唯一の大衆政党（mass party）となった。イデオロギーでは、政治的には「中心対周辺」という社会的亀裂における周辺の価値観を、経済的には市場主義を擁護した。AKPは大衆と価値観を共有するとともに接触を日常的におこなうことでその信頼を獲得し、一党優位制で長期安定政権が確立した。ただし、一党優位制の台頭を支えた議院内閣制から大統領制への移行が試みられた二〇一四年以降、AKPの動員力は減退した。

憲法体制が議院内閣制から集権的大統領制へ二〇一八年六月に移行したことで、政党制は徐々に衰退している。AKPをはじめとする政党は、これまで議会過半数を獲得すべく政策を掲げて選挙を戦ってきた。それが今は、政権は総選挙ではなく大統領選挙で決まり、閣僚も国会議員からは選ばれないため、政党の政策志向は低下している。これに加えて、与党と国家へのエルドアンによる個人支配が強まり、一党優位制を支えていたＡＫＰの組織・動員力は弱まりつつある。二〇一九年三月の統一地方選挙でＡＫＰが牙城だった五つの大都市市政を失ったことは、その兆候だった（第6章参照）。他方、野党勢力が地方自治体を基盤に一般市民との結びつきを強める機会を生んだ。

コラム【2】 武闘派と穏健派——反体制派の戦略

トルコにおける反体制派でその影響力が大きいのは、クルディスタン労働者党（ＰＫＫ）とギュレン派といえる。両反体制派は、前者が武闘派、後者が表面上は穏健派、という正反対の顔を持っていながら、ふたつの点で類似していた。ひとつは、トルコ国家がクルド勢力や宗教勢力を抑圧した結果、両反体制派とも、それぞれの勢力内で強力な存在として生き残ったことである。もうひとつは、エルドアン政権が一度はその反体制派と協調することで自らの体制を強化しようと試みたことである。すなわち反体制派の存続戦略として、ハードパワー（ＰＫＫ）とソフトパワー（ギュレン派）のいずれも有効だったようにみえる。

ＰＫＫはクルド民族の独立を目指して、一九七八年、アブドゥッラー・オジャランによりトルコで結党された。一九七〇年代には他のクルド系市民組織や政党も誕生したが、トルコ治安組織やＰＫＫによる抑圧を受けて、その大半が消滅した。ＰＫＫはその後、トルコ政府の圧力から逃れてシリアに基地を構えてトルコ領内に侵入、一九八四年にトルコの南東部を中心に武装闘争を開始した。

ＰＫＫとトルコ国軍の間の紛争は一九九〇年代に激化したが（コラム図1）、ＰＫＫをかくまうシリアに対してトルコが一九九八年一〇月に最後通牒を突きつけると、シリアはＰＫＫの基地を閉鎖し、オジャランを国外追放した。この際にトルコがシリアに結ばせたアダナ合意で、シリアはＰＫＫがテロ組織であることを認め、ＰＫＫおよびその関連組織をシリアに存在させないことなどを約束した。

オジャランは逃亡後、一九九九年二月にケニアのギリシア大使館で拘束されトルコへ引き渡されると、裁判で死刑判決を受けた（その後終身刑に減刑）。拘束されたオジャランが停戦を呼びかけ、北イラクのカンディルに逃避したＰＫＫの指導部もこれに応じて、二〇〇〇年からＰＫＫ紛争は一時下火になった。トルコ

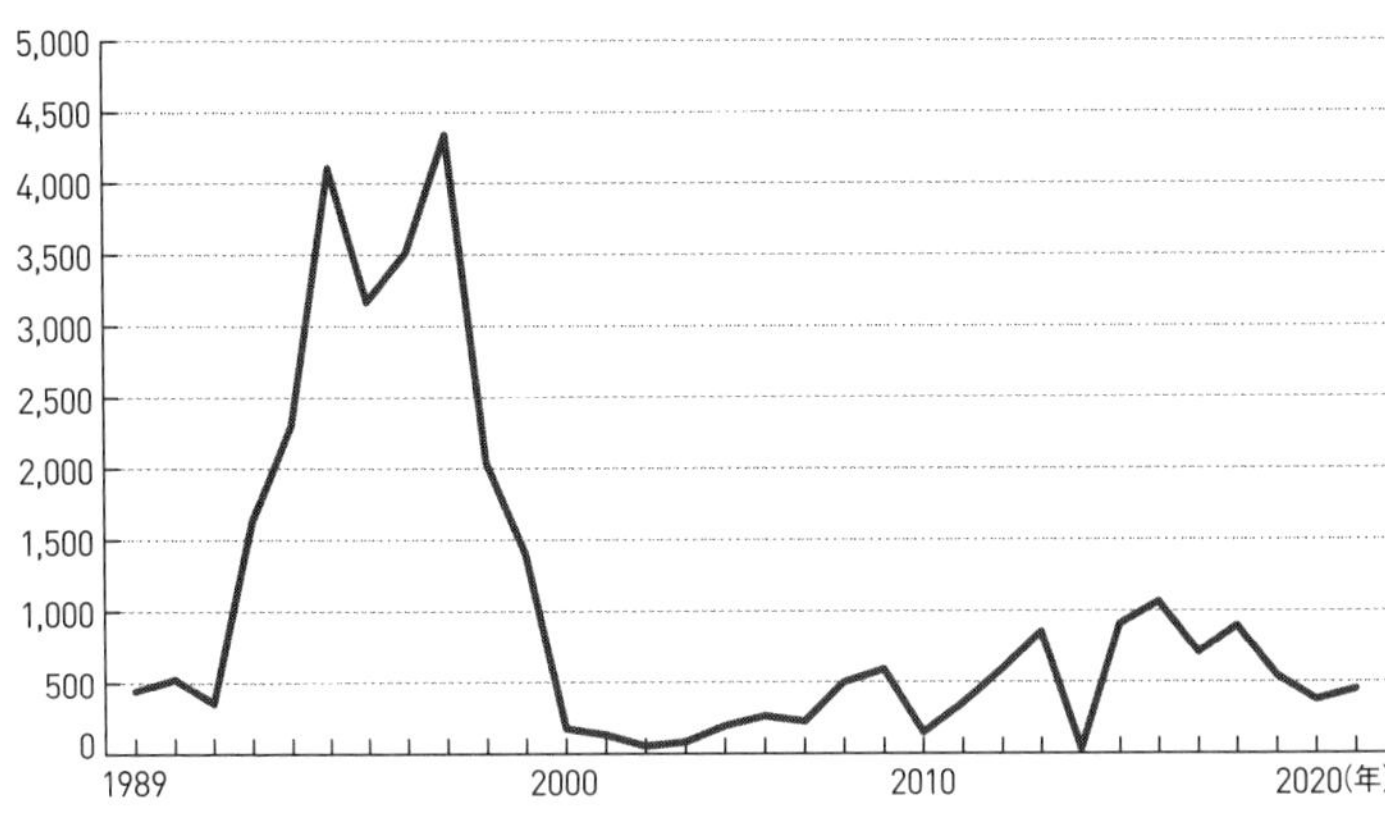

コラム図1　トルコにおいてPKKが関与した戦闘による人命喪失：1998-2021年

注：軍人、PKK戦闘員、民間人を含む。1998年にシリアがPKKを国外追放してからテロは急減していたが、2003年のイラク戦争後にPKK活動が復活した。2013年6月－2015年7月は、和平過程によりテロが一時中断した。
出所：Uppsala University Conflict Databaseより筆者作成。

とシリアの関係改善に乗じたＰＫＫは二〇〇三年、その姉妹組織であるクルド民主統一党（ＰＹＤ）をシリアに設立した。

しかし、二〇〇四年にＰＫＫ指導部強硬派が穏健派を粛清、ふたたび武力闘争に転じ、トルコ政府との衝突が再開した。他方、オジャランは無期禁固刑に服して以降、クルドによる独立国家建設ではなくクルドの住民共同体を基盤とする自治を主張するようになった。これに応じてＰＫＫはトルコのクルド地域で二〇〇五年以降、自治組織を結成しはじめた。二〇〇七年には議会の役割を果たす組織、および頂上組織が設立された。

この戦略転換は、オジャラン拘束とトルコ軍の圧倒的優位性という現実に対応していた。彼は獄中から解放されるためにはイデオロギーの穏健化しか道はなく、獄中の読書を通じてその思想を変質させたのである。国家独立が無理でもクルド地域において自治を獲得できれば、ＰＫＫにとって実質的な成果になる。また、住民自治は民主主義原則にもかなうため正統性を主張できる。

ただし実際には、自治組織とはＰＫＫが上から組織した構造になっていた。それはトルコ国家のなかに、住民自治の名のもとにＰＫＫ組織を浸透させる方法で、漸進的かつ現実的な戦略だった。その実態は、二〇一五年にクルド地域の住民がＰＫＫによりトルコ治安部隊に対する塹壕戦を強いられたことにも見て取れる。このように、党首拘束後のＰＫＫは、北イラクの指導部が武力闘争、獄中の党首が地方独裁を掲げるようになったという違いはあるものの、クルド住民の動員という戦略に根本的な変化はない。

ＰＫＫは親クルド政党である人民の民主党（ＨＤＰ）に強い影響力を持っている。ただしＨＤＰが選挙で勝つためには、トルコ国民のより広い支持を得る必要がある。セラハッティン・デミルタシュ党首が二〇一四年大統領選挙や二〇一五年六月総選挙の際に、ＨＤＰをトルコ全国民のための政党に変質させようと試みたが、北イラクの指導部は強く反発し、国内テロを活発化させた。その後、投獄され党首の座から降りたデミルタシュはＰＫＫのテロを批判しているが、ＨＤＰの現在の指導部はＰＫＫに対する態度を明確にしていない。ＨＤＰの穏健化にＰＫＫは大きな障壁となっている。

ギュレン派は、二〇一六年七月クーデタ未遂までは、穏健派として知られて、トルコの市民社会や国家組織に深く浸透していた。その指導者フェトゥッラー・ギュレンは一九四一年にトルコ東部エルズルムに生まれ、小学校を中退したのち、一九五七～五八年にイスラム運動のトルコ分派であるサイド・ヌルシの教えに感化された。一九五九年に礼拝導師の国家資格試験合格後、おもにトルコ西部各地のモスクに配属された。一九六六年に西部イズミルのコーラン学校にイスラム学担当として配属されてからは、公務の傍ら市内各地でヌルシの教えを辻説法した。

やがて困窮学生支援のための学生下宿を開設、これが後の「光の家」となる。一九六八年には高校・大学生男子のための夏期キャンプを組織しはじめた。一九七一年には「書簡によるクーデタ」後の軍部影響下の超党派政権により世俗主義違反で七カ月投獄されたが、恩赦により解放された。一九七二年以降、西部各地に配属され「光の家」の設立を続けた。一九七九年には雑誌『浸透』を発刊し、両極化する社会への解決策はイスラム倫理にあると主張した。

一九八〇年軍事クーデタ後、ギュレンには世俗主義違反容疑で逮捕令状が出されると潜伏、一九八六年に逮捕令状が取り消されると、ギュレン派を教育文化運動として全国的に展開しはじめた。ソ連崩壊後、中央アジア・コーカサス諸国でエリート教育の需要が生まれたのに応じて、ギュレン派は学校をこれら各国に、続いてアジア、アフリカ各国で開設した。

一九九〇年代には国内メディアの自由化の波に乗り新聞やテレビなどでの影響力を強め、運動は国内のみならず国際社会でも知られるようになった。一九九〇年代後半には、財団が主宰するアバント・プラットフォームが知識人の交流の場として有名になった。

一九九七年二月、国家安全保障会議で軍部が親イスラムのネジメッティン・エルバカン首相にイスラム運動取り締まりを強要する事件が起きると、ギュレンはエルバカンを批判し軍部を支持した。その後、多くのイスラム運動が取り締まられたのに対し、ギュレン派は女性にイスラム的スカーフを着用しないように呼びかけるなどして穏健性を装ったため無傷だった。一九九九年に士官高校生が「光の家」で拘束された事件の直後の三月、病気治療を理由に渡米した。米国政界と社会に強い影響力を持つことが知られている。

ギュレン派は、AKP政権とはその発足当初は蜜月関係にあったが、エルドアンのイスラエルへの強硬姿勢やPKKとの和平の試みなどを機にエルドアン政権を批判するようになった。二〇一三年一二月にはギュレン派の影響下にある検察と警察がAKP政権の汚職容疑の捜査を開始、閣僚、官僚、実業家などを逮捕勾留した。エルドアンは捜査を押さえ込んだ。さらに二〇一五年五月にギュレン派をテロ組織と認定して以降、ギュレン派が所有する金融機関、新聞、テレビ局に管財人を指名して接収した。それでもギュレン派は軍部に浸透しており、二〇一六年七月にクーデタを試みた。

コラム【3】 エルドアンのちゃぶ台ひっくり返し――クルド武装組織との和平過程

クルド独立派武装組織であるＰＫＫとトルコ政府との間で過去三〇年間続き、四万人の命を奪った紛争の終焉が見えたかのようだった。ＰＫＫはトルコ政府との交渉のすえ、二〇一三年五月にすべての兵力（約五〇〇〇人）の北イラクへの撤収を開始した。しかしこの和平過程は二年のうちに崩壊、ＰＫＫ紛争終結にはつながらなかった。

ＡＫＰ政権はクルド地域での政治基盤を強化するにあたって、ＰＫＫのテロを抑えるために二〇〇九年以降、対クルド自由化やオスロでの秘密和平交渉を試みた。オスロ交渉は相互信頼不足などにより二〇一一年に失敗に終わった。だが、交渉の事実がギュレン派によりインターネット上に暴露されると、エルドアンはＰＫＫとの和平交渉を継続すると言明し、いわば公開での和平過程が二〇一三年に始まった。

和平過程は一時的には戦闘のない状態をもたらし、とくにクルド地域で住民から強く支持されたが、ＰＫＫのトルコ領内からの撤退はあまり進まなかった。しかもＰＫＫはこの間、停戦状態を利用して武器備蓄や地雷埋設などをおこない、予想される和平過程崩壊に備えていた。

ＰＫＫ勢力の民主的自治の主張は、実際には武装自治として実現した。二〇一四年秋、シリアのクルド地域のコバニへのイスラム国（ＩＳ）による攻撃に対し、ＰＫＫのシリアにおける姉妹組織であるクルド民主統一党（ＰＹＤ）が都市ゲリラ戦で勝利した。ＰＫＫはその成功をトルコのクルド地域（しかもコバニに近い地域）で再現することを試み、ＰＫＫの若者組織による武装抗議運動を展開、イスラム派クルド組織との衝突を起こした。これは和平過程にも影を投げかけた。

和平過程の修復は、エルドアンが二〇一四年八月に議院内閣制での大統領に選出された後、ダウトールを首相とする内閣により試みられ、二〇一五年二月のドルマバフチェ声明として結実した。そこでは、政府関係者およびPKKとの仲介をおこなっていた親クルド政党である人民の民主党（HDP）の代表者が出席した。獄中のPKK党首オジャランがPKKに武器放棄のための党大会開催を呼びかける内容の声明が、HDPにより読み上げられた。

しかし、エルドアンは三月になって突如、この共同声明を「この合意は正しくない」と批判した。総選挙を控えてAKP票が野党の民族主義者行動党（MHP）に流れていることを懸念したためである。エルドアンによるこの「ちゃぶ台ひっくり返し」以降、トルコ政府とPKKとの和平交渉は止まった。その後、暴力の連鎖が起きた。

AKPが過半数を失った二〇一五年六月総選挙後の七月、クルド系市民団体の集会を狙ったISの自爆テロが起きると、これに対する報復であるかのようにPKK系若者が警官を暗殺、さらにトルコ政府が大規模なPKK掃討作戦を開始したことで和平過程は崩壊した。八月以降はクルド地域のHDP市政があちこちで自治を宣言しはじめ、HDP系の市民団体は二〇一五年一二月の大会で自治を決議した。さらにPKKの青年組織がクルド地域で塹壕戦による都市蜂起を起こすが、トルコ軍により鎮圧された。クルド地域市民の多くは塹壕戦開始前に都市を脱出したが、取り残された市民が犠牲となった。

二〇一六年五月まで続いたこの塹壕戦は、一般市民を強制的に戦闘に巻き込んだことで、PKKがトルコ政府とともにクルド地域でも強い批判を受けた。他方、クルド地域以外でもPKKはその急進的分派を使って軍部や警察を狙った都市部テロを実行したため、PKK関連の犠牲者は急増した。二〇一五年以降のPKKテロ再開、とくに民間人をも巻き添えにした都市部テロについて、HDP指導者がPKKを非難しなかったことは、同党への世論の反発を招いた。都市部におけるPKKのテロは、二〇一六年七月のクーデタ未遂後に治安措置が強化されたことで収まったものの、クルド地域においては依然として続いた。

第2章　後光力——経済業績と有権者

なんと　ここまで　来たものだ（エルドアン節では「ネレデ～ン、ネレエ」[1]）。就任からこれまで国民所得を三倍に増やした。二〇二三年には一人あたり国民所得を二五〇〇〇ドルにする。

（エルドアン首相、二〇一一年一月、AKPの一二年間長期プログラム発表）

公正発展党（AKP）は強力な政党組織で選挙に勝てたとしても、政権を長期にわたって維持できたのはなぜか。二〇一〇年に始まる「アラブの春」後に民主主義的選挙がおこなわれたチュニジアやエジプトにおいて選挙に勝利したのは、組織力に勝るイスラム派政党だった。しかし、その後の経済失政や汚職政治により国民の信頼を失った。両国でその後、国軍総司令官や文民大統領がいとも簡単に、それぞれ二〇一三年、二〇二二年に政権を奪取できたのは、イスラム系与党への国民の幻滅に乗じていたからである。トルコでも、同国で初めての親イスラム政党主班の連立政権が一九九六年に誕生したが、軍部による介入のみならず、市民社会団体の抗議運動を受けて、ほぼ一年で崩壊している。[2]

自由公正な選挙のもとで、多くの有権者が同じ政党を長く支持し続けるのは、一党優位制における不思議である。一般的には、政党は政権に就いている期間が長くなるほど選挙で票を失う（「支配の対価」仮説）。というのも、有権者が政権に飽きたり政策が失敗したりするからである。[3] 最も重要な失敗は、国内経済で起きる。有権者は経済状況が悪化すると政権を懲罰するが、政権はすべての選挙の直前に経済を良好に保つことはできない。一党優位制も例外ではない。

二〇〇七年に世界金融危機が起きた。その後の最初の国政選挙では、多くの国で政府の経済運営や所得格差放置への不満を理由に政権交代が起きた。そのなかには、日本、米国、英国などの一党優位制だった国もある。経済協力開発機構（ＯＥＣＤ）三二カ国での政権の選挙勝率は、一九九〇年代から二〇〇七年までの時期の平均で五割以上（すなわち勝ちが優勢）だったが、二〇〇八年以降の五年の間は常に五割以下（負けが優勢）だった。[4]

ＡＫＰ政権も、経済成長率は第一期よりも第二期と第三期のほうが低かった。とくに二〇〇九年は、トルコの実質経済成長率が政権発足以来最低のマイナス五％に落ち込んだ。しかしエルドアン首相は「世界経済危機はトルコ経済にかすり傷を負わせたにすぎない」と豪語し、同年三月の統一地方選挙も勝利した。さらに二〇一一年総選挙では同党にとって最高支持率（五〇％）で勝利している。なぜこのような勝利が可能だったのか。本章は一党優位制を支える三つの柱のうち、最初に打ち立てられた柱である後光力を取り上げる。

一　一党優位制と経済業績投票

世界の一党優位制と経済業績投票

これまでの研究によれば、有権者は与党へ投票するかどうかを、もっぱら経済状況の良し悪しにより判断する。この経済業績投票と呼ばれる行動で、有権者は、（一）自分の家計状況よりも国内経済状況、（二）将来よりも過去一年の状況をより重視する。[5]この傾向は、後述のようにトルコについても確認されている。しかし、なぜ一党優位制の与党はこの経済業績投票を生き延びてこられたのか。一党優位制についての少ない研究のなかでは、ペンペルがその台頭の原因を、東西冷戦などの外生的な危機により社会勢力の政治志向の「転換」（mobilizational crisis）が起きることに求めている。[6]転換期を成功裏に乗り切ると、その好業績の後光効果（halo effect）が与党支持強化につながる。[7]経済の成功は一党優位制台頭の必要条件ではないし、ペンペルは一党優位制台頭の原因を経済の成功に求めたわけではない。だが経済の成功は、日本（一九五五～九三年）[8]、スウェーデン（一九三二～七六年）[9]、イスラエル（一九四八～七七年）[10]の、一党優位制台頭のときに起きていた。[11]一党優位制では失業率やインフレ率が他の政党制よりも低かったとの知見もある。[12]もし一党優位制の与党が後光効果の恩恵を受けているのであれば、現在の経済状況の責任を問われにくいと考えられる。

英国の二〇〇五年総選挙では、労働党が連続三回目の議会過半数を獲得した。この選挙についての投票行動分析は、後光効果を裏づけている。与党が経済に強いと認識する有権者は与党を支持したのに対し、過去一二カ月の経済状況が良いと認識する有権者が与党を支持するとはかぎらなかったのである。[13]しかし両方の認識とも、二〇〇一年総選挙では与党支持に影響を与えていた。[14]すなわち一党優位制が確立した二〇〇五年総選挙では、直近経済状況は政権選択での重要性を失った。

日本での一党優位制の研究でも、少なくともマクロレベルでは直近の国内経済状況と与党票の関係は確認されていない。[15]旧共産主義諸国では、有権者は現在の経済状態が悪いと旧共産主義政党（それが与党か野党かにかかわらず）に投票することも示されている。[16]自由市場経済の恩恵が少ないと感じる有権者は、共産主義の後光を感じることがわかる。

以上の先行研究からは、一党優位制の与党がなぜ経済業績投票を生き延びてきたのかについて、次のような有権者の行動を予想できる。一党優位制は良好な経済状況で台頭しやすい。[17]与党が長期にわたり経済を良好に保つといわゆる後光効果が生まれ、[18]有権者は経済の短期的変化を気にしなくなる。そのため有権者は、経済が明白な支障をきたすまで政権を信任する。本章ではこの議論にもとづき、次の仮説を検証する。

仮説1：経済の成長期には後光効果が働く。有権者は短期的経済状況よりも長期的経済状況にもとづいて与野党への支持を決める。

仮説2：経済の後退期には後光効果は消滅し、有権者は長期的経済状況よりも短期的経済状況にもとづいて与野党への支持を決める。

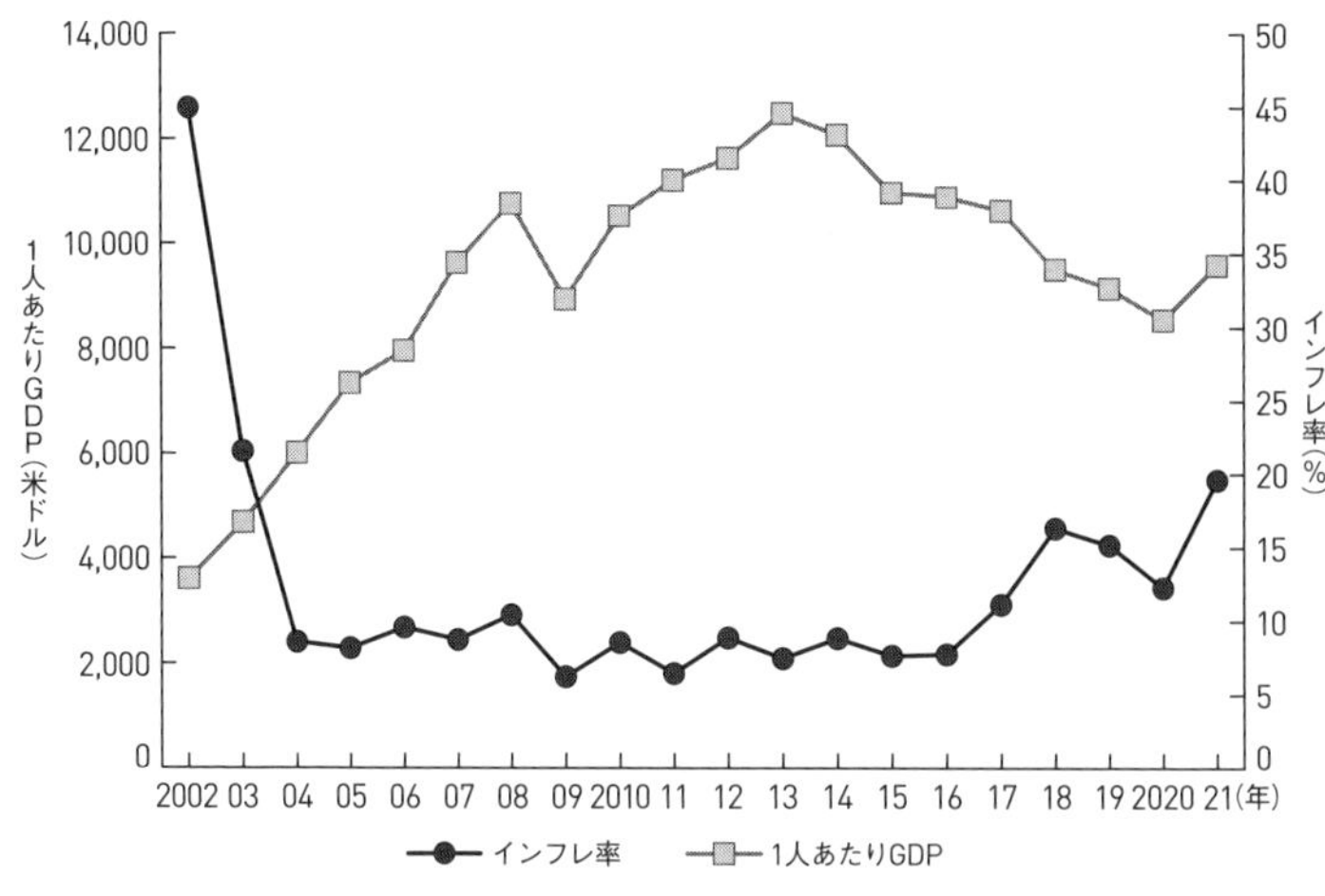

図2-1　トルコの1人あたりGDPとインフレ率：2002-2021年

注：インフレ率は消費者物価上昇率。
出所：OECDのウェブサイトのデータより筆者作成。

トルコにおける一党優位制は、[19]これらの仮説を検証するのにふさわしい。ＡＫＰ政権において、トルコの一人あたり米ドル換算国内総生産（ＧＤＰ）は増加を続けたが、二〇一四年に減少に転じた（図２－１）。仮説１については継続的経済成長が終わった二〇一四年を、仮説２については、コロナ禍前では経済減速が最も進んでいた二〇一九年を例にとって、それぞれ検証してみたい。その前に、両時期における経済業績と投票行動を振り返っておこう。

ＡＫＰ政権の経済業績

ＡＫＰ政権に対する好評価の源泉が経済実績であることは、多くの研究者により指摘されてきた。[20]また、一般的に現政権の経済実績は、前政権の経済実績との違いが大きいほど有権者に強い印象を与えることも指摘されている。[21]ＡＫＰ政権の経済実績も、その前政権下の経済危機の対比でより輝きを放った。

一九九〇年代、トルコ経済は低成長と高インフレ（スタグフレーション）および周期的な通貨切り下げに見舞われていた。さらに、二〇〇一年二月にトルコ史上最悪の経済危機が起きた。国営商業銀行二行の民間銀行への債務不履行が金融危機を引き起こし、通貨危機へとつながった。いわゆる双子の危機である。中央銀行が自国通貨を買い支えられず二三日に完全変動相場制へ移行すると、為替相場は前日比で四割下落、これにともない三月までに一人あたり国民所得は一一〇〇ドル、中央銀行外貨準備は六〇億ドル、それぞれ前年末比で減少した[22]。

前政権は二〇〇一年経済危機を乗り切るために、国際通貨基金（ＩＭＦ）とのスタンドバイ取極にもとづく経済再建プログラムを同年六月に発表した。スタンドバイ取極とは、ＩＭＦ加盟国が外貨準備不足で対外決済が困難になったときに、ＩＭＦから短期間（通常三年以内）の融資支援を受ける代わりに、対外決済能力を回復するための経済改革をおこなうという取極である。

トルコリラ大幅切り下げにより輸出競争力が回復すると、二〇〇二年秋以降には経済状況の好転の兆候が現れた。また、欧州連合（ＥＵ）加盟交渉開始の条件である新たな間接税（特別消費税）の導入により税収増加で財政再建の道筋もみえてきた[23]。しかし二〇〇二年一一月総選挙では、連立政権の三与党は経済危機の責任を問われ、各党は得票率が足切り条件の一〇％に満たず国会議席をすべて失った。代わりにＡＫＰが、三四％の得票率ながら三分の二の議席を獲得して勝利した。

ＡＫＰ政権は議会安定多数を頼りに経済再建プログラムを継続した。前政権が通貨切り下げや増税など痛みをともなう改革を実施済みだったため、構造改革の犠牲を国民に強いることなく改革の成果を自らの手柄とすることができた。ＡＫＰ政権はさらなる改革も実施することで、政権第一期には経済の安定的な成長を実現し、一人あたり国民所得を倍増させた（図２－１）[24]。

構造調整のうち財政改革では、（一）対政府負債金利減免禁止、（二）国営企業退職者の補充を一割以下に限定、（三）定年を段階的に六五歳に延長し、三つの年金を統合、（四）国営企業統治強化、（五）医療支出の監視評価のための定量的枠組み開発、（六）公務員の給与および雇用構造の包括的見直し、（七）法人税の引き下げ（三〇％から二〇％）と簡素化、（八）所得税の簡素化と累進化、（九）金融取引税廃止の代わりに利子・資産値上益への課税、（一〇）間接税の簡素化、などが実施され、財政赤字が縮小した。

金融改革では、（一一）国営銀行の特権と義務の段階的廃止や新規株式公開、（一二）公的管財下に置かれた銀行債権の競売、（一三）金融部門に対する政府監督を監視するための委員会設置、などを実施し、金融部門を安定化させた。市場活性化のため外国投資推進策としては、（一四）不動産購入を含めて国内外投資家を対等に扱う外国直接投資法を二〇〇三年に成立させ、（一五）貿易自由地区を輸出加工地区に変更してインフラや税制を国際標準に近づけた（所得・法人両税免除は二〇〇九年に廃止）。

ＡＫＰ政権のこれまでの経済業績を支えていたのはふたつの碇といわれる[25]。ひとつは前述のＩＭＦとトルコの間のスタンドバイ取極、もうひとつの碇はＥＵ加盟交渉である。このような国際機関・機構とのつながりがトルコ経済を安定に導いていたのだが、いずれの碇も前政権下で降ろされたのである。ＥＵ加盟交渉では、前政権が一九九九年に正式加盟候補国になってから加盟交渉開始のための一連の憲法・法改正を実施[26]、二〇〇五年にはＡＫＰ政権下で加盟交渉が開始したことで外国からの対トルコ直接

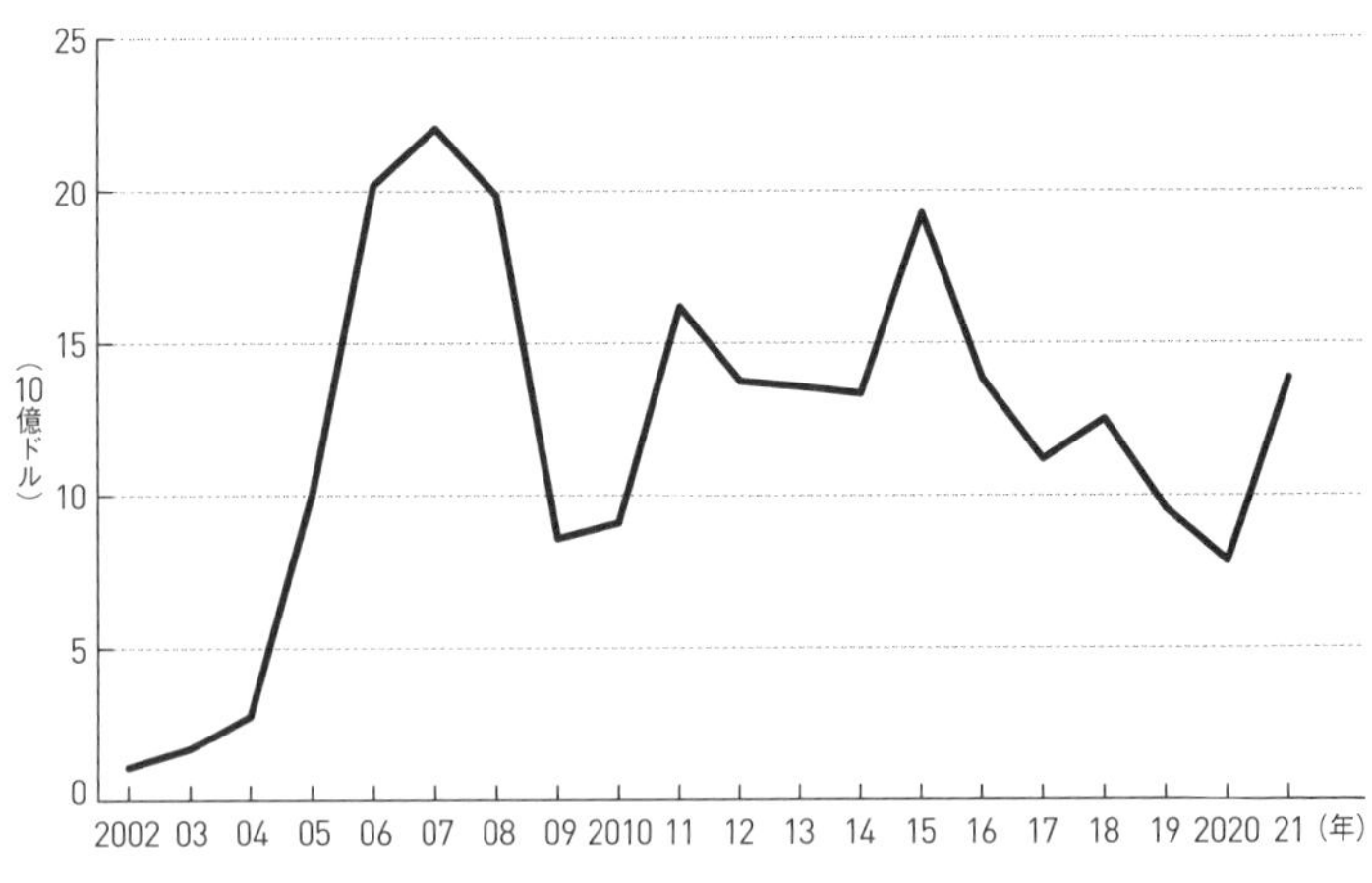

図2−2　対トルコ直接投資額：2002-21年

出所：トルコ中央銀行ウェブページのデータより筆者作成。

投資が加速した。ただし、キプロスをめぐるトルコとＥＵの対立で加盟交渉が二〇〇六年末に部分凍結されると、直接投資も減退するなど（図２－２）、ＥＵ加盟の可能性を梃子にしたトルコ経済の活性化は難しくなった。

一般国民にとって目に見える成果は、トルコのインフレ率が二〇〇四年以降一桁にまで低下したことである（図２－１）。インフレ収束を象徴するのが、二〇〇五年初におこなわれたトルコリラを一〇〇万分の一にするデノミである。インフレ低下は実質賃金の上昇に加え金利低下をもたらし、融資を受けて自家用車や住宅を購入する可能性が拡大した。経済学者エルカン・クムジュによると、一九七〇年以降の歴代政権はインフレ収束を公約したが、景気引き締めによる人気低下を恐れてインフレを放置した。しかし二〇〇七年総選挙で、有権者はインフレ低下による経済安定を高く評価した[27]。

二〇〇七年七月総選挙の直前に世論調査会社コンダ

2007 年総選挙での AKP 勝利宣言
［https://cdn.odatv4.com/images2/2018_06/2018_06_25/2007-balkon-konusmas%C4%B1.jpg］

社（ＫＯＮＤＡ）がおこなった一連のアンケート調査によると、有権者の四二・七％が経済が「良くなった」と答えている。これに対し「悪くなった」との答えは三〇・一％にとどまった。[28] また前述の一連のアンケート調査のうち、著者が共有していただいたひとつの世論調査データによると、[29] 投票では何を重視するかとの問いに対して経済状況と答えたのは、ＡＫＰ支持者（全体の三七・六％）のうち八四・一％だった。これに対し、他の政党支持または支持なしでは七三・二％にとどまっており、ＡＫＰ勝利における経済業績の重みがうかがえる。

各年の世論調査でも、過去一二カ月の国内経済状況を「悪い」とする回答比率は世界金融危機発生翌年の二〇〇八年に六割を超えたが、その後は低下し続け、二〇一二年に三割弱の水準で底を打った。[30] しかし第7章で論じるように、トルコ経済は二〇一四年に下降期に入った。二〇一三年の米国金融緩和縮少により新興国で金利が上昇したにもかかわらず、

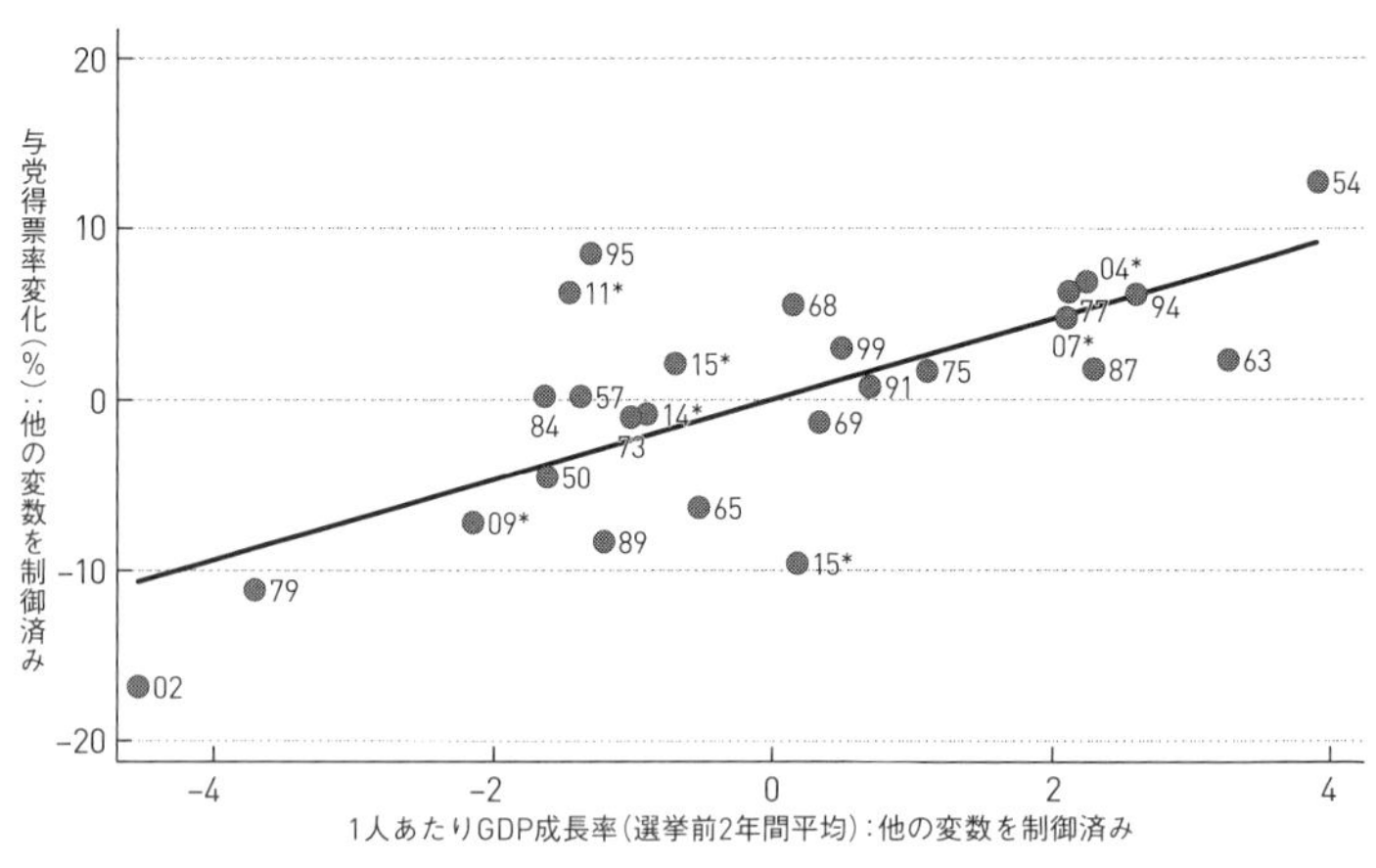

図 2-3　経済成長率の与党得票率変化への影響（1950-2015 年）

注：1）＊AKP が与党のときの選挙年。
　　2）他の変数：在任期間，単独 / 連立政権，総選挙 / 地方選挙，選挙信託の有無，AKP/ 非 AKP 政権。詳しくは，Hazama（2012）を参照。

ＡＫＰ政権が低金利政策に固執したため、為替相場が長期的に下落した。二〇一八年には、さらに通貨危機が発生してトルコリラ為替相場が約三割下落し、それにともないインフレも急進した（図２－１）。

ＡＫＰ政権下での投票行動

トルコで過去六五年にわたって実施されてきた選挙（国会および統一地方選挙）の結果は、経済状態に大きく左右されてきた。図２－３が示すように、選挙前二年間の実質ＧＤＰ一人あたり成長率が高いほど、与党支持率は増加する傾向にある。

この傾向を回帰線（斜めの直線）として表現してみよう（●の横の数字は選挙年）。すると、一人あたりＧＤＰ成長率から期待される与党得票率変化を推計することができる。その推計値とは回帰線の縦軸の値である。与党得票率の実際の値が回帰線上にあれば、実際値は経済成長率から期待されたとおりの値といえる。

AKP政権期の選挙（＊で示した）においては、世界金融危機後の二〇〇九年と大統領制導入が争点だった二〇一五年六月を除き、実際の値が推計値以上であることがわかる。有権者が、最近の経済状況では説明できない何らかの信頼を上乗せしてAKPを支持しているためである。ただし、その信頼が何であるかは、一国レベルのデータから判断できない。

AKP政権期における個人レベルの投票行動について、これまでの研究は有権者が与党支持を決めるうえで、過去一年間の国内経済状況評価が過去一年間の家計状況評価よりも重要だったことを示しているが、後光効果は検証していない[31]。ただし、二〇〇七年から二〇一一年にかけて、与党支持への過去一年間の経済業績評価の影響が弱くなっていることは示されている[32]。

この背景には、人々がより長期的な経済業績評価により政権支持を決める傾向（後光効果）があるのだろうか[33]。他方、前述のように、トルコの経済状況は二〇一四年以降に長期的低下傾向に入っている。この状況では後光効果が消滅しているかもしれない。以下では、後光効果を個人レベルのデータを用いて検証する。

二　一党優位制における個人の投票行動

研究設計とデータ

本節では先に挙げたふたつの仮説を、トルコ有権者に対して二〇一四年一〇月と二〇一九年一二月に実施した世論調査データを用いて検証する。分析モデルは、有権者がどのような場合に（一）与党支持、（二）野党支持、（三）態度未定、になるかを推計する多項ロジット・モデルである。投票行動理論では近年、投票行動の正確な推計には与野党支持のみでなく、棄権をも含んだ推計モデルの必要が強調されているからである。この推計モデルを適用して一党優位制定着期と衰退期の対比をおこなう。具体的には、短期的な経済業績評価のみならず長期的な経済業績評価の効果をも加えたモデルを用いて、二〇一四年と二〇一九年の投票行動を比較分析する。二〇一四年はトルコで一人あたり米ドル換算ＧＤＰの低下傾向が始まった年である。過去五年と過去一年の傾向が食い違う。これに対し、二〇一九年は過去五年と過去一年の傾向が同様である。このため、二〇一四年は長期的評価が短期的評価よりも強く影響するという後光効果が現れるが、二〇一九年は後光効果が現れないという仮説を検証する。

データの出所は、いずれも国内有数の世論調査会社であるコンダ社が二〇一四年一〇月に、アクソイ社が二〇一九年一二月に、それぞれ全国規模で実施した調査（標本規模は二五八九と二〇一四）である。[34]コンダ社の標本抽出方法は、地理的最小単位で割当が適用される「割当を用いた確率標本」である。[35]

データ収集時期である二〇一四年一〇月は、ＡＫＰが三回連続して議会過半数を確保した総選挙から三年以上たっている。この時期は、国内経済の長期的（過去五年）および短期的（過去一年）状態が互いに異なっている。アクソイ社の調査では、有権者電話番号リストから無作為抽出された個人に対してコンピュータ支援電話面接（ＣＡＴＩ）がおこなわれた。調査実施時期である二〇一九年一二月は、トルコの一人あたりＧＤＰの低下が始まった二〇一四年から五年たち、長期的、短期的状態が一致している。さらに二〇一八年七月の通貨危機が物価上昇を深刻化させていた。

有権者の三つの選択──与党、野党、未定

経済業績投票分析では、説明されるべき現象、つまり従属変数は、これまで政党選択であることが多かった。たとえば、与党ないし野党、または三つ以上の政党の間の選択となる。しかし近年、従属変数として「投票対棄権」も使われるようになった。(36) さらに、従属変数に政党選択と投票対棄権の両方を取り込んだ統合モデルも現れた。この統合モデルによる分析は、経済状態への有権者の反応が、政党帰属意識と政策選好により異なることを示した。(37) すなわち、経済状態が悪い場合、通常は与党やその政策を支持する有権者は棄権し、通常は棄権する有権者は投票に出かけて野党に投票する。本章はこの統合モデルをより簡易に適用し、三つの選択肢からなる多項従属変数を用いる。第一は与党（ＡＫＰ）へ投票、第二は野党へ投票、第三は態度未定で選挙日に棄権ないし無効票投票である。

経済業績評価——長期と短期

これまでの議論を踏まえ、経済業績投票という現象を統計的に説明するためにふたつの独立変数を用いる。独立変数とは、前述の現象がなぜ起きたのかを説明できる要因のことである。独立変数と従属変数の代わりに、よりわかりやすい原因と結果という表現を用いないのは、独立変数と従属変数の間に因果関係が成り立つとは証明できないからである。ふたつの独立変数とは、第一に、一党優位制での後光効果を検証するための、過去五年間（長期）の国内経済状況評価である。第二に、経済業績投票モデルの標準である、過去一二カ月間（短期）の国内経済状況評価である。いずれについても回答者が五段階で評価した。

ふたつのアンケート調査の文言は若干異なる。二〇一四年が「過去五年間／過去一二カ月間のこの国の経済状態をどのように見ていますか」で、回答選択肢は、「1：とても悪い」、「2：悪い」、「3：良くも悪くもない」、「4：良い」、「5：とても良い」、である。二〇一九年が「過去五年間／過去一二カ月間にこの国の経済状態は良くなりましたか、それとも悪くなりましたか」で、回答選択肢は、「1：とても悪くなった」、「2：悪くなった」、「3：変わらない」、「4：良くなった」、「5：とても良くなった」、である。つまり、二〇一四年は水準、二〇一九年は変化を聞いている。

それでも本節の分析の狙いは、短期の評価が長期の評価と異なる影響を投票行動に与えているかである。そのため、短期の評価と長期の評価の関係が、水準の場合と変化の場合で異なると困る。しかし短期と長期の評価の相関関係を示すピアソンの相関係数rは、二〇一四年が〇・七八、二〇一九年が〇・七五と、ほとんど同じだった。そのため定義上の違いはあるものの、両年のデータを同じ分析に用いることに大きな問題はないと考えられる。これらの値はまた、短期評価を長期評価によって説明しきれない部分が約四割（ピアソンの相関係数rの二乗値）残っていることを示す。また、過去一二カ月間／過去五年間の家計状況評価を含んだモデルも試したが、これらの変数は国内経済状況評価よりも弱い説明力しか持たなかったため、最終的なモデルからは落とした。

これ以外の独立変数として、仮説には直接かかわらないものの、背景説明として考慮する必要がある変数（制御変数）としては、過去の支持政党、性別、年齢、教育、家計平均月収、就業状況、農村・都市・大都市の区分、全国一二地域区分、政治的イデオロギー自己配置、民族的帰属意識、宗教性を用いたが、本章では詳細を割愛する。分析には多項ロジット・モデルを用い、区ないし村を一次標本単位として標準誤差を修正した。

三　後光の発生と消滅

定着期と衰退期の違い

まず、有権者全体の経済業績評価が一党優位制定着期（二〇〇八～一四年）と衰退期（二〇一五年以降）でどのように異なるかをみてみよう。長期または短期の経済業績で5、4、3という、良い順に上から三つの回答の合計比率は、二〇一四年は長期が六一・一％、短期が五四・八％と、いずれも過半数だった。これに対し、二〇一九年は長期が三八・一％、短期が三五・一％と、いずれも三割台に大きく

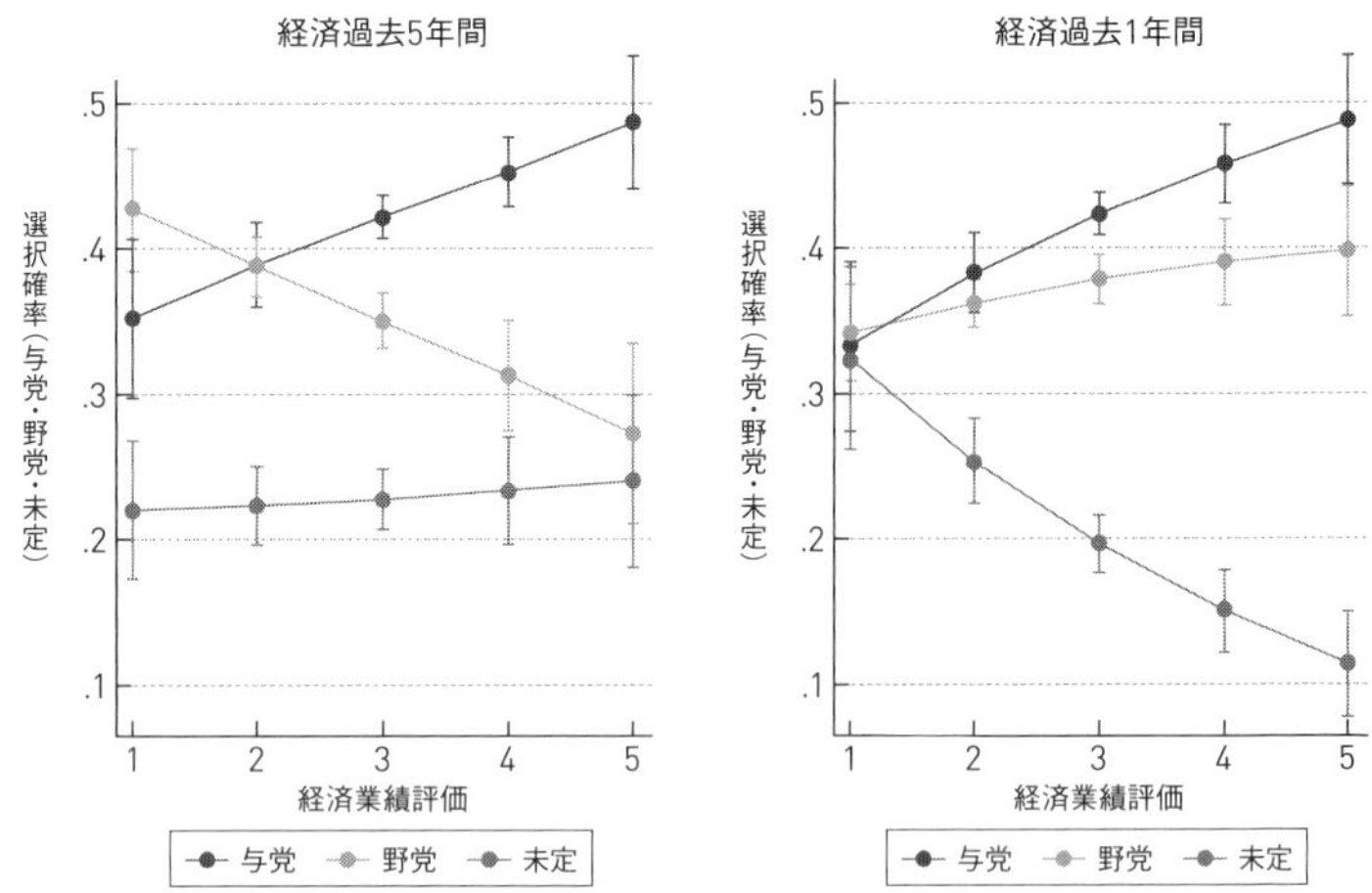

図 2-4　経済業績評価が投票選択（与党・野党・未定）に与える影響：2014 年
出所：筆者作成。

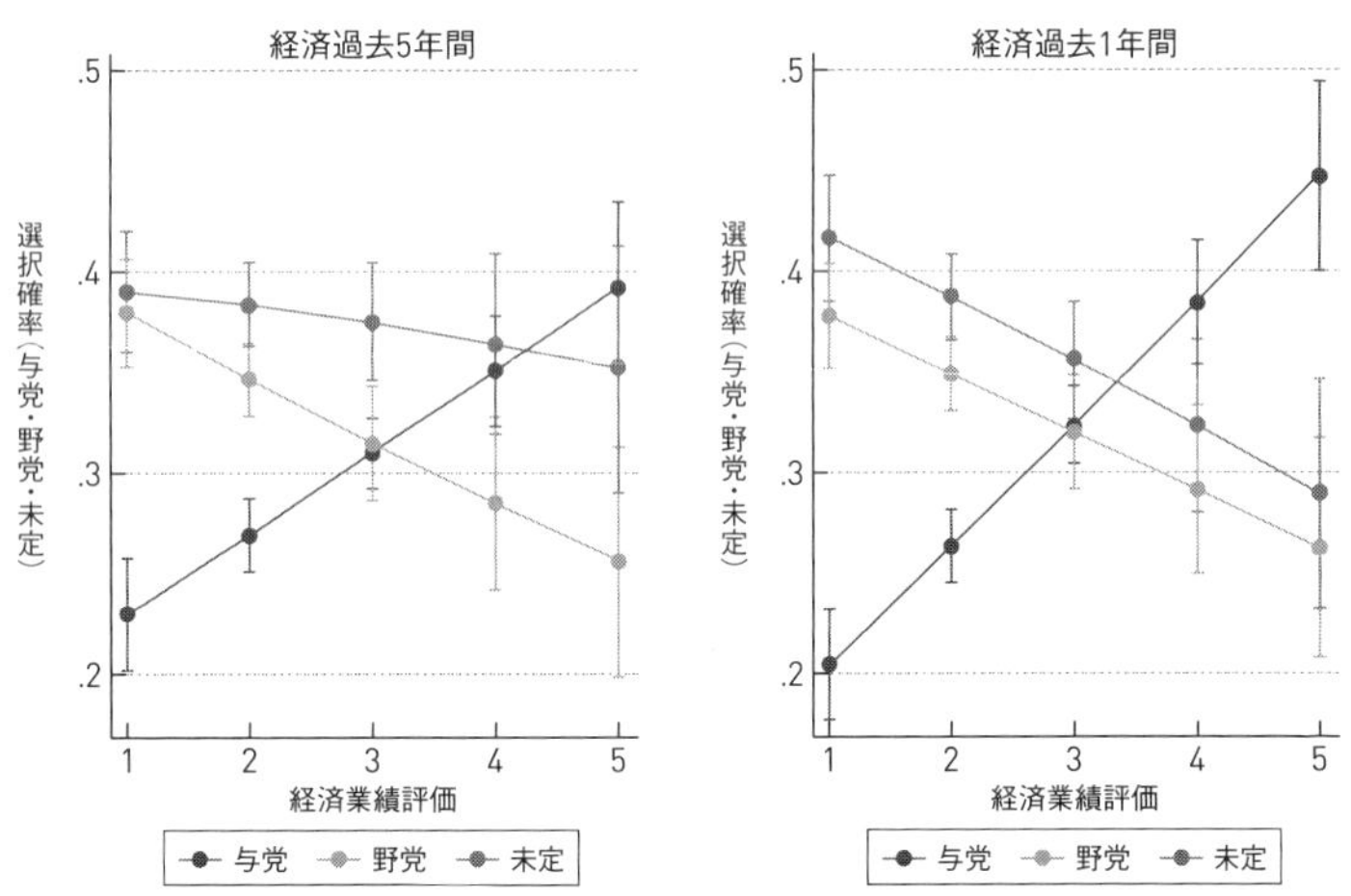

図 2-5　経済業績評価が投票選択（与党・野党・未定）に与える影響：2019 年
出所：筆者作成。

落ち込んだ。経済業績評価が一党優位制の定着と衰退に大きくかかわっていることがわかる。

つぎに、前述のモデルを用いたより正式な分析で、長期と短期の経済業績評価が、与党、野党、未定の三つの選択に与える影響を推計してみた。その結果を二〇一四年について示したのが図2－4、二〇一九年について示したのが図2－5である。両図は以下のように読むことができる。横軸の経済業績評価が1（最低評価）から5（最高評価）の間で増減すると、それに応じて縦軸の「与党支持」、「野党支持」、「態度未定」の確率が増減する。線グラフの傾きが大きいほど経済業績評価の効果が強く、小さいほど効果が弱い。左のグラフが長期、右のグラフが短期の経済業種の効果を示す。

ここからふたつの大きな傾向が読み取れる。第一に、図2－4をみると一党優位制定着期の二〇一四年には、与野党選択に及ぼす経済業績評価の影響は、過去一二カ月間の評価よりも過去五年間の評価が大きかった。経済過去五年間の評価は、高ければ与党支持、低ければ野党支持を、それぞれ強める一方、態度未定にはほとんど影響を与えない。これに対し、経済過去一年間の評価は、高ければ与党支持を強めるが、低ければ態度未定を強めるものの、野党支持にはほとんど影響を与えない。つまり有権者の与党対野党の選択は、長期の経済業績評価にもとづいている。他方、与党対態度未定の選択は、短期の経済業績評価にもとづいている。このように一党優位制定着期において、短期的経済業績評価の低下は、投票率を低下させるものの、与党から野党への支持変化をもたらさない。

第二に、これに対し図2－5をみると、一党優位制衰退期の二〇一九年には、短期の特徴が長期の特徴に近づいた。経済過去五年間の評価は、高ければ与党支持を、低ければ野党支持を、それぞれ強める。経済過去一年間の評価も、高ければ与党支持を、低ければ野党支持と態度未定を、それぞれ強める。つまり長期と短期いずれでも、有権者の与党対野党の選択は、長期および短期の経済業績評価にもとづいている。このように一党優位制衰退期においては、短期的経済業績評価の低下は、投票率低下のみならず、与党から野党への支持変化をももたらす。

有権者の危険回避と棄権回避

本章の分析結果からすると、経済が長期的に好調だと短期的経済業績評価は与野党間の政党選択を左右しない。これは、長期的政策実績が確立すると有権者支持は固定化し、短期的な経済状況の悪化にも耐えうることを示唆している。短期的経済業績評価の低下は与党ないし野党への投票よりも未定（すなわち棄権ないし無効票投票）の確率を高めるため、有効票における与野党票比率には中立的な効果をもたらす。そのため、過去の経済の成功の後光効果は長続きする。

興味深いことに、短期的経済業績評価が低いと、与党のみならず野党への投票も萎える。この知見は、有権者の葛藤を反映している。与党への投票は、有権者が経済の現状に満足しているとの誤った信号を送ることになる。しかし野党への投票は、現政権の終焉が経済をさらに悪化させるかもしれないという点で、危険がある。このような危険回避意識は英国とドイツの対比した研究結果にも現れている。たとえば経済の現状が悪いと、英国人は経済業績評価に依拠せず投票するのに対し、ドイツ人は経済業績評価により依拠して投票する。[38] 二大政党制の英国では単独政権が常であるため、現政権の敗北はまったく新しい政権をもたらす。多党制のドイツでは連立政権が常であるため、現政権は敗北しても新政権が旧与党を含む可能性は充分ある。

このように、現政権敗北にともなう政策転換は、多党制においては漸進的であるのに対し、二大政党制や一党優位制では抜本的である。とくに一党優位制においては政策転換の危険性が二大政党制にもまして大きい。そのため、有権者は慎重な態度（危険回避）を取るのだろう。

しかし経済が長期的な低下傾向に入ると後光効果は消え、長期と短期の経済業績評価の影響には違いがなくなった。有権者にとって短期的経済業績評価により政権支持を決めることは、危険な賭けではなくなった。それにより棄権せず野党を支持する傾向が強まった。

本章では、一党優位制における経済業績評価の長期的視野が、政権選択に大きな重みを持つことが示された。長期的な経済認識の変化が遅いことは、一党優位制与党が短期的な経済低迷から回復するための時間を与える[39]。さらに、経済業績評価の長期的視点は、ミクロレベルのみならずマクロレベルでの分析にも適用できよう。実際、経済不安定を経験している国では、選挙前一年ではなく、前二年間ないし全任期中の経済状態が与党支持に影響を与えていた[40]。有権者による政権評価の時間的視野は該当国の政治経済的背景にも依存する。与党が長いあいだ変わらない場合、または経済が急速に変化する場合、時間的視野は伸びるはずである[41]。

一党優位制の与党は、新しい争点が有権者の関心を長期的経済業績からそらすと、選挙での有利さを失う。たとえば、議院内閣制から大統領制への移行などの論争的提案もそのような争点をもたらす。その提案が二〇一五年六月総選挙でＡＫＰが議会過半数を失った大きな理由であろうことは、選挙直後出口調査の結果からも推測できる[42]。二〇一四年に大統領に直接選挙で選出されたエルドアンは、憲法上は政治的に中立を義務づけられているにもかかわらず、二〇一五年六月総選挙戦において自身の出身政党であるＡＫＰをあからさまに支援し、大統領制移行の憲法改正のための議会三分の二の多数の獲得を有権者に求めた。

さらにエルドアンは、自分の主張を通すため、経済が過去三年間危うい状況にあり、大統領制移行のみが経済を正しい道に戻せると強調した。(43) つまり、彼は国民の多数派が反対していた大統領制導入という新しい政治議題を正当化するため、ＡＫＰ政権の長期的経済業績への懸念を表明したのである。ＡＫＰが支持者を引きつける最大の要因だった長期的経済評価をエルドアン自身が否定したことで、ＡＫＰ政権の後光効果は弱まりブランドは劣化する。くわえて、彼のこのような態度は、経済を自らの政治目的に優先させるというその後の傾向を予告していた（第7章参照）。ＡＫＰ政権の経済業績は二〇一八年の集権的大統領制移行後にさらに低下し、本章の二〇一九年の世論調査データの分析が示したように、後光効果の消滅につながったのである。

コラム【4】 エルドアンのハットトリック――サッカーと政治

世界の他の多くの国と同様、トルコで最も人気のあるのはサッカーである。国民が熱狂するスポーツは政治と密接に結びついている。たとえば、政治家は公共事業完成の開所式でペナルティーキックを蹴るのが慣習になっていたが、エルドアン首相は自らが出馬した二〇一四年大統領選挙戦のさなかの七月末に参加したエギジビションマッチで、「ハットトリック」を決めて有権者にアピールした。

試合は、トルコ代表チームや国内外の有力クラブチームの監督を長年務めてきたファーティヒ・テリムの名を冠したサッカー場の開所式でおこなわれた。エルドアンは国民的英雄であるテリムとの自らの近しい関係、そしてサッカーおよびスポーツの重要性を強調して、サッカーファンと同義であるトルコ国民の心を捉えようとした。

エルドアンのサッカー歴は有名である。エルドアンは一三歳ころからサッカーを始めたが、父親は時間を無駄にせず勉強すべきと考え、サッカーには反対していた。そのためエルドアンは両親に隠れてプレーした。家ではスパイクを石炭倉庫に隠し、けがの痛みも顔に出さずにこらえた。彼の実力はしだいに地元のリーグでも認められるようになった。

自らがキャプテンとなったＩＥＴＴ（イスタンブル市営交通）では、一九七八年にイスタンブル・アマチュア一部リーグで優勝している。さらに、トルコのクラブチームでガラタサライと双璧をなすフェネルバフチェからも移籍を求められたこともある。エルドアンはその宗教心と卓越したプレーぶりから、イマーム・ベッケンバウアーとも呼ばれた。

エギジビションマッチでは、エルドアンは走る速さこそ六〇歳という年齢相応にみえたが、その技術は確かであることを証明した。相手方のゴールキーパーは、エルドアンのどのシュートに対してもほとんど反応しなかったものの、得点につながったエルドアンの三本のシュートはゴールの右下隅、右上隅、左下隅を正確に捉えた。とくに二本目のシュートは、キーパーが最も取りにくいものの、シューターにとっても難易度の高い「九〇度」と呼ばれるものだった。

ちなみに筆者は試合の翌日、ホテル近くの公園の警備員やタクシーの運転手などに、エルドアンが素晴らしいプレーをしたと話しかけると、彼らは一様に、あの程度のプレーは驚くに値しないという冷めた反応を示した。過去にセミプロでプレーしていたのだから当然、というコメントも聞いた。トルコ人のサッカー水準の高さを認識した。

トルコ国会議員にも国民的英雄視されたサッカー選手がいた。イスタンブルの名門ガラタサライのセンターフォワードで、イタリアのセリエAでもプレーしたことのあるハーカン・シュキュルである。トルコA代表歴も長く、二〇〇二年日韓共催ワールドカップでトルコが三位になったときの代表キャプテンでもあった。彼はイスラム運動ギュレン派の信徒でもある。

二〇一一年の総選挙でAKPはシュキュルを主要な看板候補のひとりに選び、難なく国会議員に当選させた。しかし、ギュレン派とAKPの仲違いが二〇一三年末に表面化すると、彼はAKP政権を批判して離党した。その点で、彼の政治的軌跡は、ギュレン派とAKP間の連合から対立への変遷を体現している。

二〇一三年五月末に勃発したイスタンブルでのゲジ公園再開発抗議運動に対し、エルドアン首相が自党支持者を「対抗動員」していた六月中旬、（その後の一二月一七日の検察による汚職捜査の対象となった）エゲメン・バウシュ外相は、対抗動員の場にいたシュキュルを呼んで耳打ちした。そして「国家情報局によると、検察が政府の要人に対する汚職捜査を予定しているようだが、もしそうだとすると、（検察や警察の組織に浸透した）ギュレン派と政権との間に対立が生じることになる。このことをギュレン師に伝える必要がある」と述べ、暗にギュレン派を警告した。

シュキュルは信徒のひとりではあるものの、ギュレン派の政治的な動きを把握していなかったため、このときバウシュが望んだような伝達者の役割を果たさなかった。だが、一二月一七日以降の汚職捜査をめぐりAKP政権がギュレン派を糾弾すると、シュキュルはAKPから離党して無所属国会議員に転じた。その後、AKP政権が検察や警察の反撃に出て大幅人事異動により汚職捜査を事実上封じ込めると、彼に続く離党者はほとんど出なかった。

ところでゲジ抗議運動のときに注目を集めたのが、ベシクタシュのサポーター集団であるチャルシュ・グループである。チャルシュとは、市場（いちば）という意味で、イスタンブルの中産階級地区であるベシクタシュの市場をいわばコミュニティとしていることに由来する。

他のサポーター・グループがどちらかというとトルコ民族主義的なのに対し、チャルシュは、いわゆる「体制」に反対する（および左派的な）傾向に特徴がある。ベシクタシュがトルコの三大クラブのひとつではあるが、他のふたつの後塵を拝していることから、アンチ巨人・阪神ファン的な心理があるのかもしれない。

ゲジ抗議運動では警察による弾圧に抵抗し、チャルシュのメンバーが路上に放置されていた建設用ショベルカーに乗って警察の装甲車を追い払った光景は、人々の脳裏に焼きついているのではないか。ただしその後、政府はチャルシュを取り締まり、多くのメンバーが逮捕拘束された。チャルシュはその反骨精神を体を張って証明したといえる。

第3章　庇護力――社会的保護の拡充

二〇〇八年七月、イスタンブルの中心から車で一時間ほどの郊外にあるイスハクル村を訪れた。投票行動についての聞き取り調査をおこない、翌日、帰りのタクシーを探した。しかし、通常は乗客がいないためにタクシーも見つからない。宿泊先の宿の主人が、市内まで有料で送ってくれる農家の人を紹介してくれた。車中で近郊農業の現状などについて話し込むうち、彼は現政権を支持する大きな理由が、国民皆保険制度導入をはじめとする保健医療改革だと教えてくれた。保険料を払えば誰でも同じ水準の医療サービスを受けることができる。しかも病院や薬局が少ない農村には巡回サービスがあり、たとえば薬が毎週一回配達されるという。「適切な政府サービスに対してはその対価を喜んで支払う」との彼の証言からは、有権者の合理性を知ることができた。

その後、トルコでタクシーに乗るたびに運転手さんに医療サービスについての意見を聞くと、「手術の予約が一週間後に取れるようになり、たいへん満足している」、「診察が予約制なので待ち時間がなくなった」、などの評価の声を聞いた。二〇〇八年四月に国民皆健康保険法が成立したのは知っていたが、保健医療改革がここまで進んでいたのは驚きだった。公正発展党（ＡＫＰ）政権の長期化には後光力のみならず、社会福祉の充実による庇護力も貢献していると感じた。

ＡＫＰ政権は新自由主義的改革を前政権から引き継いで着実に実施した。その主要な成果は、財政健全化、金融部門強化、インフレ低下に加えて、社会保障の拡充である。市場主義を基本とする新自由主義的改革がおこなわれながら社会保障が拡充したのは、新自由主義的改革の内容が、一九九〇年代の経験と反省を踏まえて社会的保護をより重視する方向に修正されていたからである。二〇〇〇年代に世界各国でも実施されるようになったこの修正的新自由主義改革は、ＡＫＰ政権第一期（二〇〇二～二〇〇七年）に最も進んだ。

社会的保護は、保健、障害、高齢、遺族、家族・児童、失業、住居、社会的疎外という八つの領域に関わるリスクや負担を軽減するための公的、または私的主体による介入と定義される。[1] 世界銀行によれば、社会的保護政策は、（一）保険料を主な財源とする社会保険（健康保険・老齢・遺族・障がい者年金、失業保険など）と、（二）補助金を主な財源とする社会扶助（現金給付、学校給食、対象限定食料援助など）から構成される。[2] 本章では、ＡＫＰ政権が社会保険と社会扶助を拡充させ、それらが社会的弱者の生活満足度を高め、一党優位制を支える二つ目の柱となったことを示す。以下ではまず、社会的保護政策全般の開発途上国およびトルコでの状況を概観する。つぎに、より詳しく、ＡＫＰ政権による保健医療改革と社会扶助拡大の内容とその効果をデータを用いて分析し、最後に本章の庇護力についての議論をまとめる。

一　開発途上国における社会的保護

促進要因と政策効果

開発途上国において社会的保護を促進する要因は、財政能力と民主主義である。社会的保護は財源を必要とするが、財源があっても政府の意思がなければ社会的保護は実現しない。政治理論では、政治家は民主的選挙で勝つために、国民を所得順に並べたときにちょうど真ん中の位置の人（中央値所得者）を最も利する政策を提案すると考えられている。通常、中央値所得は平均所得を下回るので、民主主義においては所得再分配政策が低所得者を配慮しがちになる（いわゆる中位投票者理論）[3]。歳入の国内総生産（GDP）比と民主主義の度合いが高いほど社会的保護支出が増えることは、一九九〇〜二〇一〇年の九七の開発途上国について示されている[4]。社会扶助も民主主義の度合いが高いほど実施されやすい[5]。ただし、社会扶助支出額が社会的保護支出額とは関係がないとの知見も、一九九〇〜二〇一五年の開発途上国一四三カ国についての分析で示されている[6]。社会扶助は、社会保険など他の社会的保護政策に比べて税収制約を受けにくいのかもしれない。

社会的保護の効果は、一般的には貧富格差解消である。ただし保険料支払いを原則とする社会保険は、民主主義水準が低いと、貧富格差をむしろ拡大する[7]。民主主義水準が低いと、社会保険支出の多くをエリート層の年金が占めるからである。保健医療も、先進国においては所得階層を通じておおむね平等なのに対し[8]、開発途上国においては高所得層を優遇するとされる[9]。低所得者は組織力が弱いため、公的保健医療が低所得層よりも中所得層に照準を合わせているからである[10]。この所得間格差を解消するために国民皆保険制度が導入されたが、その効果は期待どおりではなかった。たとえば、インドネシアでは、低所得者用健康保険証の交付に村の有力者が介在するため、高所得者も恩恵を受けていた[11]。またフィリピンでは、低所得者層の自己負担額が大きいなどの理由から、利用率があまり上がらなかった[12]。

社会扶助は先進国においては他の社会的保護政策、たとえば社会保障、基本サービス、労働市場規制などの効果が限られている場合に、残りの手段として用いられてきた。これに対し、開発途上国では社会扶助はより先行的かつ大きな役割を果たす[13]。開発途上国は徴税能力が低く脱税も横行するため、税制による所得再分配機能は限られている。その代わり、低所得層に直接的に所得移転する社会扶助が所得再分配でより大きな役割を果たす。

トルコにおける社会的保護

トルコにおいて社会的保護政策の萌芽はオスマン帝国時代の一九世紀末以降にみられるが、社会保障制度が創設されたのは第二次世界大戦後である。労災保険・職業病保険・出産保険法（一九四六年）、老齢保険法（一九五〇年）、疾病保険法（一九五一年）が施行された。ただし、その実施は段階的で支給対象者も限定的だった。これらの個別法が統合され支給内容と対象者がさらに拡大したのが、一九六五年施行の社会保険法である[14]。それでも社会保険の対象は公務員と民間正規雇用に限られていた。自営業者

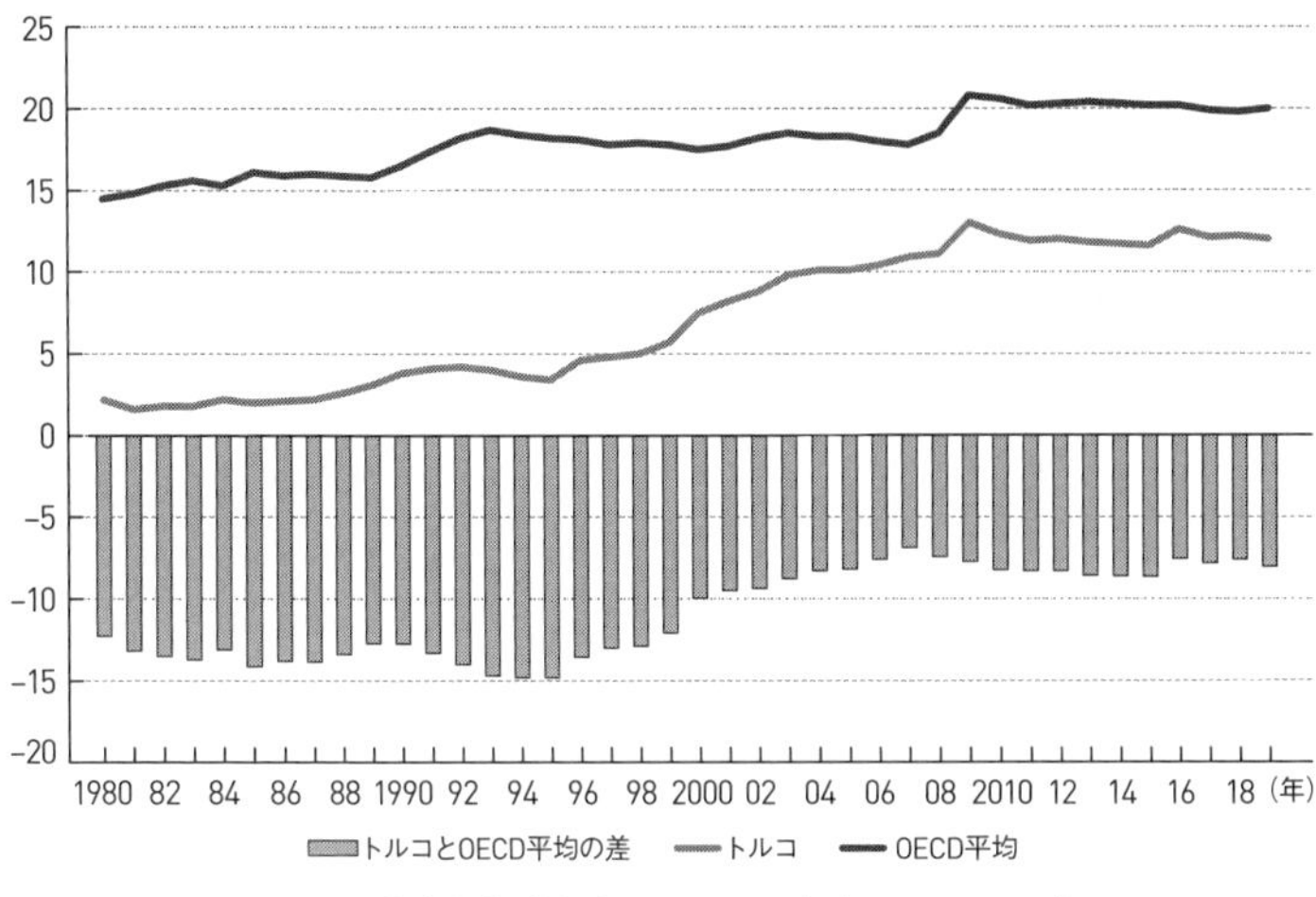

図３−１　社会的保護支出のGDP比（％）：1980-2019年

出所：<http://stats.oecd.org/viewhtml.aspx?datasetcode=SOCX_AGG&lang=en>より筆者作成。

が対象に加えられたのは一九八〇年代に入ってからであるし、民間非正規雇用は除外されている。このようにトルコの社会的保護は、正規雇用しかも公務員を優遇していた。また非正規労働者が多く親類による扶助が重要な役割を果たす点で南欧型に近かった[15]。このような社会的保護に変革をもたらし、経済協力開発機構（ＯＥＣＤ）諸国との格差を縮めたのがＡＫＰ政権である[16]（図３－１）。

ＡＫＰ政権の社会保障改革はＩＭＦスタンドバイ取極や世界銀行プロジェクトに依拠し、三つの柱からなる。第一に、労働市場改革では、失業や非正規雇用への対策として、パートタイムや臨時雇用などの労働市場柔軟化（二〇〇三年）、女性や若者を新規雇用する雇用者の社会保障負担軽減（二〇〇八年）、雇用形態のさらなる多様化（二〇一一年）などの措置を導入した。第二に、健康保険改革では、国民皆保険を導入するとともに国家公務員優遇を撤廃、また民間医療機関での診療も健康保険の対象とした。第三に、社会扶助では所得扶助を拡大した[17]。新自由主義の市場経済原則に従い、国家は社会福祉の直接的な供給からは撤退したが、福祉供給者の監督者および資金供給者として影響力を維持した[18]。また健康保険制度でも、公的保険支出の抑制を狙い、受益者負担の拡大や民間健康保険による保険金上乗せなどの市場化も進展させた[19]。

二　保健医療と年金

ＡＫＰ政権下での改革

トルコでは二〇〇三年、保健変革プログラムのもとで保健医療改革を開始し、基本保険サービスを拡大するとともに皆健康保険制度を二〇〇八年に導入した。保健変革プログラムはトルコの保健医療が抱える四つの問題、（一）経済発展水準に照らして低い実績、（二）アクセスの不平等、（三）事務の非効率性、（四）低質なサービス、に取り組んだ。トルコでの公的健康保険は、社会保険制度加入者の権利の一部として提供されてきた。しかしトルコの社会保険制度では、①公務員が加入する退職基金（ＥＳ）、②民間部門被雇用者が加入する社会保険機構（ＳＳＫ）、自営業者が加入する自営業者年金機構（ＢＫ）という三つの異なる社会保険機関が併存した。公務員（ＥＳ加入者）が民間部門（ＳＳＫやＢＫ加入者）より優遇されていた。そのため公的健康保険でも官民格差が存在し、たとえば二〇〇四年の一人あたりの保健医療支出は、ＥＳで三六三ドルだったのに対し、ＳＳＫで一七二ドル、ＢＫで二七九ドルだった[20]。

社会保障機構（SGK）［©Wikimedia Commons］

保健変革プログラムは、これら三機関を社会保障機構（ＳＧＫ）に統合することで健康保険の官民格差を解消した。

この統合過程は二〇〇三年に始まり、まずＳＳＫ被保険者が保健省が運営する病院で徐々に受け入れられるようになった。入院医療費が無料だった特待カード保有者は、[21]二〇〇四年からは他の保健医療も他の公的健康保険と同じ条件で受けられるようになった。また公的健康保険の対象は、ＳＧＫと契約している私立病院の入院患者への投薬と医療器具にも広げられた。公的健康保険未加入者は、二〇〇八年の国民皆健康保険法により、最低六〇日（前年についての三〇日を含む）払い込み済みであることを条件に、公的保健医療を利用できるようになった。[22]

二〇〇八年に成立した国民皆健康保険制度では、保険料率が被雇用者五％、自営業一二・五％、雇用者七・五％、政府負担が徴収保険料の二五％相当で、機関選択が自由になった。いずれかの親が保険料を支払

表3-1　保健医療での所得階層間格差を緩和する改革：2003-09年

年	改革
2003	・救急車利用無料化。 ・医療費未払い患者の病院への留め置き制度廃止。
2004	・所得水準が全国最低の6％の共同体で，妊婦と幼児が健康診断を受けることを条件付き現金給付が6％の共同体で開始。 ・（低所得者向け）特待カード保有者の入院医療費に加えて外来医療サービスも無料化。 ・妊婦に鉄サプリメントを無料配布開始。
2005	・特待カード保有者に外来処方薬無料。 ・SSK病院を保健省に統合。 ・SSK被保険者が，他の公的保険機関の被保険者と同様に，民間薬局から処方薬を購入することが可能に。 ・家庭医制度が国内最初の県で開始。
2006	・3つの社会保険機構の統合開始。
2007	・社会保険の被保険者でなくても一次医療が無料化。 ・民間部門と自営業被保険者とその被扶養者が無条件に国立病院で診療可能に。 ・社会保障機構と契約下にある病院は入院患者に処方薬と医療器具を無料で提供。
2008	・国民皆健康保険制度法成立。特待カード保有者に他の公的健康保険と同じサービス提供開始。
2009	・外来保健医療サービスで医師と歯科医の診療について本人負担導入。

出所：OECD-World Bank (2008, 45, Table 2.1), Tatar et al. (2011, 148-9, Table 7.1) より筆者作成。

っている一八歳未満、および貧困認定を受けた人の保険料は国家が負担。無保険でも診療を受けられる。診察件数は二〇〇二年の二億件から二〇一〇年の五億件に上昇した[23]。ただし、一般的な貧困の基準となる所得は最低賃金水準であるのに対し、トルコの現行の貧困認定の基準となる所得は最低賃金水準の三分の一と低いため、所得が最低賃金以下でも保険料支払い義務が発生する[24]。

公的健康保険以外でも基本的保健医療の拡大が起きた。たとえば無料救急車、子どもの定期健康診断を促すための条件付き現金給付、結核患者支援のための社会サービス、予防接種と妊婦保健医療の改善[25]、救急医療の無償化[26]、などである。とくに、

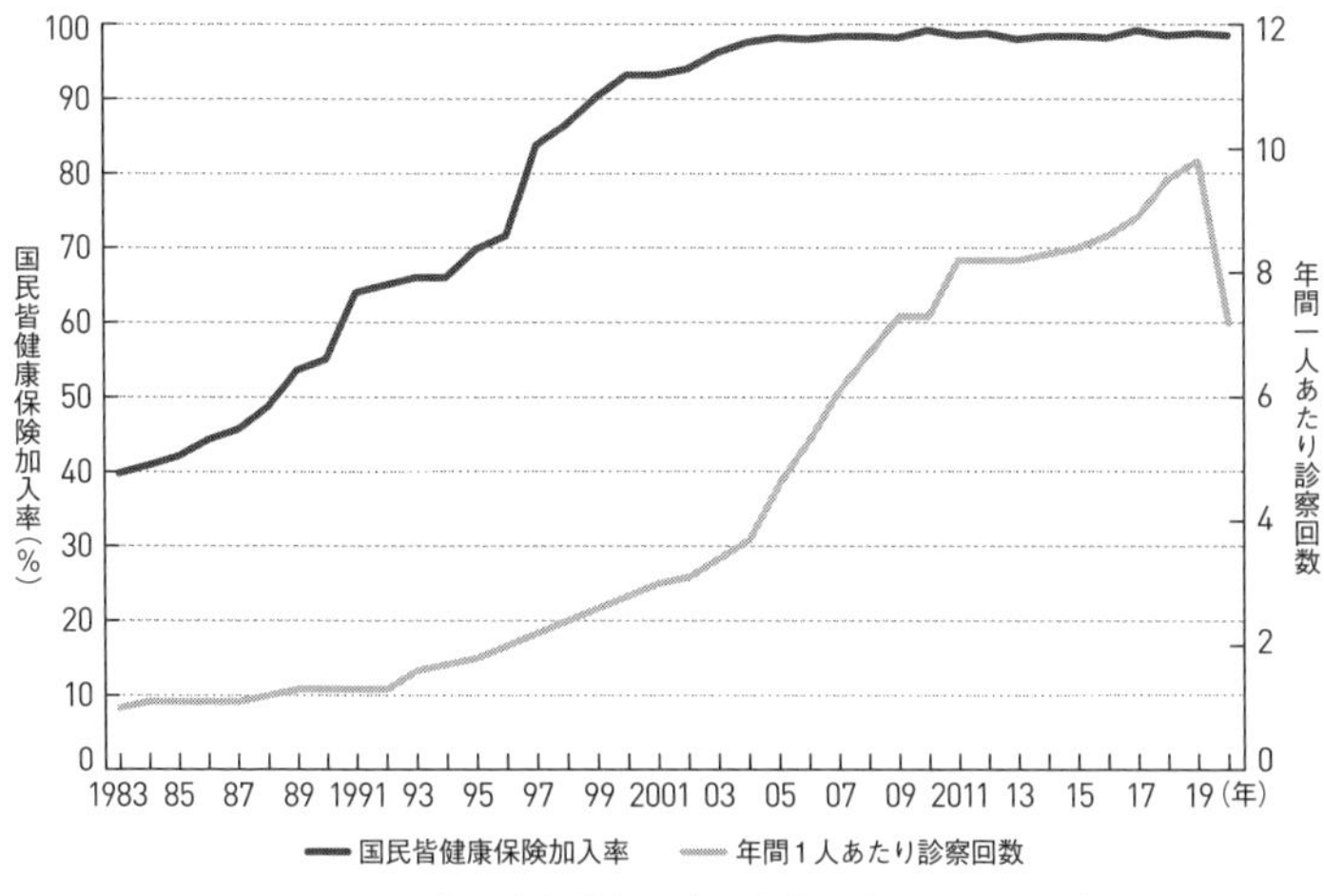

図 3-2　国民皆健康保険加入率と診察回数：1983-2020 年

注：国民皆健康保険とは，義務加入の公的健康保険を意味する。
出所：<http://www.oecd-ilibrary.org/social-issues-migration-health/data/oecd-health-statistics_health-data-en>，<https://stats.oecd.org/viewhtml.aspx?datasetcode=HEALTH_PROT&lang=en>，<https://data.oecd.org/healthcare/doctors-consultations.htm#indicator-chart> より筆者作成。

貧困ないし保険未加入世帯では、母子保健医療の利用機会が大幅に拡大した[27]。公的健康保険制度の官民格差解消と基本的保健医療の拡大は（表3－1）、保健医療利用度合いを大幅に向上させた（図3－2）。

なお、三つの社会保険機関も二〇〇六年に統合され、年金給付率の官民格差も解消された。ただし、これは下方統一による格差解消だった。年金給付率は、物価上昇率と経済成長率を調整済みの年収に対する、年金月額の比率である。この率はESで三％、SSKとBKで二・六％だったが[28]、二〇〇八年以降は一律二％に引き下げられた[29]。くわえて、保険料支払期間が当初の七〇〇〇日から段階的に九〇〇〇日へ引き上げられることになった。支給開始年齢は、一九九九年から適用されていた男性六〇歳女性五八歳が二〇三六年から一二年かけて

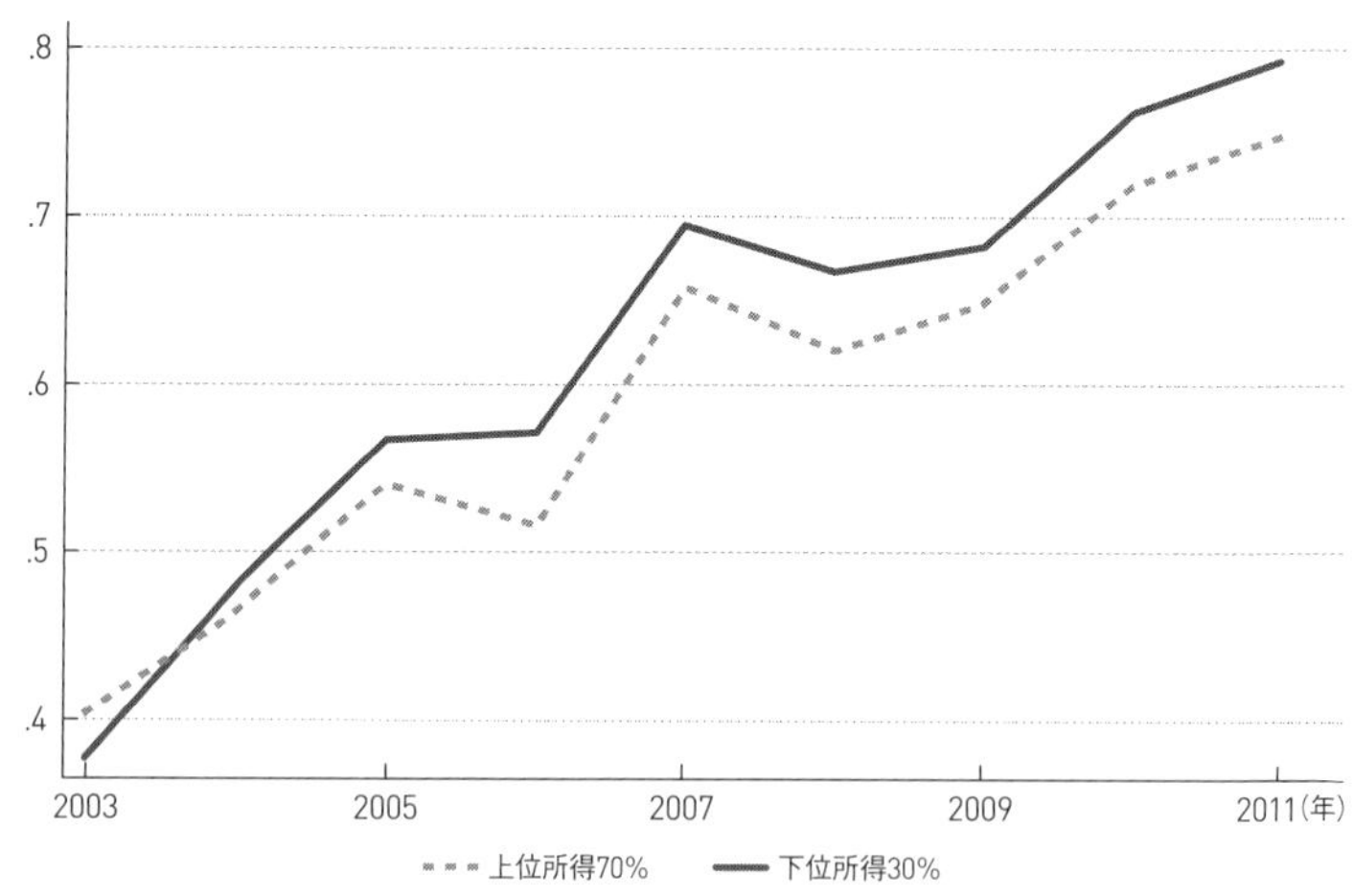

図 3-3　公的保健医療に対する満足度：所得階層別

注：トルコ国家統計局が毎年全国規模で（2015 年の場合，9397 人）実施している生活満足度調査（Life Satisfaction Survey）で，公的保健医療に対する満足についての質問に対する，「とても満足」または「満足」との家計所得層別回答比率。これ以外の回答選択肢は，「とても不満」「不満」「どちらでもない」の 3 つ。所得階層は可処分所得で序列化した家計を全家計に占める割合で下位 30%と上位 70%に分けた。

出所：TurkStat, Life Satisfaction Survey（http://www.turkstat.gov.tr）より筆者作成。

男女六五歳に引き上げられる。このような待遇低下が起きたため、年金制度への満足度は、次節でみるように低下した。保険料率は、被雇用者九%、自営業者二〇%、雇用者一一%に、政府負担は徴収保険料の二五%相当に統一された。

改革の効果

トルコの保健変革プログラムについての研究では、受益者数の増加や保険指標の改善などのめざましい成果が提示された[30]。他方、皆保険制度が所得による不公平を新たにもたらしたとの主張もある[31]。たとえば、保健変革プログラムが家計保健支出の削減に貢献したものの、その恩恵が低所得層よりも、もともと保健支出の多い富裕層にもっ

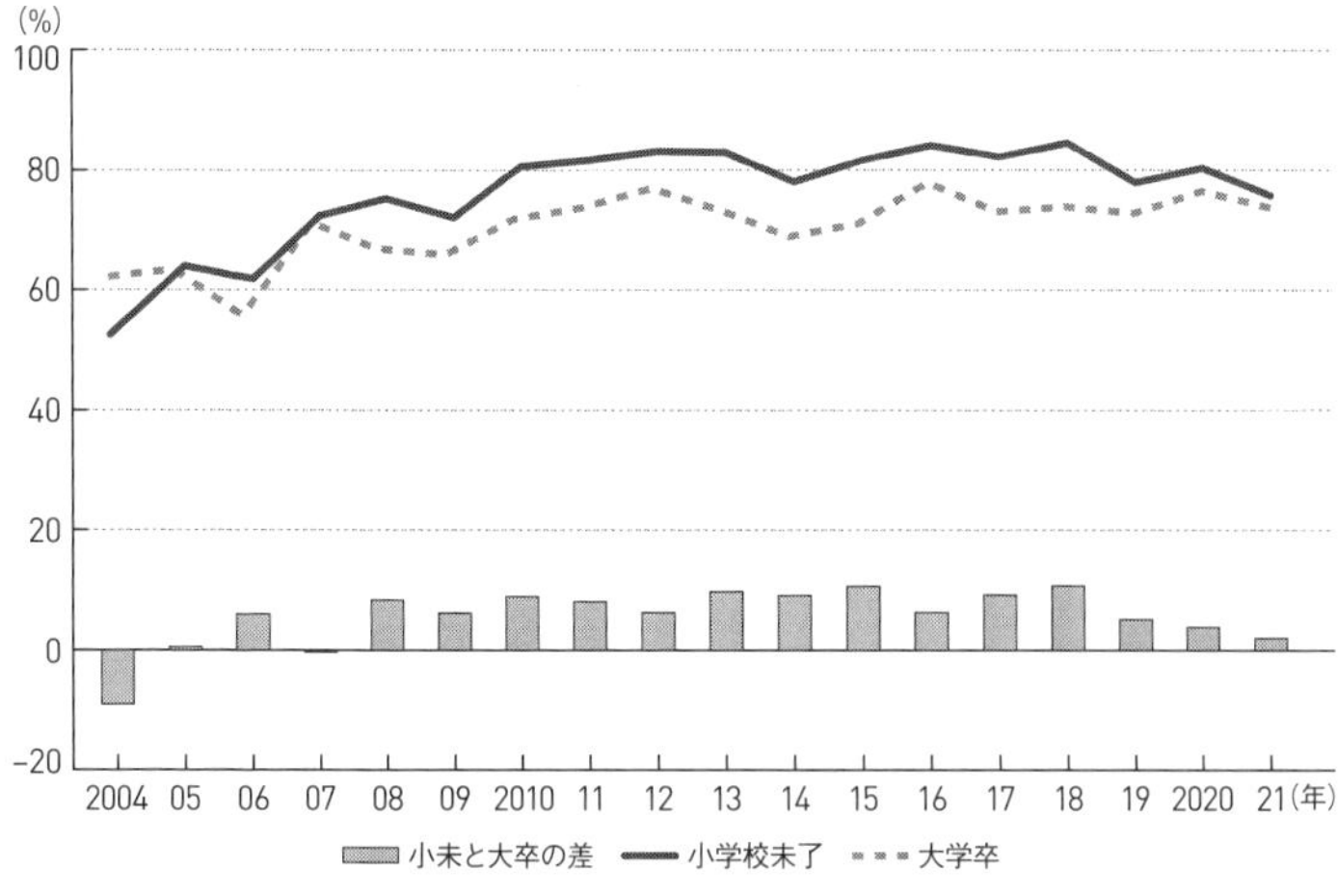

図 3-4　公的保健医療に対する学歴別満足度：2004-2021 年

注：公的保健医療に対する満足についての質問に対する,「とても満足」または「満足」との家計所得層別回答比率。これ以外の回答選択肢は,「とても不満」「不満」「どちらでもない」の 3 つ。所得階層は可処分所得で序列化した家計を全家計に占める割合で 20%ごとに区切った層。その他層平均は最貧層を除く上位 4 層の満足度を平均したもの。

出所：TurkStat, Life Satisfaction Survey（http://www.turkstat.gov.tr）より筆者作成。

ぱら及んだとの議論もある。(32)保健政策のこの代替効果は、前述のように一般的にも指摘されている。(33)

くわえて、需要増で制度の財政的持続可能性が脅かされると、二〇〇九年、紹介状なしでの外来診療に自己負担が導入された。(34)これにともなう家計支出増は、富裕層よりも貧困層にとってより重かった。実際には、公務員を優遇していた制度が、患者の所得水準を考慮しない、別の不平等な制度に置き換わっただけだとの議論もある。(35)しかし、自己負担制度の導入が、保健変革プログラムの恩恵を帳消しにしたとは考えにくい。第一に、自己負担分は比較的少ない。自己負担制になっても、患者は、公立病院では三・六ユーロ、私立病院では六・八ユーロしか支払わなく

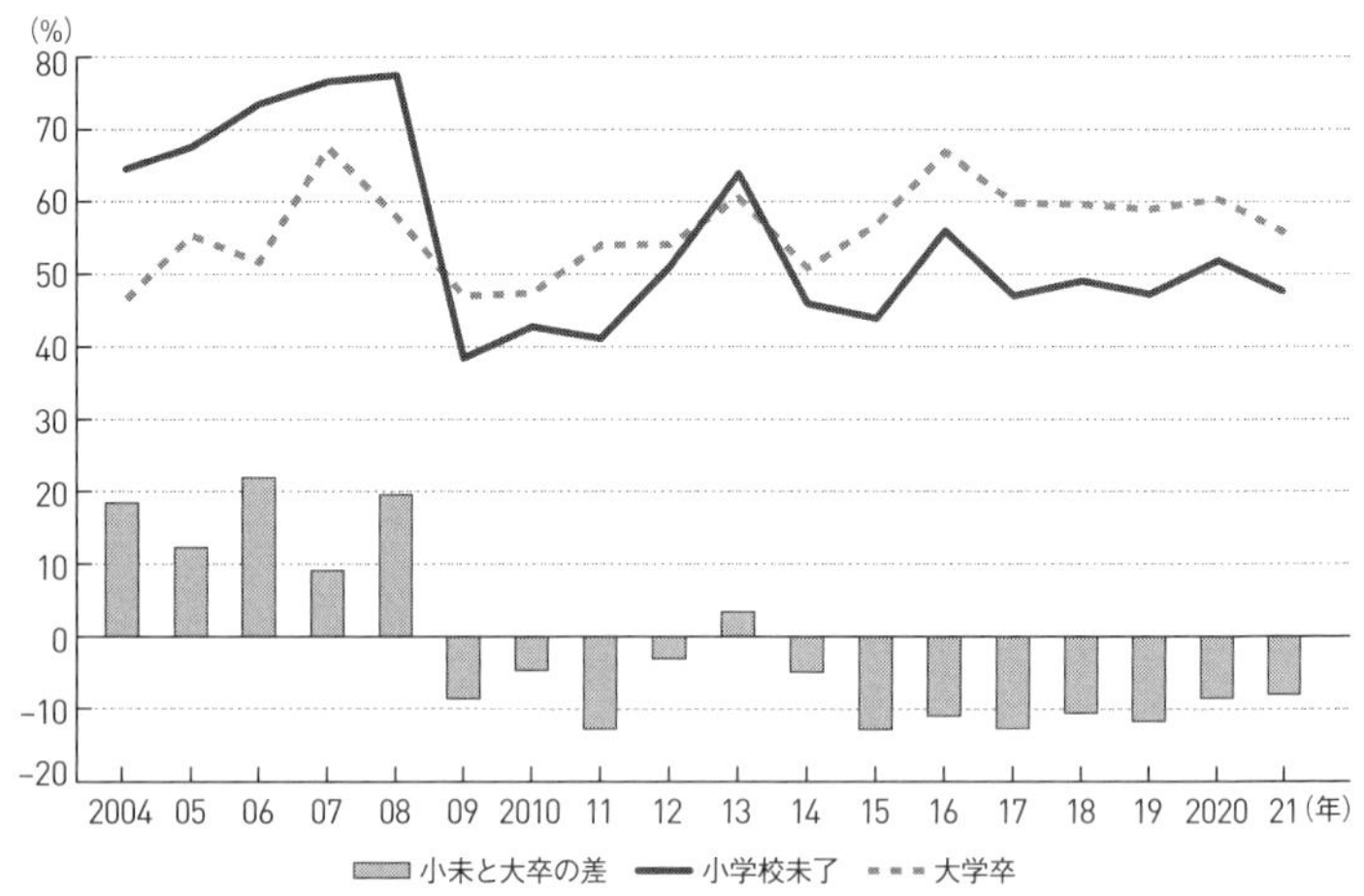

図 3−5　社会保険制度・機構に対する学歴別満足度*：2004-2021 年

注：社会保険制度・機構に対する満足についての質問に対する，「とても満足」または「満足」との家計所得層別回答比率。これ以外の回答選択肢は，「とても不満」「不満」「どちらでもない」の 3 つ。
*2010 年までは社会保険制度，2011 年以降は社会保障機構に対する満足度。
出所：TurkStat, Life Satisfaction Survey（http://www.turkstat.gov.tr）より筆者作成。

てよかった。[36] 第二に、過去の健康保険制度でも貧困層の多くは、運が良くても保健医療水準の低いＳＳＫの被保険者で、悪ければ保険対象外だった。

以下では、トルコの時系列データと国際比較データを用いて保健医療改革に対する満足度を概観してみたい。第一に、生活満足度調査データベースを用いて公的保健医療に対する満足度を所得および教育の水準別に概観した。同調査は、トルコ国家統計局が毎年全国規模で（二〇一五年の場合、九三九七人）実施している。所得階層は、可処分所得で序列化した家計を、全家計に占める割合で二〇％ごとに区切った層である。生活満足度調査はトルコ統計局が二〇〇三年以降毎年おこなっている調査で、個人の生活や政府サービスの満足度を質問する。図３－３からは、公的保健医療に対す

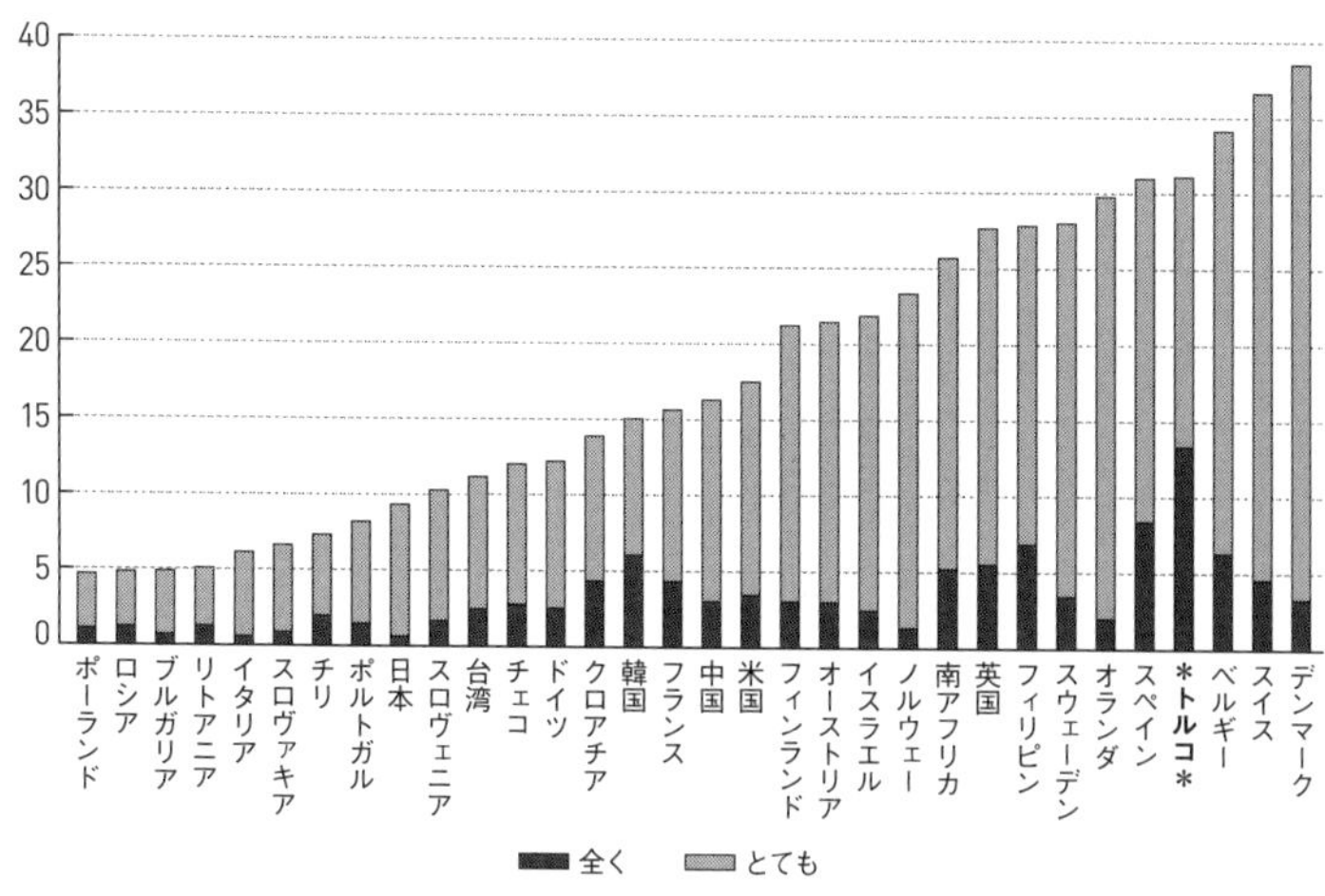

図3−6　保健医療サービスへの満足度（%）：32カ国

注：自国の保健医療サービスへの満足についての7段階評価で，上位2つの「まったく満足」または「とても満足」を選んだ回答者の百分率。

出所：International Social Survey Program（ISSP）2011データ（https://www.gesis.org/issp/home）より筆者作成。

る満足度は、改革が進むにつれて上がったこと、そしてとくに低所得者に高い満足を与えていることがわかる。低所得者の公的保健医療に対する満足の相対的高さは、低所得者がAKP政権の強い支持だからではない。他の政府サービス満足度と比較するうえで所得別データを持ち合わせていないため、所得をかなり反映すると考えられる教育水準別データでみると、公的保健医療に対する満足は低学歴者で最も高いが（図3－4）、社会保険制度・機構に対する満足は低学歴者が一貫して高いわけではない（図3－5）。

第二に、世界各国の社会意識を調査している国際社会調査プログラム（ISSP）は、保健医療に関する意識を直近で二〇一一年の調査で取り上げた。それによると、保健医療サービスに七段階評価で上位ふたつの「まったく満足」または「とても満足」を選んだ回答者の比率において、トルコは三二カ国中でデンマーク、スイス、ベルギーに次いで四番目に高かった（図3－6）。しかも「まったく満足」との回答比率は、トルコが最も高かった。このようにトルコにおいて保健医療への満足度は、過去と比べても、また他国と比べてもきわめて高い水準に達した。その大きな理由は保健医療制度が、中位・上位所得層を優遇していた制度から、すべての所得層に利用可能な制度へと変革されたことにある。

三　社会扶助

ＡＫＰ政権下での改革

トルコの社会的保護支出のほとんどは年金と保健で占められ、社会扶助は著しく低い。[37]そのためトルコの社会的保護支出は、ＯＥＣＤのなかでも最も高所得者を優遇する構造になっている。[38]それでも社会扶助支出はＡＫＰ政権下で一貫して引き上げられ、二〇〇二年のＧＤＰ比約〇・五％から二〇一六年の同一・四五％へと約三倍になり、扶助の種類も多様化した。トルコの社会扶助支出は、対ＧＤＰ比率でみるとＯＥＣＤ諸国のみならずラテンアメリカ諸国よりも低いものの、貧困と所得不平等を軽減する効果は家計所得調査データの分析から認められる。[39]また社会扶助支出のなかで継続的所得支援の比率は、二〇〇六年の三五％から二〇一七年の四四％に増えた。[40]

トルコでは、社会扶助は国と地方自治体（市）が並行して実施しているが、予算額では国によるものが大きい。二〇一五年の国による社会扶助総予算額は二二四〇億七〇〇〇万トルコリラだったのに対し、同年の市による社会扶助総予算額は一二五億トルコリラと、前者の六％弱にすぎなかった[41]。国による社会扶助は、家庭扶助（宗教祭日の食料扶助、住居修繕扶助、社会住宅プロジェクト、燃料扶助、寡婦扶助、軍人家族扶助）、教育扶助（教材扶助、条件付き現金給付、昼食扶助、通学寄宿援助、障がい者学生無料送迎、学生寮建設）、保健扶助（条件付き現金給付、低所得障がい者扶助、不妊治療プロジェクト、健康保険料扶助）、特別扶助（食事提供、被災害者扶助）、高齢・障がい者扶助、プロジェクト扶助という柱からなる[42]。

国による社会扶助を所轄するのは、社会保険を所轄する社会保障機構から独立的に存在してきた社会扶助局である。同局は二〇〇四年に首相府外局の社会扶助連帯局として設立されたが、二〇一一年に家族社会政策省が設立されると、同省内の社会扶助局となった。社会扶助局は、社会相互扶助連帯促進基金（SYDTF）の財源を使って全国の県・郡に設置された官民代表組織である、社会相互扶助連帯財団（SYDTV）を通じて社会扶助をおこなう。SYDTFはANAP政権期の一九八六年に創設され、一九九九年マルマラ震災時に一時的に重用されたが、それが社会扶助の中心的財源になったのはAKP政権になってからである。

社会扶助局は中央組織でしかないため、地方（現場）での執行をSYDTVという財団が請け負うという形で社会扶助が実施されている。これは社会扶助実施への公的監視を難しくしている。くわえてSYDTFは、一般会計予算とは別会計で（一般会計予算外基金のひとつ）、国会承認を必要としない。しかし実際には、その財源は二〇一〇年には八割近くが税収で、寄付金と支援は一割にすぎなかった[43]。省令が定める社会扶助受給の条件は、社会保険受給者でないこと、正規雇用（社会保険対象）されていないこと、そして家計の一人あたり所得が貧困水準以下であることだ[44]。これらの条件が満たされたことを示す困窮証明書を居住地の地区長が発行し、公務員が聞き取り調査などにより資力状況を確認する。

地方自治体である市は、二〇〇五年の市政法（法律五三九三号）に従い[45]、食料、燃料、文具、家具などの現物支給や一時金などからなる社会扶助を実施している。市による社会扶助は、国による社会扶助に比べて規定が曖昧であるため支給側により大きな裁量が働く結果、支給額と受給額が公表されない、社会扶助の支給が開始されてもその後に中断される、選挙での支持や地区再開発への協力などが引き換えに求められる、などの問題が指摘されてきた[46]。ある聞き取り調査では、社会扶助がとくに選挙直前に支給され、その後はされない、同じアンカラ広域市内でも与党支持が強い地域により頻繁に支給されるなどの恣意的配分が、住民により証言されている[47]。このような恣意的配分に対し、社会扶助を受給しても与党への投票義務を感じない傾向は女性よりも男性に強いとも論じられている[48]。他方、社会扶助を受給して与党に投票しないのはイスラム教が禁じる行為（ハラム）であると考える受給者もいるとの証言や[49]、ＳＹＤＴＶ、市、広域市という三か所からの重複受給を明かした証言もある[50]。

支給の質と量は国による社会扶助よりも総じて低いが、ＡＫＰ市政の社会扶助の項目はＳＹＤＴＦのそれとほぼ同じであることが指摘されている。たとえばＡＫＰ市政であるイスタンブル広域市では、貧困手当は最低賃金の四六％に相当する（表３－２）。ただし、新生児授乳金、出産金、学生扶助、食料・燃料支援（現物支給）などが所得制限なしであることは、それらが単なる貧困対策ではなく恩顧主義を動機にしていることを示唆している[51]。またＳＹＤＴＶと市など、複数の支給組織が併存する結果、申請手続きにおける誤解や混乱、および重複支給などの問題も指摘されている[52]。

表3-2　いくつかの社会扶助とその金額（イスタンブル広域市の例）

項目	金額
条件付き教育扶助	男子に毎月35TL，女子に毎月40TL
新生児授乳金	133TL
老齢手当（65歳以上）	3カ月ごと705TL
出産金	出産回数により300TL，400TL，600TL
学生扶助	年齢と学校により456TLから821TLまで
貧困手当	毎月643TL
障がい手当	障がい度70％未満で3カ月ごと1059TL，同70％以上で3カ月ごと1589TL

注：例示は，イスタンブル広域市がおこなっている社会扶助。後述のようにSYDTVとは別に市（とくにAKP市政）も同様の社会扶助をおこなっている。SYDTVの社会扶助の額は見つけにくいので，イスタンブル市が公開している額を示した。上記表の内容が該当する2017年のトルコリラ（TL）の年平均為替相場は1TL＝約30円。2017年の最低賃金（独身単身者の手取り）は1404TL。

出所：<https://www.sosyalyardimlasma.net/sosyal-yardimlasma-para-yardimi>より筆者作成。

財源不足への対応として地元の企業家に現物支給用の物品を発注するものの、粗悪な食料品や燃料が納入されているとの証言も少なくない[53]。また、役所での受給申請や資力調査のための家庭訪問での役人の不遜な態度、支援物資を受け取る際の混乱と劣等感は、受給者に心理的抑圧を与えていた。社会扶助は現物支給からクーポン・現金支給へと移行しつつあるため（イスタンブル広域市の例参照）、支援物資に関する問題は解消に向かうと思われる。クーポン・現金給付はアンカラなどよりもイスタンブルでより進んでいた[54]。

トルコにおける社会扶助は伝統的に、まず家族が責任を持つべきであること、それ以外には宗教財団や慈善家という民間が善意として施すものと認識されてきた。そのため社会扶助は現在でも国民の社会権（ないし社会的保護）ではなく、政府からの恩恵として認識されがちである。この傾向はＡＫＰ政権下で顕在化した。社会扶助は伝統的家族観を強化するとともに家族制度を代行役としている。二〇一二年の受給者のうち七割が女性だった

2016		2017	
受給者数	受給額（1000 TL）	受給者数	受給額（1000 TL）
1,335,451	4,763,796	1,313,822	5,282,568
136,551	623,714	161,493	834,691
481,228	538,843	499,737	5,720,106
315,469	518,450	3,201,253	5,730,580
6,683,106	72,820	6,732,639	7,743,979
3,734	24,747	4,653	29,941
20,315	28,785	20,195	33,203
259,481	508,542	142,205	330,228
531,208	1,831,107	548,156	253,739
2,82,309	999,622	288,881	970,457
—	262,955	—	3,220,150
	27,920,559		31,969,944
	1.08		1.03

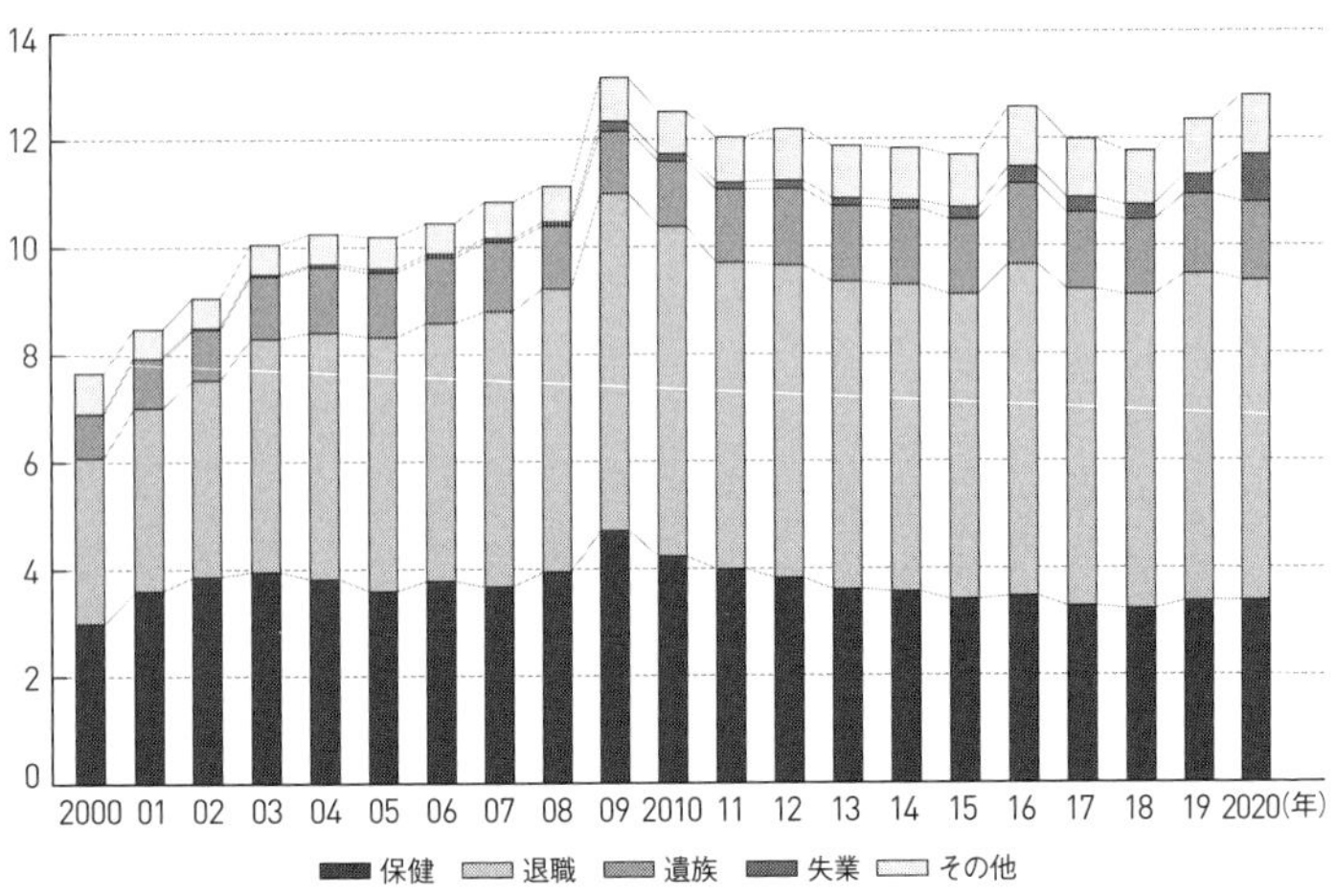

図 3-7　社会移転支出内訳（対 GDP%）：2000-2020 年

出所：TurkStat ウェブサイト（http://www.turkstat.gov.tr）のデータより筆者作成。

表 3-3　社会扶助：種類別の受給者数と受給額

		2015	
機関	種類	受給者数	受給額（1000 TL）
家族労働社会事業省	老齢障がい年金	1,294,938	4,129,564
	貧困児童支援	101,561	476,561
	家庭内介護	467,778	4,378,200
	社扶連基金による社会扶助	317,969	4,852,751
	国民皆健康保険料立替	8,983,853	6,405,637
財団庁	孤児・障がい者所得支援	3,626	21,582
	給食事業	20,215	25,670
国民教育省	初等中等教育困窮者奨学金	244,141	442,668
学生寮局	高等教育困窮者奨学金	375,284	1,266,752
石炭公社・石炭局	暖房用石炭扶助	2,139,667	804,985
市	各種社会扶助	—	12,500
合計			2,466,723
GDP 比（%）			1.03

注：社扶連基金と石炭公社・石炭局の支給統計値は家計単位，それ以外は個人単位。トルコの 2017 年の平均家計人口は 3.4 人であるため，社扶連基金と石炭公社・石炭局の受給人数は受給家計数に 3.4 を乗じて推計した。
出所：2019 年大統領府年次プログラム，117 ページ，表 2-11 より筆者作成。

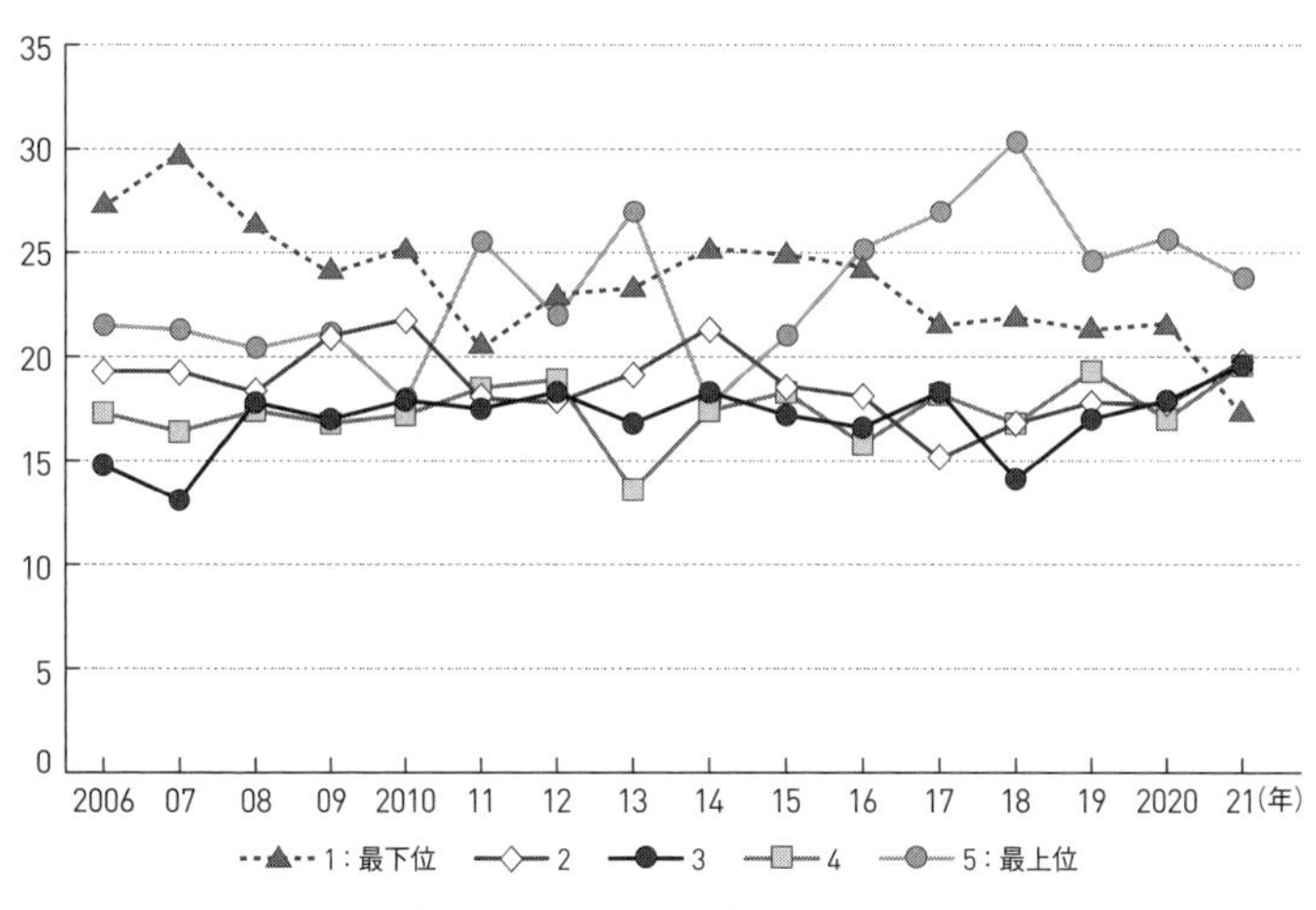

図 3-8　社会扶助の所得階層別受給割合：2006-2021 年

注：全家計を所得別に序列して家計数で 5 等分した場合，最下位 5 分の 1 の家計群を 1，最上位 5 分の 1 の家計群を 5 と表示した。
出所：TurkStat ウェブサイト（http://www.turkstat.gov.tr）のデータより筆者作成。

し、[55]社会扶助総額のうち年金保険を除くと、介護手当支給が最も大きな比率を占めるようになった。[56]ただし、[57]支給の条件は客観的かつ明示されているため、その運用は恩顧主義的な国におけるほど恣意的ではない。

改革の効果

社会扶助はどのように配分されているのか。配分側である家族社会政策省の統計によると、社会扶助の対象世帯は二〇一六年までに三一五万に拡大した。[58]つまり全国二二〇〇万世帯（二〇一六年）の約一五%が社会扶助を受けている。[59]ただし、これ以外の社会扶助もある。それはSYDTV以外の政府機関、市、および（支出額のほとんどを政府資金に依拠する）民間財団が実施するものである。複数の給付主体の統計を合算すると重複受給を区分できないため、合計受給者数は延べ数になるが、その数は二七四三万六四六で、二〇一七年末トルコ人口（八〇八一万五二五人）の三三・九%に相当する（表3－3）。

受給側の状況についてトルコ統計局の家計所得調査データを分析した研究は、[60]社会移転所得のうち年金・保険以外を社会扶助とみなすと、[61]社会扶助を受給した家計の全家計比率は二〇〇三年に一六・四%、二〇〇六年に三九・四%、二〇〇九年に三一・〇%、二〇一一年に三〇・八%だったと推計している。この比率は家族社会政策省の統計値のほぼ二倍である。また、それら世帯が必ずしも貧困層と一致していないことも、受給側の統計から読み取れる（図3－7）。

さらに、トルコ統計局の家計所得調査データを用いて社会扶助が各所得階層にどのように分配されたのかを示したのが、図3－8である。これによると、社会扶助における最貧層（全世帯の二〇%）の取

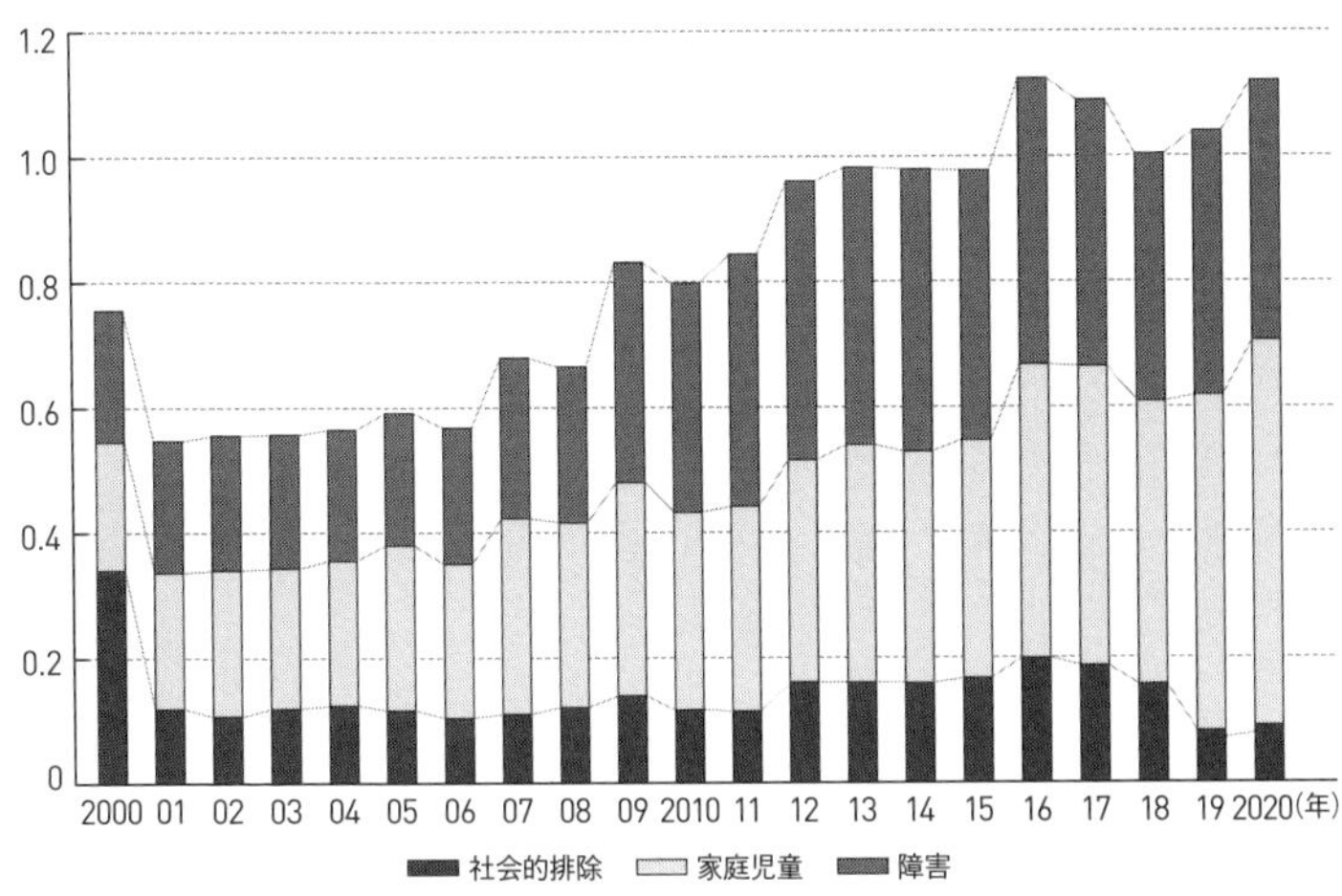

図3-9　社会扶助支出内訳（対GDP%）：2000-2020年

出所：TurkStat ウェブサイト（http://www.turkstat.gov.tr）のデータより筆者作成。

り分は二〇一五年で二五%程度にすぎない。つまり社会扶助は本来の趣旨とはやや異なり、薄く広く支給されている。二〇〇二年と二〇〇六年を比べると、社会扶助の配分が未労働者、失業者、不動産所有都市住民というＡＫＰ支持層に厚く、就業者には薄くなったと指摘されている[62]。これは別の見方をすれば、トルコの社会移転が退職・遺族年金に偏っている現実を所与とした政策とも考えられる。そもそも総額が少ない社会扶助を貧困層に厚く配分するよりも、社会移転の退職・遺族年金の格差を是正するほうが、貧困層への所得再配分につながる。

　トルコの社会移転統計は二〇〇七年以降分しか公開されていないうえに、社会扶助の内訳が示されていない。そこで、社会扶助にほぼ重なる、年金と保健を除く社会的保護のＧＤＰ比をみると、項目別では障がい者と家庭・児童への扶助が大きいことがわかる（図3－9）。障がい者にはＡＫ

P以前の政権はあまり配慮を示さなかったが、ＡＫＰは選挙公約で障がい者の待遇改善を約束してきた。このような社会的弱者は政治的に組織化されていないため、ＡＫＰにとっては支持基盤に取り込みやすい重要な政治的資源でもある。家族・児童への扶助も、先行研究が論じたように、家族制度を強化して伝統保守的家族を増やし、ＡＫＰ支持基盤を強化することに役立つ。このような点で、社会扶助は社会的保護を大きな目的としつつも、政権の政治的利益をも考慮して実施されているのである。

四　政権支持効果

社会的保護は政権を助けるか

保健医療や社会扶助への国民の支持は高いものの、それは政権支持を安定化させているのだろうか。前章では、一党優位制は衰退期において後光効果が消滅すると、短期の経済業績評価が有権者の政権支持を決めることを示した。それでは、国の経済が最近悪くなったと感じる有権者は、社会保障の恩恵を感じれば政権を支持するだろうか。

最近の研究によると、社会保障が拡充すると、あるいは社会保障への信頼が高いと、経済投票は弱まる。国単位のデータを使った研究では、当初は相対する知見が混在していた(63)。しかし、社会保障制度や政権与党の多様性を勘案した最近の研究は、社会保障制度の拡充が経済投票を抑制することを示している(64)。また、個人単位のデータを使った研究は、雇用不安が個人の経済投票の傾向を強めることを見いだした。[65]

これらの知見からすると、社会保障の利益を感じる人は感じない人に比べて、政府支持の態度が経済状況に左右される傾向が弱いと予想はできる。しかし、社会保障の恩恵を感じた有権者が政権に対する褒賞よりも懲罰を控えるかどうかは、既存研究でほとんど検証されていない。以下では、二〇一八年総選挙直後の独自データを用いて、有権者の社会保障認識と経済状況認識の相互作用が現政権への支持に影響を与えているかについて分析した結果を概説する。[66]

分析方法

データはメトロポール社による月次世論調査「トルコの鼓動」の結果である。トルコの地方区分第二レベルシステム（NUTS2）の二六地域における、二〇一八年六月二七日～七月二日の対面調査の層化抽出による確率標本で、一九九九名の個人からなる。

従属変数（説明されるべき現象）は二〇一八年六月二四日総選挙でのAKPへの支持を1、非支持を0とする二項変数（ふたつの値しか取りえない変数）である。[67]

独立変数（説明に用いられる要因）のうち、過去一二カ月の国内経済状況の認識は、もとの五ポイント指標を、1と2を「悪い」、3を「普通」、4と5を「良い」、に変更した。[68]社会保障認識は保健医療と社会扶助それぞれについての回答者の認識を五ポイント指標（1：とても悪い、2：悪い、3：良くも悪くもない、4：良い、5：とても良い）で測った。ところで社会保障認識が懲罰効果ないし褒賞効果を弱めることができたとしても、そのような作用は社会保障認識に限ったことではないかもしれない。そ

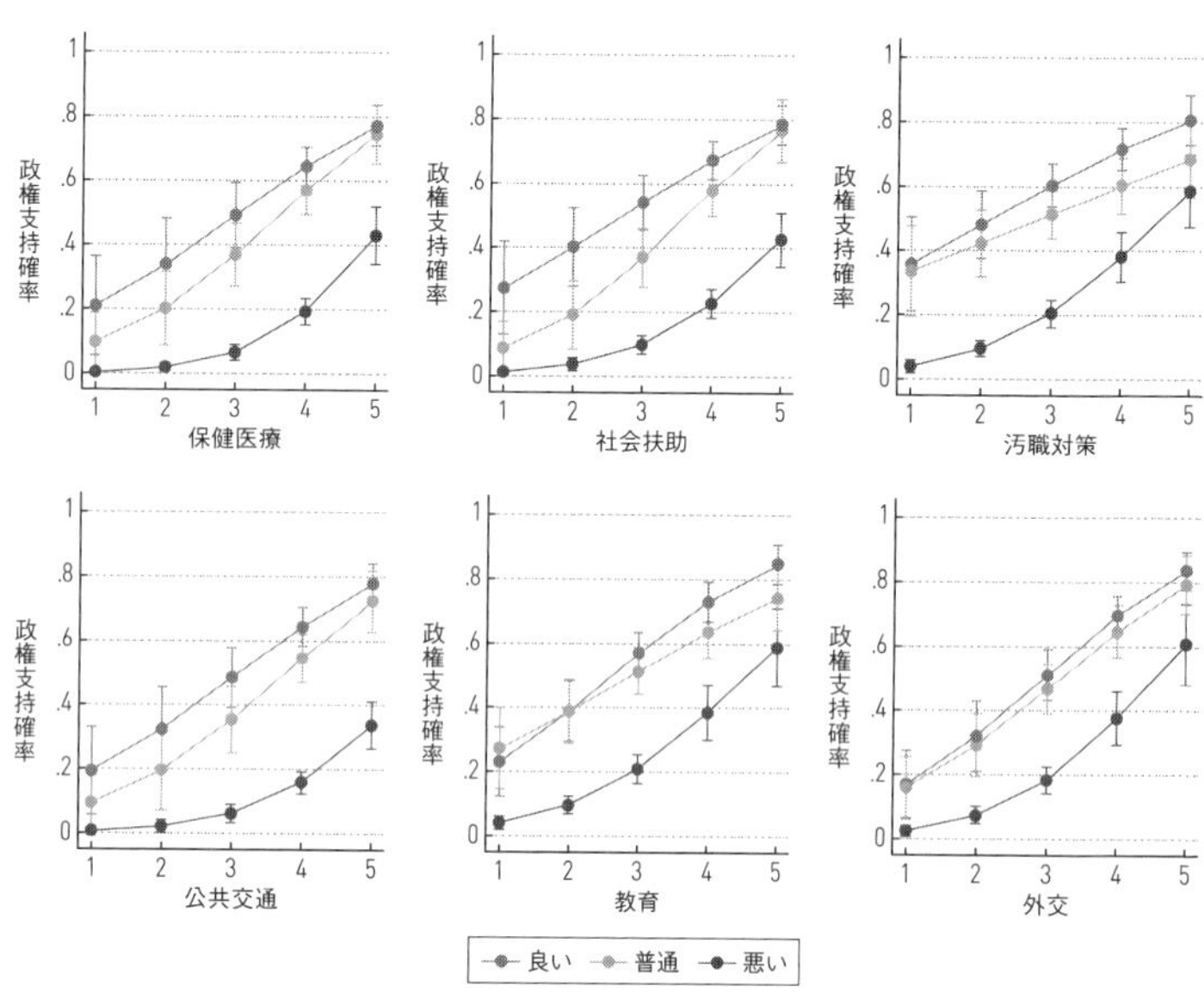

図3-10　政策評価度が政権支持に与える影響：経済状況評価別（良い，普通，悪い）
出所：筆者作成。

のため他の政策領域に関する認識についても、懲罰・褒賞効果への作用を検証した。他の政策領域とは、汚職対策、公共交通、教育、外交である。

結　果

国内経済状況認識と政策領域評価の相互効果を分析した結果を図示したのが図3－10である。各政策領域についての評価（最低1から最高5まで）に対応する政権支持確率を、国内経済状況（良い、普通、悪い）ごとに示してある。懲罰効果が褒賞効果よりも一般的に大きいことは、国内経済状況の「悪い」と「普通」の差が「良い」と「普通」の差よりも大きいことに見て取れる。

この分析では政権支持の確率を推計している。確率は、上限値が1、下限値が0で

表3-4　懲罰緩和と褒賞緩和の検証：平均離散変化（政権支持効果）

政策領域	緩和	政権支持効果1		政権支持効果2	政権支持効果1－政権支持効果2	
		経済悪い	経済良い	経済普通	差	p値
保健医療	懲罰	0.162		0.148	0.014	0.553
	褒賞		0.105	0.148	-0.043	0.087*
社会扶助	懲罰	0.129		0.143	-0.014	0.538
	褒賞		0.096	0.143	-0.047	0.035**
汚職対策	懲罰	0.114		0.072	0.042	0.071*
	褒賞		0.085	0.072	0.013	0.654
公共交通	懲罰	0.135		0.133	0.002	0.951
	褒賞		0.114	0.133	-0.019	0.485
教育	懲罰	0.113		0.083	0.03	0.159
	褒賞		0.106	0.083	0.023	0.305
外交	懲罰	0.120		0.120	0	0.999
	褒賞		0.123	0.120	0.003	0.818

出所：筆者作成。

それぞれ頭打ちになる。そのため、グラフの横軸で示されている政策領域評価が、縦軸で示されている政権支持に及ぼす効果は、直線ではなく曲線として現れる。そのため政策領域評価の政権支持効果を、政策領域評価の各値における曲線の傾きを平均して求めた[69]。懲罰効果ないし賞罰効果が緩和しているのかを検証するため、まず各政策領域について次のように懲罰緩和度と賞罰緩和度を定義する。

懲罰緩和度＝「経済状況悪い」の政権支持効果
　－「経済状況普通」の政権支持効果
賞罰緩和度＝「経済状況良い」の政権支持効果
　－「経済状況普通」の政権支持効果

つまりここでは、「経済状況普通」という評価の政権支持効果を基準として、「経済状況悪い」または「経済状況良い」という評価の政権支持効果の大きさを、懲罰緩和度、賞罰緩和度として定義している。

そして、懲罰緩和度と賞罰緩和度がそれぞれ負の値を取るかを統計的に検定する。その結果が表3－4である。星印が付いている推計値が統計的に有意で、効果が認められることを示す。つまり、保健医療と社会扶助それぞれについての満足は褒賞効果を緩和するが、有権者の懲罰効果を緩和できない。

これと対照的なのが汚職対策である。汚職対策への満足は、褒賞効果を緩和しないが、懲罰効果を緩和する。ただし、これを言い換えれば、汚職対策への不満は褒賞効果を抑制しないが、懲罰効果を助長するのである（図3－10参照）。

社会的保護が充実すれば有権者の政権支持は経済状況評価にあまり影響を受けなくなるとの、これまでの知見に対し、今回のトルコの事例は、社会的保護についての満足は経済評価が良い場合に有権者の政権支持上昇（褒賞効果）を緩和するだけで、経済評価が悪い場合には有権者の政権支持下落（懲罰効果）を緩和できないことを示した。経済評価が悪いと懲罰効果を緩和できないのは、汚職対策以外の政策でも同様である。

トルコにおける社会保障拡充の目玉は保健医療と社会扶助だった。第一に、保健医療改革は、低所得者も享受できる無料保険医療を拡充したのに加え、健康保険制度の官民格差を是正し誰でも同じ医療を効率的に受けられるようにした。これらの点で、保健医療改革は低所得者に相対的により多くの利益をもたらした一方、健康保険制度を誘因として非正規部門就業者に正規部門への転換を促した。

第二に、これに対し社会扶助は、低所得層のなかでは家族、および未組織、そして非正規部門の就業者への所得再分配を手厚くする一方、非貧困層にも所得制限のない給付をおこなった。このような広く浅い社会扶助は、本質的な所得再分配でなく恩顧主義と家族制度強化の性格が強い。すなわち、保健医療改革は社会保険における不平等の是正、社会扶助拡充は受給実績により、ＡＫＰ政権への有権者からの支持を固めるのに役だったといえる。

総じていえば、これらの社会保障改革が低所得で組織力を欠く層を庇護したことは、ＡＫＰ政権への支持の拡大と固定化に貢献したと考えられる。(70) ＡＫＰは本章第一節で紹介した「中位投票者理論」のとおり、平均所得よりも低い所得の有権者に訴える所得再分配政策を実施したわけだ。同時に、社会保障制度改革が全体的拡充ではなく格差是正に重点を置いたことは総支出を抑制し、政策の持続を可能にした。ただし、国民の経済状況認識が悪化すると、社会福祉の評価にかかわらず政権を支持しない人々が増える可能性を世論データ分析は示している。

コラム【5】難民のジレンマ?――トルコEU難民合意

欧州理事会(EU首脳会議)は二〇一六年三月一八日、トルコからギリシアへの難民流入を食い止めるための対策でトルコと正式合意に至った。合意案によると、EUは三月二〇日以降、トルコからギリシアに海路で入国する非正規移民(ビザ無し移民)のすべてをトルコに送還する代わりに、トルコ国内の同数のシリア難民をEU諸国で直接(空路で)受け入れるというものである。

トルコからギリシアに海路で到達する難民のうち、シリア国籍者は四八%にとどまる。その他は、アフガニスタン、イラクの国籍者(それぞれ二六%、一七%)などである(UNHCRの二〇一六年一月の統計による)。この案の狙いは、EUの難民受け入れの対象を、最も切実な状況にあるシリア難民に限定すると同時に、経済的動機によるEUへの非正規移民の誘因を砕くことだった。

この合意は、難民対策についてドナルト・トゥスク欧州理事会議長が提示した当初案を、アンゲラ・メルケル・ドイツ首相が欧州連合理事会議長国オランダのマルク・ルッテ首相を伴ってアフメット・ダウトール・トルコ首相との前週の交渉で拡充した最終案に依拠している。

メルケル首相はその対価としてトルコ側の要求をのんだ。二〇一五年一一月の前回合意では、EUはトルコが受け入れている二七〇万人のシリア難民の支援目的で三〇億ユーロ援助(二〇一六年と二〇一七年を対象)を約束していたが、本合意ではこれと同額を二〇一八年末までに追加支援するとした。また、トルコのEU加盟交渉で凍結されていた交渉項目の部分解除、シェンゲン協定による移動自由地域へのトルコ国民のビザ無し渡航開始時期を、前回合意での二〇一六年一〇月から遅くとも六月末に前倒しすることを目指す、とした。

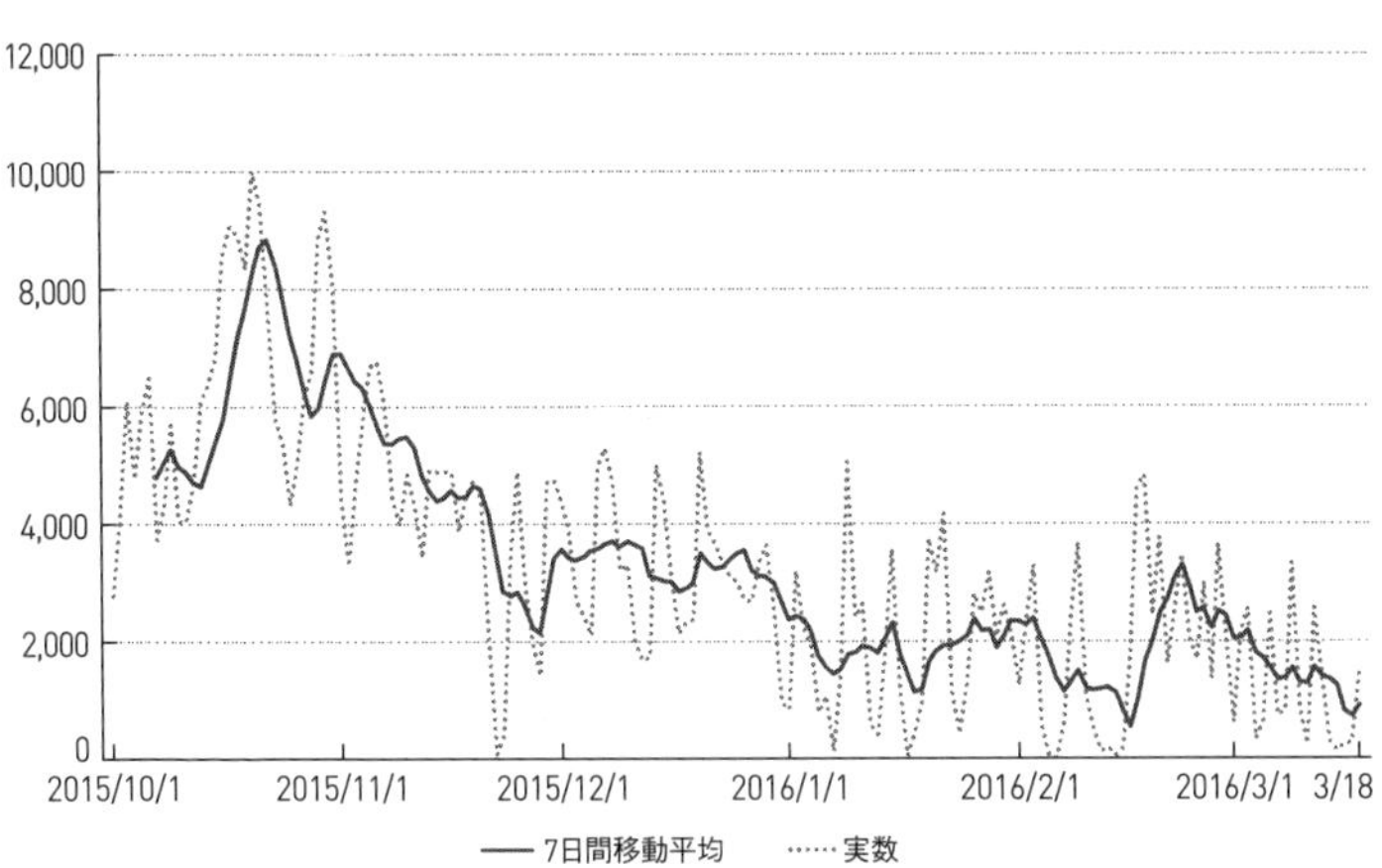

コラム図２　トルコからギリシア領諸島に到着した難民数：
2015年10月1日～2016年3月17日

出所：The United Nations Refuge Agency, “Daily Estimated Arrivals per Country - Flows through Western Balkans Route 18 March 2016”（http://data.unhcr.org/mediterranean/documents.php?page=1&view=grid, 2016年3月20日アクセス）データより筆者作成。

ただし、この最終案はＥＵの他の加盟国の合意なしにまとめられた。その結果、オーストリアや東欧の加盟国などは難民受け入れに協力しなかった。また、トルコのＥＵ加盟交渉加速という約束は実現しなかった。トルコ国民のビザ無し渡航前倒しについても、ＥＵが求める七二の条件をトルコが満たすことはできなかった。

トルコは前回合意に従い、非正規移民斡旋者の摘発や非正規移民の阻止を強化してきた。二〇一五年にはトルコからＥＵへの二〇万四二〇〇人の非正規移民が阻止された。そのうち海路での阻止は九万一六一二人と、前年の約六倍に達した（European Commission, “Accompanying the document: Second Report”）。他方、難民のトルコ国内での定住を促すため、トルコで国際保護下にあるシリア難民に就業許可を与えることを二〇一六年一月の法令で定めた。

これらの措置の効果は徐々に現れていた。

ギリシアへの海路での渡航をみると、ギリシア領諸島への難民流入数（コラム図2）は、前回合意時の一一月には毎日平均約四〇〇〇人だったが、その後のトルコ当局による取り締まりと冬の到来により、その数は一月には約二〇〇〇人に半減、二〇一六年三月になっても下降傾向を示し、合意発効後、流入はほぼ止まった。

この合意後も難民流入が続けば、ＥＵはトルコ在住シリア難民を受け入れざるをえなくなる。それでもこの合意が成り立ったのは、難民どうしは協力できないとの予想があったからである。難民にとって、自分の利益は他の難民の利益とは違う。在トルコのシリア難民が、他の同胞をＥＵに空路で受け入れさせるために、自らがギリシアへ送還覚悟で渡航するとは考えにくい。プレーヤーどうしの協力が「囚人のジレンマ」の場合よりもさらに難しいのが「難民のジレンマ」だった。

第4章　言説力——民主主義からポピュリズムへ

イスタンブルの目抜き通りのイスティクラル通り。観光客の印象に残るのは、昔懐かしい路面電車である。しかし、実際に地元市民や観光客の足となっているのは、四つのより長い路線を走る新型の路面電車だ。

エルドアンはイスタンブル広域市長だった一九九六年、新聞記者との対談で、民主主義をイスタンブルの路面電車にたとえている。曰く、「民主主義は路面電車だ。行くところまで行き、そこで降りる。民主主義は目的ではなく手段だ[1]」。この本音が漏れた発言から四半世紀、彼は民主主義をどのように使ってきたのか。民主主義という制度の使い方については、ここまでの章で政党選挙、社会保障の制度を最大限に利用したことをみた。本章では、民主主義という理念を、彼がどのように利用して世論の支持を得ようと試みたかに注目する。彼の言説力が、ＡＫＰ一党優位制を支えてきた三つめの柱である。

イスタンブルの旧式路面電車［©Wikimedia Commons］

言説とは、社会の共通認識の構築に影響を与える発言や執筆を意味する。言説力とは、言説を用いて社会の共通認識を形成し、人々の考え方や行動に影響を与える能力をさす(2)。また、民主主義を装う思想・手法は、ポピュリズムと呼ばれる。

本章では、まずエルドアンの言説がなぜポピュリズムといえるのか、その特徴は何かを明らかにする。そのうえで、エルドアンの発言録を言説分析により読み解き、彼が巧みなポピュリスト言説により批判勢力を封じ込め、少数意見を排除する手法をあぶり出す。

一　エルドアンのポピュリズム

ポピュリズムとは

ポピュリズムの指導者は、なぜ民主主義を装えるのか。ポピュリズムは、その実態とは別に、主義主張としては、自由民主主義の四つの原則のうち、①国民主権と②多数決というふたつの原則を受け入れているからである。[3]他方で、③憲法優位主義と④少数派の権利には距離をおいている。そのため、民主主義を装いながら、実際には選挙勝者による支配を目指すのである。それでは、エルドアンのポピュリズムにはどのような特徴があるのだろうか。

ポピュリズムの定義には、イデオロギーのみによる最小限定義と、イデオロギーと組織による拡張定義がある。最小限定義は普遍性があるため、すべてのポピュリズムについておおまかな比較を可能にする。これに対し、拡大定義はとくにラテンアメリカの大統領制の分析から発展した定義で、組織や動員の構造の違いによる類型化を可能にする。エルドアンのポピュリズムは、最小限定義および拡大定義のどちらの定義によっても、イデオロギーに最大の特徴がある。以下では、彼の常用語句や言説例からその特徴を概観したい。

最小限定義

ポピュリズムの最小限定義を用いるカス・ミュドとクリストバル・カルトワッサーによれば、ポピュリズムというイデオロギーの中核的概念は、①人民、②エリート、③一般意思である。[(4)] 人民は、主権者、一般人、国民、あるいはこれらすべてを意味する。エリートは、純粋な人民と腐敗したエリートとの対比に使われる。人民とエリートとを区別するのは、人民の真性、社会経済的地位、国籍という性質である。その結果、農業ポピュリズム、社会経済的ポピュリズム、排外的ポピュリズムが生まれる。一般意思は、人々が共同体を形成し、共通利益を追求するための立法を意味する。

この最小限定義によれば、エルドアンのポピュリズムでの人民の中核は、トルコの世俗主義体制で宗教の自由を制約されてきた人々である。トルコ共和国の世俗主義は、オスマン帝国において宗教が国家体制に影響を与えたことが国の発展を阻害したとの認識から、法律や政治から宗教的要素を排除することを原則としている。アフメット・クルは、トルコの従来の世俗主義をフランスのそれとともに積極的世俗主義と形容し、米国のように宗教的多元主義を認めることで特定の宗派の政治的影響力を抑える消極的世俗主義と区別した。[(5)] 公的な場での宗教的表現が禁じられていたため、宗教心の強い人々の公的機関への所属や雇用が制約された。

たとえば、ムスリムが宗教的理由から被るスカーフの着用者は、政府機関への就職や国立大学への入学ができなかった。宗教的スカーフは、髪のすべてと首を覆い、裾が肩に掛かり顎下で結ばれるもので、通常ロングドレスないしコートとともに着用される。これにより、顔と手以外は体のすべてを隠すというイスラムの教えに従うことになる。[(6)] このようなからだ全体の覆い（veiling）は一九七〇年代以降、イスラム世界で広まった。宗教的スカーフは、トルコにおいては一九八〇年代以降に顕著になった。これに対し、トルコにおける既存のスカーフは、宗教的スカーフよりも生地が小さく、顎下で結ばれ、前髪が見えるものである(7)。

エルドアンは、自分を含めた宗教心の強い人々を「黒トルコ人」と呼び、トルコの厳格な世俗主義を擁護する国家エリートと呼ばれる軍部、司法府、共和人民党（CHP）を「白トルコ人」と呼んだ。そして黒トルコ人が社会階層でより下位に属するのは、世俗主義により社会的上昇が阻まれてきたからだ、と主張した。近代化志向勢力と伝統志向勢力との間にある潜在的対立軸は、「中心・周辺亀裂」と呼ばれ(8)、トルコ社会で最も顕著な亀裂である(9)。エルドアンはこの中心・周辺亀裂を反エリート言説に取り入れた。彼のポピュリズムは、社会経済的地位で人民とエリートを区分するので、前述のミュドとカルトワッサーのいう社会経済的ポピュリズムである。

実際にトルコにおいて、非民選の国家エリートが民選政権に対して非常時に拒否権を行使することは後見民主主義（これ以降、庇護主義と記す）と呼ばれてきた(10)。ただし、二〇一三年以降にはエルドアンの反欧米の民族主義的言説が強まったのも事実である。このためエルドアンのポピュリズムには排外的ポピュリズムの要素も加わった。その最大の理由は、二〇一三年夏の市民抗議運動への政府弾圧以降、欧米のエルドアン政権への批判が強まったことである。

拡大定義

拡大定義はラテンアメリカや東欧の分析に適用されてきた。ケネス・ロバーツは、ポピュリズムを市民社会組織化と政党組織化の度合いにより四つに分けた。[11]そのうえで、近年の傾向が選挙ポピュリズムであると主張した。これは、市民社会組織化と政党組織化がともに低く、政治指導者と有権者が政党を経ず、とくに選挙において直接結びつくペルーのアルベルト・フジモリ政権やベネズエラのウゴ・チャベス政権のようなポピュリズムである。ロバート・バーもポピュリズムを、非主流派や一匹狼の政治家が反体制派の主張と有権者との直接選挙的なつながりを用いて権力を獲得、維持することを目指す大衆運動と定義した。[12]ネオポピュリズムに限定して論じたカート・ウェイランドは、経済危機を背景として新自由主義志向のポピュリズム指導者が台頭する条件は、①既存政党の制度化が遅れて組織力が弱いことに乗じる、②強いポピュリスト政党を支配する、のどちらかであると論じた。[13]

拡大定義で示された組織的条件は、エルドアンのポピュリズムには当てはまらない。指導者が政党のような既存の仲介組織を迂回して支持者に直接、またはテレビやアンケート調査といった偽個人的方法で接するという条件に、あまり対応していない。たしかにエルドアンはＡＫＰ党首として、聖職者のような抑揚をきかせた演説を頻繁におこない、大衆への直接的接触を図ってきた。また、イスタンブル広域市長時代から毎月アンケート調査をおこなって世論動向を逐次把握してきた。しかしエルドアンは、ＡＫＰという強力な政党を迂回はせず、動員装置として最大限に利用してきた。

ポピュリスト指導者が政党を利用する場合、政党は脱制度化し指導者のための道具となるという点は、エルドアン政権の第二期以降に当てはまる。ＡＫＰ結党当初は集団的意思決定がなされた。しかしＡＫＰが圧勝した二〇〇七年以降、党内有力者がしだいに影響力を失い、党運営が彼ひとりに握られるようになったことで、党の制度化の度合いは低下した。

二　エルドアンの言説転換

常用語句と言説例

最小限定義と拡大定義のいずれも、ポピュリストにとってイデオロギーの訴求力が欠かせないことを示している。エルドアンは言説の巧みさで知られ、多様な端的な表現を用いて国民に直接語りかける。エルドアン言説での常用語句のうち、人民、エリート、一般意思というポピュリスト最小限定義の三つの要素のいずれかに関するものを表4－1に示した。これらの常用語句を三つの種類に分けると、①国民的一体感を感じさせる、②反エルドアン勢力を敵視または蔑視する、反対勢力の陰謀を証拠なしに匂わす、③多数派民主主義を主張するものとなる。

これらの常用語句が用いられるエルドアンのポピュリスト言説には、三つの定型がある（以下の引用では、常用語句に傍点を付す）。これから述べる事例は、二〇一一年六月総選挙の直前から半年後までの時期のもので、一党優位制定着時のエルドアン言説を象徴している。第一に、何らかの主張を展開するのではなく、「われわれ」や「国民」などの常套句を反復して用いることで、集団あるいは大衆の一体感を高め、感情を高揚させる演説である。たとえば、次の総選挙遊説での演説である。「われわれはこの旅をあなたたちと始め、われわれはこの旅をわれわれの国民と始めた。われわれはいつもわれわれの国民とこの道を歩いてきた、われわれはギャングからわれわれの力を得たのではない。われわれはエ

表4-1　エルドアンが常用したポピュリスト的語句

日本語訳：トルコ語	含意	種類
私の国民：Benim milletim	トルコ国民を擁護する表現。	1
われわれ：Biz	AKP支持者, AKP組織, 政権を支持する個人や組織。	1
心からの：En kalbi	集会や演説で誠実性を強調する表現。	1
召使い：hizmetkar	AKPが国民との間に築いた関係の性格を表す。宗教的奉仕や謙虚さを含意する。	1
兄弟：Kardeşlerim	集会や演説で用いられる呼びかけ。特定の民族・宗教集団への親近感を示すことも。	1
国の：Milli ／ Yerli	トルコ国家・国民の伝統的性格を持つとの意味。	1
一部の者：Birileri	政権の業績を快く思わない個人ないし組織。	2
これら：Bunlar	われわれ以外の個人や組織以外。	2
大きな策略：Büyük oyun	トルコ共和国, 政権, 国民に害を与えるべく外部勢力により計画された包括的長期的計画。	2
おい！：Eyy!	集会や演説で対抗・野党勢力に向けて最も頻繁に用いられる呼びかけ。	2
金利ロビー：faiz lobisi	外国為替の大量売買でトルコ経済から金利を稼ぐためにトルコを不安定化させることをもくろむ街頭行動の背後にいる個人や組織。	2
ガジ・ムスタファ・ケマル：Gazi Mustafa Kemal	トルコ共和国初代大統領への言及で, 建国の父の称号（アタテュルク）を省いている。軍人の最上称号ガジを冠して軍人として性格を強調。	2
誰も気を悪くしないでほしい：Kimse kusura bakmasın	政治的議論で人物や組織を批判する前に用いられる表現。	2
自明なやから：Malum zat	日常的政治事件ないし発言で言及された政治家や関係者の名前を言わずに用いられる蔑視表現。	2
意味深い：Manidar	日常的政治事件ないし発言が秘密のないし微妙な意味合いを持つという表現だが, 具体的証拠は示されない。	2
最愛の人（仏語）：Monşer	トルコ国民を理解できない, 西洋的, エリート的生活様式のために人民から乖離した人物。	2
おまえは誰だ：Sen kimsin ya	政治的対抗勢力へ向けた抗議, 対決, 軽蔑の表現。	2
首謀者：Üst akıl	トルコ国家や政権に対する「大きな策略」のために国内外の勢力が形成した連合。	2
国民の意思：Milli irade	民主的共和国を構成する基本的構造の基礎。政治的意味では権力の神聖かつ正当性の根源。	3
投票箱：Sandık	国民の意思, 権力の根源が示される場所。	3
庇護：Vesayet	民選政権の裁量を無視して政治介入する個人や組織。	3

注：含意は, 出所での説明に筆者の解釈を加えている。種類の説明は, 本文参照。
出所：Erdoğan Sözlüğü-140Journos <https://140journos.com/erdogan-sozlugu-5a68b82c39cb>（2017年9月4日アクセス）をもとに筆者作成。

リートからわれわれの力を得たのではない。われわれはわれわれの国民からわれわれの力を得たのだ、われわれはわれわれの国民がわれわれに示した方向にまっすぐ歩いてきた」[14]。

第二に、自らや政府に対する批判がおきると、国民の側にある「われわれ」に対して少数派である「一部の者」が攻撃ないし陰謀を試みているという言説で対抗する。たとえば、三権分立が弱められるとの批判に対する次のふたつの発言が挙げられる。

ひとつは、「司法は、一部の者の裏庭であることから脱し、国民の司法になる道を歩みはじめた。……［野党第一党ＣＨＰ党首の］クルチダロール氏よ、司法が政府の命令下に入ったことなどない。司法は、あなたの過激な態度から浄化されつつある」との、国会ＡＫＰ議員団会議での発言（二〇一二年二月）[15]。

もうひとつは、「われわれは国家と国民を融合しようとしているのに、これらは敵対的国家のイメージを強めようとしている。われわれはわれわれの国民を抱擁し、連帯と一体性をもたらそうとしている。これらは不平と嫌悪を流布している。われわれは民主化と軍部の脱政治化を進めようとあらゆる分野で努力している。これらは国家組織が互いに対立するように扇動している」との、ＡＫＰ県支部長会議での発言（二〇一二年一月）である[16]。

第三に、自らへの批判・対抗勢力に対して、政策ではなく個人への中傷材料を用いて攻撃することである。たとえば、「クルチダロールはどうして恥も知らず私の国に来られたのか。ＣＨＰに心を開いた私の兄弟は、なぜ彼の嘘を信じたのか。私の兄弟よ、何がおこなわれたかは明白だ。この男は社会保障制度を破産させた。……彼の親戚は、あちこちからテロリストを受け入れた。これはすべて国会で話さ

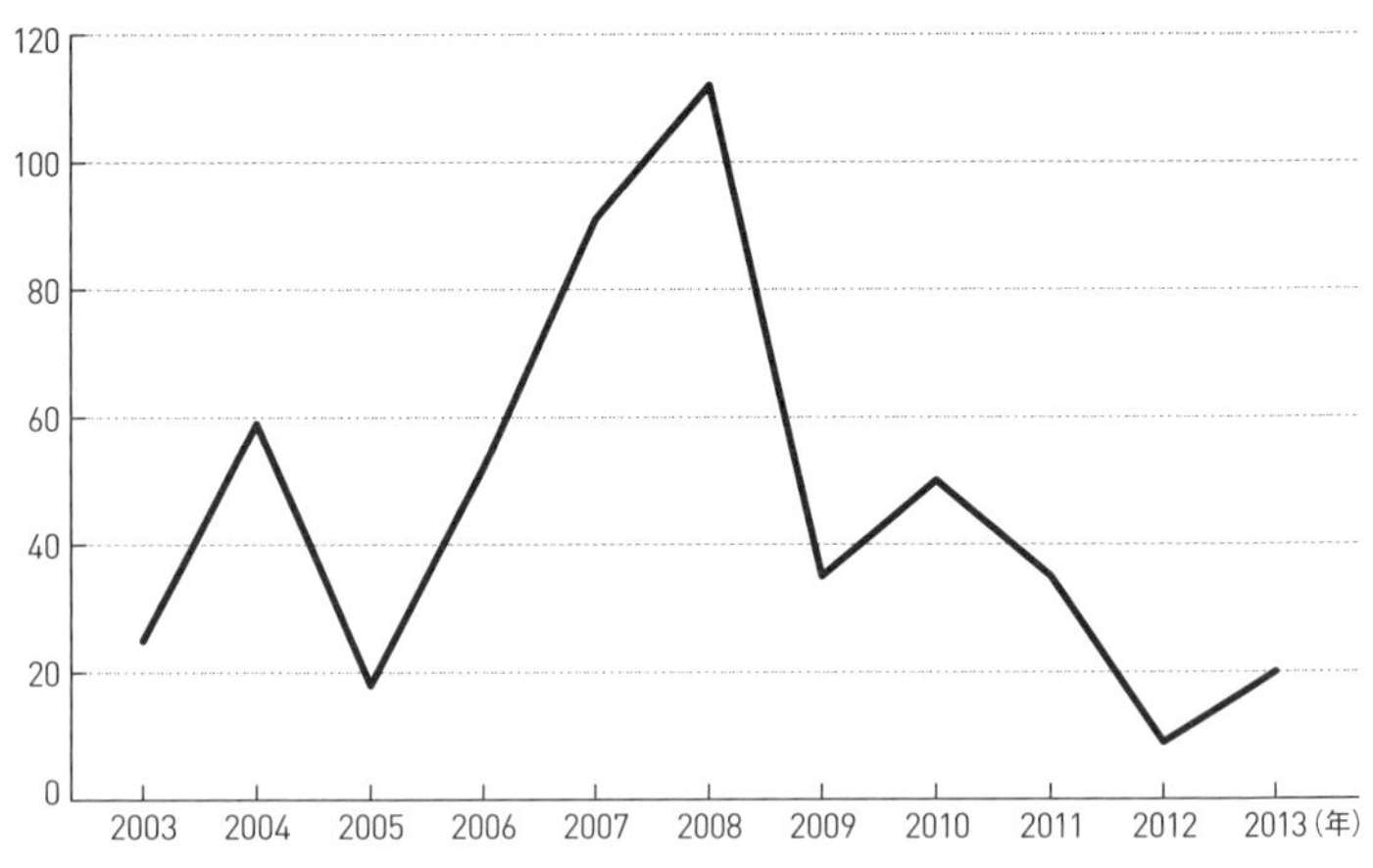

図4-1　エルドアンが民主主義に言及している新聞記事の件数：2003-2013年

注：トルコ国会図書館新聞データベースに登録された，エルドアンが民主主義へ言及した新聞記事の年別件数。

出所：トルコ国会図書館新聞データベースをもとに筆者作成。

れた。これは彼の面前にぶちまけられた、面前に。……それでも彼は面の皮がとても厚い」との、AKP県支部長会議（前掲と同じ）での発言[17]。このようなポピュリスト言説の狙いは、有権者の「われわれ」と「それ以外」への両極化だった。

争点支配による言説転換

エルドアンのポピュリスト言説はどのように確立したのか。エルドアンの言説は、一党優位制の台頭期に、定着期よりも頻繁に民主主義へ言及していた（図4－1）。そこでは、第三節で詳説するように、多様な社会勢力の権利を認めるべきという論調が援用された。このような論調を、多元主義フレームと呼ぼう（表4－2）。フレームとは、争点に関わる多様な出来事に意味を与える体系的筋立てである[18]。エルドアンは、世俗主義的国家エリートのAKP政権への抵抗に対し、選挙で選ばれた政権の政策の正当性を主張しつつも、A

表4-2　エルドアンの言説：種類とフレーム

時期	劣勢期：2003-08年	優勢期：2008年-
種類	民主主義	ポピュリスト
フレーム	多元主義	多数派主義
	反エリート	

出所：トルコ国会図書館新聞データベースをもとに筆者作成。

ＫＰ第一期政権が総選挙で三四％しか得票しておらず、「少数派」として劣勢である現実を認識していた。それが第二期政権以降（第四節参照）、数的多数派の権利を優先すべきという論調、すなわち多数派主義フレームに取って代わられた。その理由は、二〇〇七年と二〇一一年の総選挙での有権者の半数（四七％、五〇％）の支持獲得、世俗主義的国家エリートに対する優位の確立である。

このようにエルドアンは、多元主義フレームに依拠する（自由）民主主義言説から多数派主義フレームに依拠するポピュリスト言説へ乗り換えていた。にもかかわらず、その言説転換は外見上円滑だった。両言説が共有していた反エリート・フレーム、つまりエリート支配から民主主義を守るとの主張が、両言説に一貫性をもたらしたからである。しかもエルドアンが実際に世俗主義的国家エリートの抵抗を受けたことは、民主主義言説のみならずポピュリスト言説にも信憑性を与えた。つまりエルドアンは、過去に使っていた民主主義言説を利用しながら、現在のポピュリスト言説を構築した。そして民主主義への言及が二〇一三年以降になりを潜め、ポピュリスト言説が確立するのである。

エルドアンの過去における民主主義言説の信憑性は、エルドアンが政治的言説において民主主義という争点を支配していたことを意味する。争点支配の理論によると、有権者は、ある政党が、特定の争点（問題領域）においてより高い解決能力を持っていると認識する。そのため、有権者は、その政党の支配する争点が選挙戦の主要争点になるとその政党を支持し、その政党は他の政党が得意とする争点を避けて自らが支配する争点に焦点を絞る。[19] エルドアンの民主主義言説はAKP政権第三期になるとほぼ消滅した。だが、第一期において頻繁に民主主義言説を利用したことで、野党勢力が民主主義という争点を利用する機会を狭めた。ただし、争点支配効果はすべての有権者に一様に働くとは限らない。その政党に親近感を示す有権者に対してより強く働くとの知見もある。[20] だとすれば、争点支配は、新たな支持層の開拓というよりも既存支持層の固定化に貢献するといえる。

言説政治の概観

以下の第三節と第四節は、エルドアンのポピュリスト言説（二〇〇八年～）に先だって民主主義言説（二〇〇三～二〇〇八年）が展開され、支持者の固定化に貢献したことを、エルドアンの世俗主義的国家エリートとの関係と言説事例により論証する。言説事例は、トルコ国会図書館新聞データベースに登録された、エルドアンが民主主義へ言及した新聞記事、およびトルコ各紙インターネットホームページから選んだ。記事の日付は括弧内に示した。なお、このデータベースは、二〇一五年末以降、更新されなくなった。

二〇〇二年以降、軍部、司法府、および前憲法裁判所長官であるアフメット・ネジデット・セゼル大統領は、AKP政権がトルコの世俗主義を形骸化させることを警戒し、さまざまな形で圧力を加えて抵抗した。厳格な世俗主義に固執するあまり、憲法、法律、および判例を拡大・歪曲解釈し、民主主義における法治主義と多数決原則への挑戦とも受け止められる、（一）スカーフ着用阻止、（二）大統領選挙

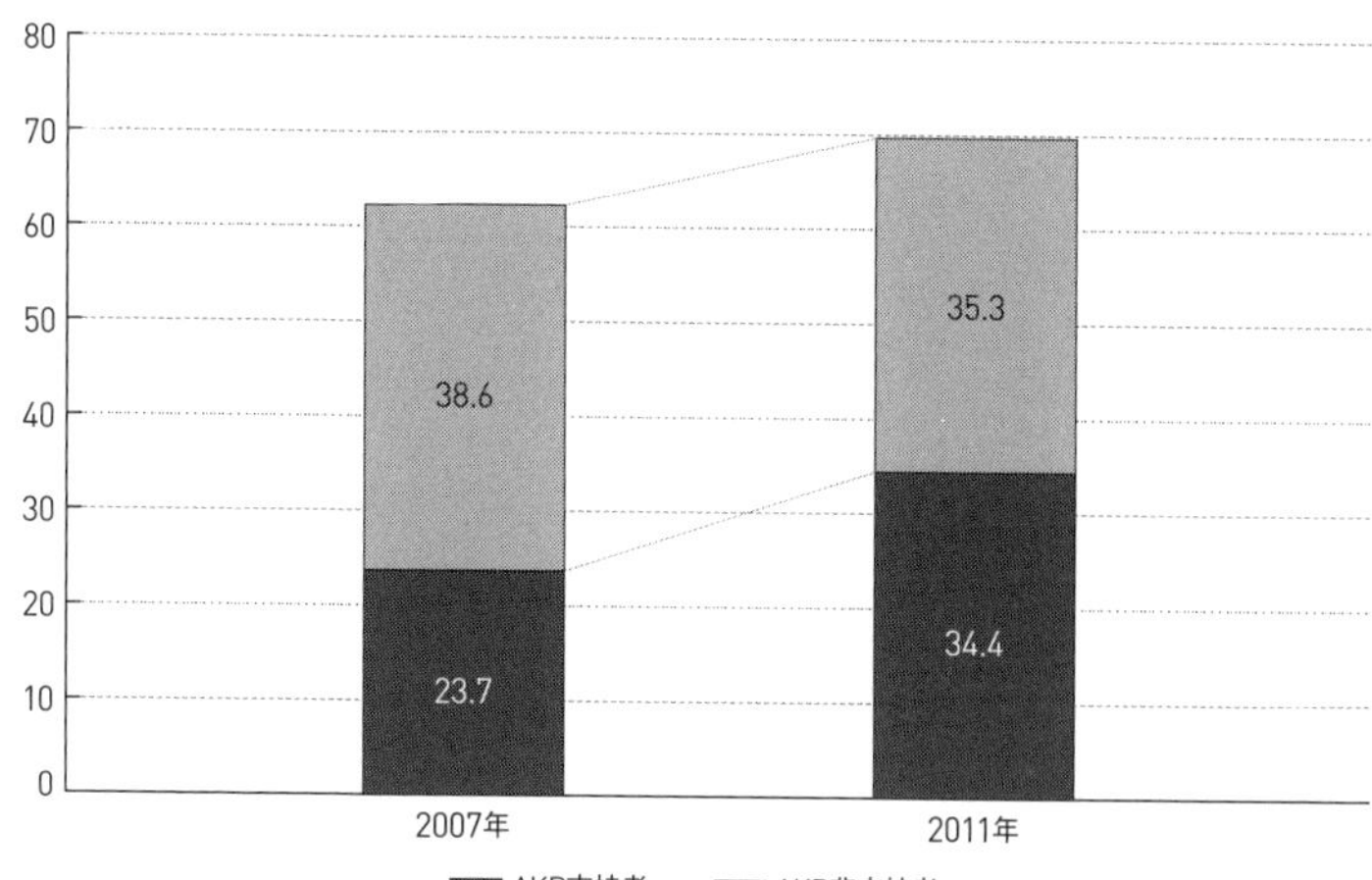

図 4-2　トルコの民主主義度評価（%）：2007 年と 2011 年

注：「この国は今日どの程度民主的に統治されていますか」との問いに対する，1 =「まったく民主的でない」から 10 =「まったく民主的である」までの 10 段階評価で 6 以上と答えた人のパーセンテージ。「明日総選挙があったらどの政党に投票しますか」との問いに，AKP を選んだ回答者を AKP 支持者，それ以外を AKP 非支持者とした。

出所：Comparative Study of Electoral Systems（CSES3 および CSES4）データセットより筆者作成。

への介入、（三）ＡＫＰ解党訴訟、（四）憲法改正に対する違憲判決などが起きた。

四つの事例すべてにおいて、世俗主義的国家エリートが最大の問題としたのはスカーフ着用の可否で、現政権下の民主主義ではなかった。この点を突いたエルドアンは、世俗主義的国家エリートのＡＫＰ政権への抵抗が民主主義への挑戦であるとの言説を展開し、繰り上げ総選挙の勝利、与党候補者の大統領当選、国家エリートの権限を弱める憲法改正を実現した。また、イスラム運動ギュレン派の司法府への浸透を促し、陰謀訴訟により国家エリートを粛正すると、ポピュリスト言説に転じた。

エルドアンの言説は、世論にどのような影響を与えたのだろうか。この問いに直接答える材料を持たないが、ふたつの

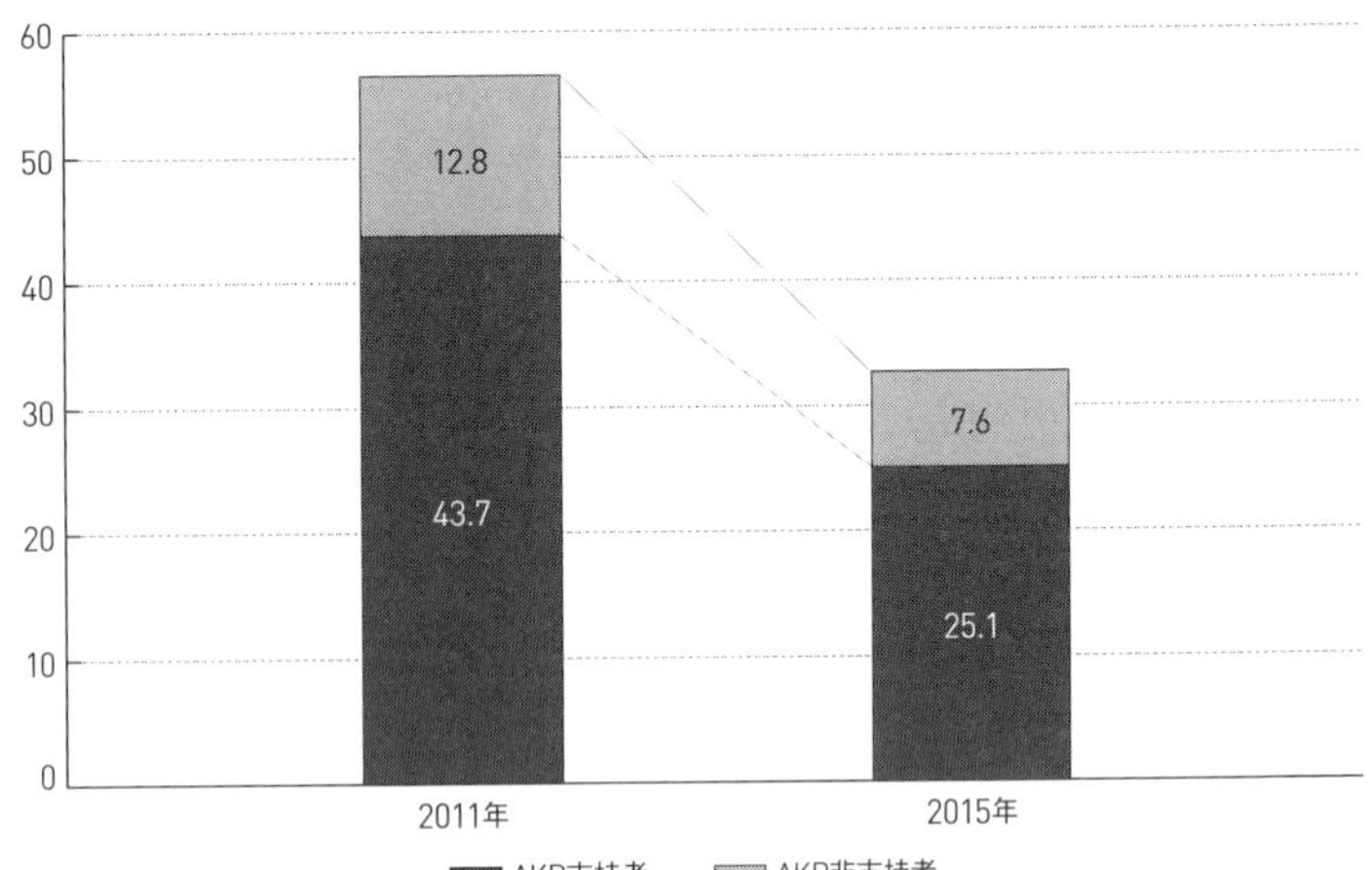

図4–3　トルコの民主主義への満足度（%）：2011年と2015年

注：直前総選挙でAKPに投票した回答者をAKP支持者，それ以外をAKP非支持者とした。

出所：World Values Survey（WVS 5およびWVS 6）データセットより筆者作成。

世論調査の各二時点の結果を用いて推測を試みたい。質問項目は両調査で同じではないため、あくまでも可能性を示唆するにとどまる。まず、二〇〇七年から二〇一一年にかけての民主主義度評価の向上は、ＡＫＰ支持者によりもたらされている（図４－２）。「この国は今日どの程度民主的に統治されていますか」との問いに対する、１＝「まったく民主的でない」から10＝「まったく民主的である」までの一〇段階評価で六以上と答えた人の比率は二〇〇七年から二〇一一年のあいだに、ＡＫＰ支持者では二七・三%から三四・四%へ大きく増えたのに対し、ＡＫＰ非支持者では三八・六%から三五・三%へとやや減った。

これに対し、二〇一一年から二〇一五年にかけての民主主義への満足度の低下は、ＡＫＰ支持者および非支持者に一様に現れている（図４－３）。トルコの民主主義への満足度についての四段階評価で、「とても満足」または「やや満足」と答えた人の比率は二〇一一年から二〇一五年のあいだに、ＡＫＰ支持者で四三・七％から二五・一％へ、ＡＫＰ非支持者で一二・八％から七・六％へと、いずれもほぼ四割低下した。

以上の結果は、エルドアンの二〇〇三〜二〇〇八年の民主主義言説がもっぱら彼の支持者に対して効果的だったことを示唆している。争点支配効果はその政党に親近感を示す有権者に対してより強く現れるとの、これまでの知見が裏づけられたことになる。エルドアンの民主主義への言及が二〇一一年以降明らかに減っていることからして、民主主義への満足度が弱まった二〇一一〜二〇一五年の事例からは、争点の影響は支持者と非支持者で大きな違いがないとも言える。

三　劣勢での多元主義フレーム

スカーフ論争と改革抵抗

軍部とセゼル大統領は、エルドアン首相就任以降、ＡＫＰ政権がトルコの世俗主義を形骸化させることと、とくにその第一歩として公的な場での宗教的スカーフの着用を自由化することを警戒した[21]。共和国初期の世俗主義改革の一環として一九二九年に成立した通称衣装法（法律第二五九六号）は、宗教指導者を除いて宗教的衣装の着用を禁じるとともに、公務員の服装が国際的慣行に従うことを義務づけた。伝統的スカーフと宗教的スカーフも宗教的衣装とみなされた。宗教的衣装が実際に着用禁止されてきたのは公的機関に限られた。

軍部はまず、エルドアン首相就任後、最初に開催された七時間半にわたる国家安全保障会議で、政府に世俗主義遵守を求めた。[22] セゼル大統領は、ＡＫＰ政権が成立させた法案のうち世俗主義違反と疑った法案への署名を拒否して廃案にした。また行政機関や中央銀行、国立大学などの独立機関の長の任官でも、候補者の夫人が宗教的スカーフを着用している場合に任官を拒否した。[23] セゼル大統領は、トルコの憲法や法律で用いられていない「公的領域」という概念を自らの法解釈に持ち込み、公的領域ではスカーフ着用が禁じられていると主張し、スカーフ着用論争が始まった。

スカーフ着用論争の端緒となったのは、二〇〇二年一一月、アンカラ空港から外遊に旅立つセゼル大統領を大統領代行となるＡＫＰ出身のアルンチュ国会議長が、スカーフを着用している妻とともに見送ったことだった。これまで、親イスラム政党の政治家は妻がスカーフを着用している場合、単身で公式行事に参加していたことから、世俗主義派の新聞はこの出来事を取り上げた。するとセゼル大統領は数日後の演説で、「スカーフが公的領域で許可されるかどうかは憲法裁判所判決で決着している。裁判所は高等教育機関でのスカーフを自由化する法的措置を違憲と判断した」と述べた。アンカラ空港が公的領域であるとの解釈である。

しかし憲法裁判所は、高等教育機関でのスカーフを自由化する法改正（法律第三五一一号）を違憲とした一九八九年三月の判決で、セゼル大統領の主張にある「公的領域」という表現を用いていなかった。つまり「公的領域」という概念は、憲法裁判所判決を大統領が独自に解釈したことで生まれたにすぎない。

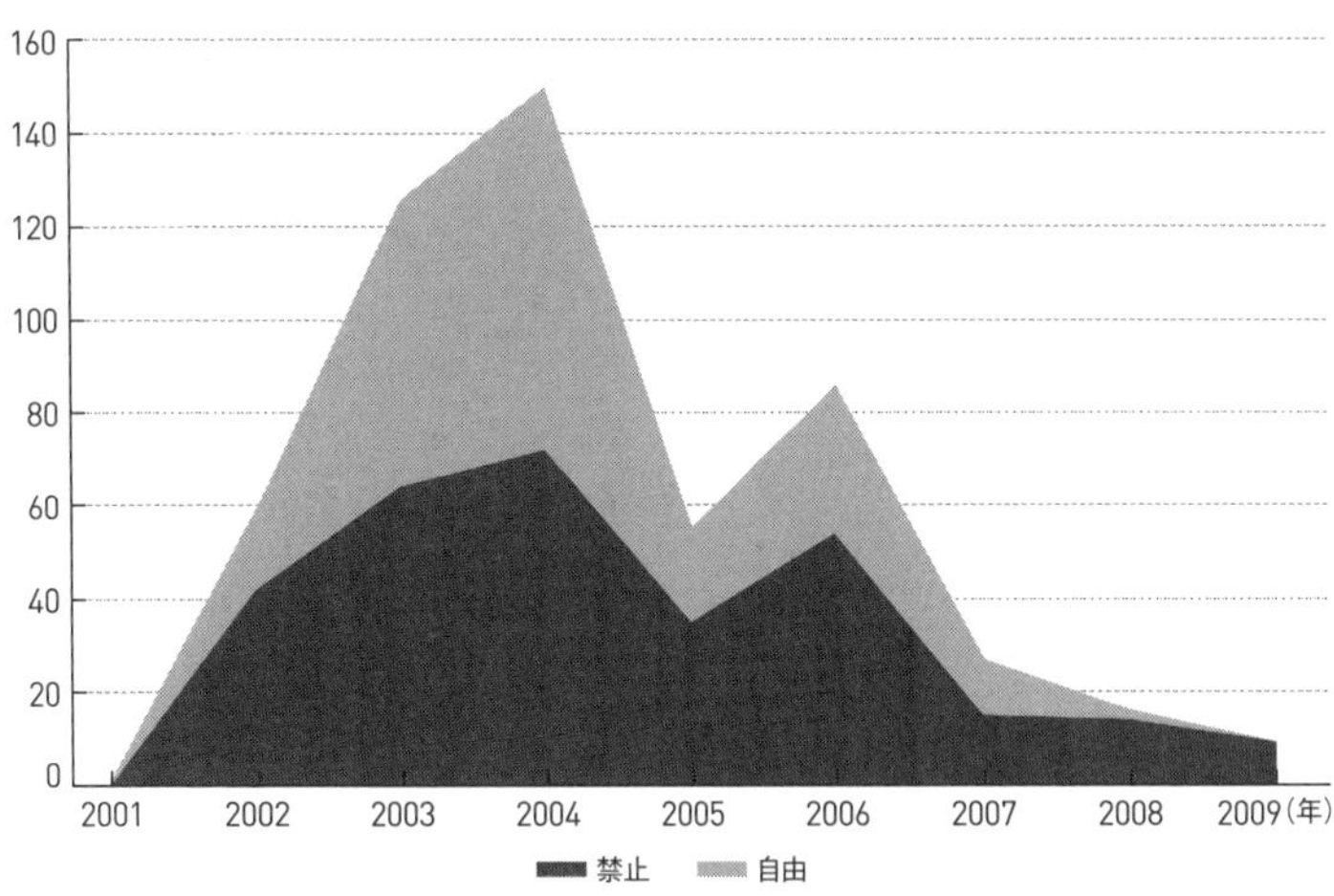

図 4-4　スカーフが公的な場で「禁止」「自由」とする記事数：2001-2009 年
出所：トルコ国会図書館新聞データベースをもとに筆者作成。

セゼル大統領が火をつけたスカーフ論争は拡大し、二〇〇三年四月のアルンチュ国会議長主催の恒例の立法新年度レセプションに、セゼル大統領、国軍参謀、CHPという世俗派勢力が欠席、一〇月二九日の共和国記念日のレセプションに、セゼル大統領は議員、閣僚、官僚の妻がスカーフを着用している場合、夫しか招待しなかった。最高裁判所第四法廷では一一月、原告のひとりである女性がスカーフを着用していたため裁判長から法廷退去を命じられた。

図4-4は、トルコ国会図書館による新聞データベースからスカーフ着用論争に関する記事を筆者が抜き出し、その内容をコード化して作成したデータをもとにしている[24]。スカーフ着用に関する記事を、公的領域でのスカーフ着用は国家により禁じられているとの内容の記事と、公的領域でのスカーフ着用は自由であるとの記事に分けて示している。

これをみると、論争が最も活発化した二〇〇三年と二〇〇四年には、自由であるとする記事の比率が一時的に増えたものの、禁じられているという記事が大半を占めたまま論争は終結した。世俗主義的国家エリートが「スカーフ着用はすでに禁止されている」という支配的言説を強化したため、イスラム系やリベラル（政治的自由主義）系新聞は、「スカーフ着用は自由であるはずだ」という対抗言説から「スカーフ着用を国家が不当に禁止している」という否定的言説に転じたためである。

エルドアンはＡＫＰ党首として初の二〇〇二年の米国訪問で、ＡＫＰが「保守民主主義」であるとして、次期総選挙での勝利が予想される同党の穏健性をすでに内外にアピールしていた。その背景としては、二〇〇一年九月一一日の米国同時多発テロでイスラム原理主義への警戒感が強まっていたことがある。

エルドアンは二〇〇三年三月の首相就任の直後から[25]、自分に対する世俗主義的国家エリートの懸念を払拭すべく腐心した。五月には、「われわれは［ＲＰの支持母体だった］国民的視点（ＭＧ）のシャツを脱ぎ、［トルコにおける中道右派政党の源流である］民主党の路線を歩んでいる」として、ＡＫＰがイスラム政党ではなく保守民主主義であると訴えた[26]。また世俗主義への配慮をも示した。たとえば、トルコ世俗主義の象徴アタテュルクについての研究会議にセゼル大統領とともに出席したエルドアンは、アタテュルクの掲げた近代化（西欧化）を自らが推進しており、トルコは欧州連合（ＥＵ）加盟によりＥＵを民主化すると主張した。

今日、わが国家と政府が強く掲げているＥＵ加盟目標は、アタテュルクのトルコ近代化プロジェクトの延長である。われわれのＥＵ加盟の試みは、単にＥＵが拡大した資源を利用するためだけではない。トルコをも取り入れたＥＵは真の意味で多元的構造に転換し、民主的・人間的な価値観を基本とする同盟になる。（国立アタテュルク研究センターが主催した第五回国際アタテュルク会議での発言。二〇〇三年一二月九日）

エルドアンはまた、トルコにおいて民主主義が形式的でなく本質的に国民に受容されるべきと論じている。この点で、民主主義を手段よりは目的とみなす立場を取っている。

ＡＫＰは民主主義には肉体ないし筋肉が健康であるのみならず、血管や神経、そしてすべての細胞が健康であることが必要なことを明らかにしている。この深い民主主義という意識は、民主主義をトルコの単なる衣服や装飾品ではなく、細胞や精神として考えるべきである。（ＡＫＰ県支部長会議での発言。二〇〇三年一二月二九日）

ＡＫＰ支持基盤や同党議員の一部からは、同党単独で国民投票なしに憲法改正可能な三分の二の国会議席をもちながら、なぜスカーフ問題の解決に向けて動かないのかとの不満が寄せられていた。だがエルドアンや党指導部は、スカーフ着用を部分的に自由化したりする法・憲法改正が社会や政府機関の間で政治的緊張を高めるとの考えから、「譲歩したようにみせずにこの論争を静める」ことを望んだ。[27]

エルドアンは、選挙公約である、聖職者養成校を含む職業高校生の大学進学での不利をなくす法律を国会で成立させたが、セゼル大統領の拒否権行使に遭った。議会の圧倒的多数を握るにもかかわらずエルドアンは、（大統領の拒否を乗り越えるために）同法を国会で再可決しなかった。このことは聖職者養成校関係者の利益団体である統一基金主催の会合で批判された。しかしエルドアンは、「政府は（世俗派の強硬な反対に逆らって立法化することの）代償を払う準備はない」し、「生徒に同じ代償を支払わせることもできない」として、自らの決定を擁護した。(28)

エルドアンは、スカーフ着用論争をも当初は静観していた。だが、二〇〇四年六月、イスタンブルでの北大西洋条約機構（NATO）首脳会議の夕食会を主催したセゼル大統領が、妻がスカーフを着用するエルドアン首相や他の大臣を単身でしか招待しなかったことは、エルドアンの対外的な面子を失わせ、彼をスカーフ着用論争に引き込むことになった。

エルドアンは、ドルマバフチェは「公的領域」でないし、先進国ではそのような解釈はないと主張した（二〇〇四年七月九日）。さらにAKP国会会派会合の場で、「公的領域とは、異なる個人、異なる社会集団、異なる考えが共存し、市民的かつ民主主義的に競合できる領域である」と述べた（二〇〇四年七月一四日）。エルドアンは公的領域についてのこのような多元主義的解釈を援用し、選挙のみに依拠しない市民参加型（討議的）民主主義を擁護した。

……われわれは民主主義を、社会が定期的に投票に行くというだけの形式的な体制とみなしていない。われわれにとって民主主義とは、共通の知恵と共通の善が社会的に決められ、絶えず更新され、市民的・公共的な議論を通じて社会により任ぜられる政治体制の名である。（二〇〇四年七月七日）

トルコのＥＵ加盟交渉過程も、ＡＫＰ政権と世俗主義的国家エリートの間の緊張の原因のひとつだった。トルコがＥＵ加盟交渉を開始するためには、ＥＵの定めた政治経済的基準であるコペンハーゲン基準を達成する必要があった。とくに改革が必要だったのは、民主化を中心とする政治的基準で、文民統制強化や少数派の文化的権利の拡大などが求められた。ＡＫＰ政権は要求実現のための具体策を作成したが、コペンハーゲン基準とは関係ない、むしろ軍部における世俗主義規定を緩める規定、たとえば兵舎での礼拝所設置などをも盛り込んだ。

そのため国軍参謀本部は、文民統制強化策で軍部の弱体化が狙われているとして、対策案を募る文書を上級将校に送り、抵抗姿勢を示した[29]。また国軍参謀次長のイルケル・バシュブーは、ＥＵの作成したトルコにおけるＥＵ加盟のための改革の進捗状況報告書を、トルコの民族、宗教的少数派の存在を強調し、トルコ国民国家の一体性を損ねようとしていると批判した[30]。ＥＵ加盟のための改革に対する軍部のこのような言動を、エルドアンは民主主義への挑戦と捉えた。

もはや誰も後見民主主義のシナリオを作らないでほしい。……この［コペンハーゲン］基準を実現するのに反対する人たちは、民主主義を足かせとみなしているのか。（二〇〇四年一一月三日）

その一方でエルドアンは、文民統制がＡＫＰ政権と軍部との対立につながることを避けるため、一般社会の人々が政治に参加する必要性を強調した。

文民化は、選民が政治過程での活動を増やすことを目的としたものではない。社会が全体として政治における決定的な役割を示すことを目指している。……［民主主義政治は、］議論と交渉と共通の知恵により築かれなければならない。（宗教指導者養成校卒業生・保護者の団体である統一基金での講演での発言。二〇〇五年五月二九日）

大統領選挙への介入

二〇〇七年五月に予定されていた大統領選挙が近づくにつれ、エルドアンが大統領に立候補した場合には軍部がクーデタをおこなうとの憶測が広がった。国家元首である大統領に、イスラム色が強くかつ妻がスカーフを着用するエルドアンが就任すると、トルコの世俗主義が損なわれると懸念されたからである。エルドアンは大統領選挙出馬について立場を明らかにしていなかったが、出馬反対の圧力が強まったことに対して不快感を示した。

この国で民主主義を、国民の意思を受け入れられない者は、ネズミ講的支配を壊された者である。この国でかつて民主主義の点でまったく誇りを感じられない時代があった。その不幸な日々を過去としつつも、その時代にトルコが何を失ったかを忘れてはならない。（二〇〇六年一二月六日）

国家の一部の役職は国民に閉ざしてもよい、民主主義の領域がそもそもあまり広くないと言うものがいる。そうではない。国家のなかに無法な特殊領域があることは認められない。（二〇〇七年三月

二三日）

エルドアンは、このように世俗主義的国家エリートにより民主主義が脅かされていると主張する一方、自らが世俗主義を堅持することも言明した。ただし、彼の主張する世俗主義とは、公的領域から宗教性を排除するというトルコ従来の世俗主義ではなく、多様な宗教的価値観を認める世俗主義である。(31)

国民は今日この基本原則を受け入れ、世俗主義のように民主主義や法治主義といった原則を受け入れた。今日、世俗主義の原則は、異なる信仰や生活様式の自由の保障としてどれほど大切かをわれわれはよくわかっている。（二〇〇七年二月六日）

二〇〇七年四月には、国会がおこなう大統領選挙を控えてAKPと世俗主義陣営との対立が深まった。AKPが推す大統領候補には、エルドアン首相が立候補するか他の候補を選ぶことになっていた。だが、ヤシャル・ビュユクアヌット国軍参謀総長が「アタテュルク主義、世俗主義、共和国の基本原則を口先でなく真に守る」候補者を求める記者会見をおこなうと、(32)それに呼応した世俗主義市民によるアタテュルク廟参拝の大衆行動がアンカラで起きた。(33)エルドアンは軍部との摩擦を避けるために立候補を断念し、代わりの大統領候補としてギュルを候補に選んだ。

エルドアンは、大統領候補として当初、その妻が宗教的スカーフを着用していないヴェジディ・ギョニュル国防相か、やはり宗教的スカーフを着用していない女性議員のニメット・チュブクチュを挙げ、軍部の了解を得た。しかし、アルンチュ国会議長はこの決定を知らされると、自分より党内序列の低い党員が候補になったことに反発し、自分あるいは党内のもうひとりの有力者であるギュルを候補にするようエルドアンに迫った。国会議長は大統領選挙の投票過程で重要な役割を果たすため、エルドアンはギョニュルとチュブクチュを断念したものの、アルンチュよりは穏健なギュルを候補に選んだのである。[34]

この決定に、トルコの大企業を代表し世俗主義的でもあるトルコ実業家連盟は、ギュルの穏健性を念頭に妥当な選択として賛意を表明したが、[35]軍部のとくに若手将校の間に不満が高まった。ギュルが大統領になれば、宗教的スカーフを着用している同夫人が公的な場の象徴である大統領府に入ることになるからである。[36]

国会での大統領選挙の第一回目の投票でギュルが最多得票した。ただし大統領選出に必要な有効投票の三分の二である三六七票を取れなかった。四月二七日、国軍参謀本部はそのホームページで、最近のイスラム運動が子どもや女性の宗教心を悪用する宗教行事を展開しているのを政府が看過していること、大統領選挙での問題の焦点が世俗主義であること、軍部は憲法の基本的性格を守るため法律が定めた任務を遂行するとの声明を発表した。トルコ国軍内務法（法律第二一一号、一九六一年一月四日成立）は、その第三五条で、国軍の任務をトルコ国土と憲法が定めたトルコ共和国を守ること定めていた。[37]

与党第一党で世俗主義のＣＨＰは第一回目投票を欠席したうえで、同投票結果が議決定足数不足のため無効である、と訴訟を起こした。憲法裁判所はその主張を認めた。実は、大統領選挙についての憲法規定は、議決定足数を定めていなかった。そこでＣＨＰは、第一回目投票で大統領選出に必要な得票数は三六七票なので、議決定足数も三六七票であると主張した。[38]そして、投票参加者が三六七人未満であることから、投票結果を無効とする判決を求めたのである。

この無理な主張を憲法裁判所が認めたことは、トルコにおける司法支配（juristocracy）批判を勢いづけた。エルドアンはこの憲法裁判所判決が民主主義への挑戦であると国民に訴えた。

つまり、今後は国会での大統領選挙はもはやほとんど不可能になった。同時に、これは何を意味するか。これは民主主義に撃たれた銃弾である。この人民の多数を代表する意思を少数派の意思に従わせたのだ。（二〇〇七年五月三日）

そして、エルドアンは繰り上げ総選挙を七月に実施することを決定し、国民の信を問うとした。

国民主権をいくばくかの組織や機関に移管した者の責任を、われわれは選挙で問う。トルコにとって安定が必要なように、民主主義も同じ成熟度で機能し続けることが必要である。状況に応じて無効になるような定義を、民主主義に誰ももたらすべきでない。憲法の国家定義にある四つの特徴は必須条件である。それらは民主主義、世俗主義、社会国家、そして法治国家である。（二〇〇七年五月二八日）

総選挙で圧勝したエルドアンは、有権者の半数の支持を後ろ盾に、民主主義はそれ自体が目的ではなく、幸福や経済発展のための手段であるとの考えを表明しはじめた。

われわれは民主主義を目的でなく手段と考えている。民主主義は人々の幸福のための手段である。宗教も手段であり、目的は人々の幸福である。（二〇〇七年一〇月一日）

経済の発展を内政の発展から、内政の発展を外交努力から、外交を民主化から、民主化を経済改善から、独立に考えられない。トルコが今日、世界の一七番目の経済大国になったとすれば、ヨーロッパの経済大国のひとつになったとすれば、これは民主主義の道を進むための断固とした歩みの結果である。（二〇〇七年一一月二〇日）

スカーフ改憲違憲判決、ＡＫＰ解党訴訟

二〇〇七年八月に大統領選挙のやり直しでギュルが選出され、夫人がスカーフを着用して大統領府入りしたことで、公的な場でのスカーフ着用は既成事実化するかにみえた。ＡＫＰ政権は七月総選挙で獲得した国民の半分の支持を背景に、包括的な憲法改正を試み、憲法学者などを委員とする諮問委員会で憲法草案を作成させた。

その内容は、現行憲法の権威主義的規定を弱め、基本的人権を拡大し、国籍規定で民族的多様性を認知し、宗教については国家管理を弱めるものだった。ＡＫＰの狙いはスカーフの公的な場での着用解禁だったとしても、国民の多様な意見を取り入れる姿勢が示されたことで、草案はリベラルとよばれる、多様な価値観を擁護する政治経済的自由主義者の支持を得ていた。

しかし、草案作成作業が非公開かつ国会とまったく関係なくおこなわれていたことが、世俗主義勢力

から批判された。また草案が与党議員らに対して説明されると、保守派議員からは、義務教育での宗教教育の必修規定廃止などに異論も上がった[39]。さらに、最高検察庁は、憲法改正が実現すればＡＫＰの解散訴訟を起こすと裏で圧力をかけた[40]。

そのためＡＫＰ政権は包括的憲法改正を断念し、スカーフ着用に限った憲法改正を選んだ。ＡＫＰ政権は二〇〇八年二月、大学での服装を自由化する憲法改正を、民族主義者行動党（ＭＨＰ）の支持を取りつけて国会で成立させた。

憲法改正の文言はきわめて漠然としていた。スカーフについては憲法改正の趣旨文でしか言及していなかった。本文は、「公共機関は国民へのサービス提供で法のもとの平等を遵守」「教育の権利は法律によらない理由で制限を受けない」など実質的意味をもたない表現で、スカーフへの言及はなかった。にもかかわらず、野党第一党のＣＨＰは世俗主義に反するとの理由で違憲立法審査を請求し、さらにデニズ・バイカルＣＨＰ党首はエルドアンが極刑に処されるべきと主張した。エルドアンは、バイカルが服装の自由を否定しているとして強く批判した。

自由についてのあなたのこだわりは、あなたに都合の良い問題しか対象としないのか。もしこの問いに本当にそうだというのであれば、あなたは民主主義を間違って学んだようだ。あなたの求めている体制は民主主義ではなく、まさに独裁体制である。（二〇〇八年二月一三日）

さらに三月には最高検察庁が、ＡＫＰ議員や他の党員の言動が世俗主義を脅かしているという理由で

ＡＫＰ解散訴訟を起こした（過去には同様の理由でＡＫＰの前身政党が解散させられている）。これをエルドアンは、多様な考えを容認する民主主義の原則に反すると批判し、世俗主義を保障するのが民主主義であると主張した。

いまだに一部の者は複数政党制に順応できずにいる。民主主義の基本は、異なる政党、異なる意見が自由に存在することである。政治的権利が保障されることである。（二〇〇八年四月二一日）

先の違憲立法審査の結果、憲法裁判所が六月にＣＨＰの訴えを認めて違憲判決を下すと、エルドアンはこの訴訟が民主主義を否定していると唱えた。

一部の勢力は近代的民主主義を危険であるかのようにみせかけている。共和主義体制と世俗主義は民主主義によってのみ可能になる。（二〇〇八年六月一八日）

他方、ＡＫＰ解散訴訟の七月の判決では、憲法裁判所は解散命令は下さなかったが、同党の世俗主義遵守を疑問視する見解を提示し、政党助成金削減という軽微な制裁を課したものの、エルドアンは「民主主義はこの大きな恥辱から救われた」（二〇〇八年七月三一日）として安堵を表明したが、ＡＫＰの世俗主義が疑問視されたことを覆い隠す狙いもあった。

四　優勢での多数派主義フレーム

PKK対策としての民主化

包括的憲法改正草案が狙っていたもうひとつの変革は、トルコにおける最大の民族的少数派であるクルド人が抱える不満の解消である。エルドアンは、分離主義的武装集団であるPKKによるテロを含めたクルド問題の解決を長期的に模索していた。トルコの人的・経済的な資源の損失を防ぐことに加え、AKPのクルド地域での支持基盤確立につなげるという思惑もあった。クルド地域は宗教性が強いため、AKPは親クルド政党に次ぐ支持率を誇っていた。政府はクルド語放送拡充やクルド語教育機関設立などをEU加盟交渉開始のために決定した。だが、それとは別に、エルドアンはトルコの従来の単一国民国家認識、すなわちトルコ人はすべてトルコ民族であるとの認識をも変革しようと試みた。また政府は二〇〇五年以降、イムラル島刑務所に服役中のアブドゥッラー・オジャランPKK党首と秘密裏に断続的に交渉し、PKK武装闘争終結の可能性を探っていた。

エルドアンはすでに二〇〇五年八月、トルコは民族モザイク国家なので、トルコ人とは上位アイデンティティであり、下位アイデンティティとしてはトルコ民族、クルド民族など、多様なものがあると世論に訴えていた。このような多元民主主義的主張は、民族主義的傾向がそもそも強いトルコ世論から、トルコを分裂させるとの厳しい批判に遭った。それでもAKP政権第二期に入ると、PKK対策では軍

事力のみならずクルド系市民からの支持が必要で、そのために民主化を推し進めるとエルドアンは主張した。(41)

この残忍な行為は、われわれのテロとの戦いでわれわれの決意をより強めている。このために、より進んだ、より発展した民主主義と言っているのである。(PKKによるテロが起きたクルド地方の中心地ディヤルバクル訪問時。(二〇〇八年一月六日)

ただし、彼のいう民主化の意図する内容は曖昧で、クルド語での教育や自治権拡大などは容認しなかった。市民団体との会合で出されたクルド語での学校教育などの要求に対し、エルドアンはトルコにおけるすべての民族集団に対して言語別の教育を提供することは不可能である、と返答した。

PKKによるテロが二〇〇七年以降に頻発するなかで、トルコ国軍はテロリストに対する身柄拘束や作戦実施の規定の柔軟化を求めたのに対し、エルドアンは、テロ対策で必要であれば新たな措置を講じるが、それにより人権が制約されてはならないと応じた。(42) エルドアンはクルド自由化について野党第一党CHPの協力を得るべくバイカルCHP党首との会談を望んだが、バイカルは自由化がトルコを民族的に分裂させると批判し、会談を拒否した。(43) エルドアンによれば、民主主義はPKK対策の重要な要素だった。

民主主義の基準を下げてテロと戦おうという考えは認められない。(二〇〇八年一〇月一五日)

クルド語やその文化の容認は、トルコのEU加盟交渉が二〇〇六年に部分凍結された後にも徐々に進んでいた。二〇〇九年一月には、国営放送TRTでクルド語二四時間放送が開始された[44]。それでも二〇〇九年三月の統一地方選挙でAKPがクルド地域での得票率を減らすと、AKP政権は同年夏に「民主的自由化」を宣言して対クルド自由化を促進した。民族主義的世論に配慮した曖昧なこの名付けに対し、マスコミや主要野党はこれをクルド自由化と呼んだ。

民主的自由化によりトルコを足かせから解放するふたつの基本的目的に達することを期待している。これらの目的とは、テロの撲滅とわが国の民主主義の基準を最高水準に引き上げることである。（二〇〇九年一一月二七日）

つまりエルドアンの言う民主的自由化の実態は、一般的民主化ではなくクルド文化の容認に限られていた。PKK対策としての民主化は、民主主義を手段と捉える彼の主張と整合している。また、このようにAKP政権が対クルド自由化を進めることができた背景には、単一国民国家原則を重視してきた軍部の政治的影響力が低下したことにある。

国家エリート粛正擁護

AKP政権は第一期に世俗主義国家エリートの強い抵抗に遭遇すると、その影響を削ぐことを目的に二〇〇四年ごろから、イスラム運動ギュレン派を警察組織、地方検察、地方裁判所などに積極的に任官した。ギュレン派の影響力が司法府に強まると、二〇〇八年にいわゆる陰謀訴訟が始まり、二〇一五年までに退役・現役軍人に加え世俗主義的知識人が大量に粛正された（第5章参照）。エルドアンは陰謀裁判でクーデタ計画があったとする検察の主張を支持しつつ、進歩的民主主義を推し進めていると示唆した。

国民を排除しようとすることは……、民主主義を逸脱しているとともに、時代遅れ、かつ非人道的である。現代国家に、進歩的民主主義に、この考えはそぐわない。（二〇一〇年一月二八日）

またAKP政権は二〇一〇年九月、与党とギュレン派の司法府への影響力を強める憲法改正を民主化改憲として国民投票に付した。改憲案国会採決で野党が反対ないし欠席し、国民投票なしに成立させるために必要な賛成票を確保できなかったからである。民主化の体裁を整えるため、改憲案には文民統制と信教の自由を想起させる規定が盛り込まれた。

すなわち、①一九八〇年軍事クーデタを実行した軍部関係者を訴追対象外としていた規定の廃止（ただし、該当者が死去ないし高齢のため事実上適用不可能）、②軍人が軍事犯を除き一般法廷で訴追される規定、③基本的人権侵害を理由にした個人による違憲立法審査請求権（大学などでのスカーフ着用自由化を想定）、④軍部人事最高評議会懲戒処分に対する司法審査請求権（反世俗主義的行為を理由にした処分に対して、軍部内での信教の自由を擁護する規定）である。

国民投票の結果、改憲案は五七・九％の賛成票で可決した。司法府従属化を「民主化」と抱き合わせる戦略は功を奏したといえる。ＡＫＰの得票率は二〇〇九年統一地方選挙で三九％、二〇一一年総選挙で五〇％にとどまっていた。

投票箱から出た最大のメッセージはこうである。国民は、そうだ、もう進歩的民主主義、自由、支配者の法ではなく法の支配だ、そうだ、いまや国民の意思が支配する、そうだ、いまや庇護主義的認識は終わった。国民はこの強いメッセージを皆が受け取った。……進歩的民主主義と法の支配の闘争において歴史的段階を全国民が超えた。国民投票可決結果を受けたエルドアンの発言。（二〇一〇年九月一三日）

手段としての民主主義

二〇一一年総選挙でＡＫＰ政権が五〇％の得票率で再任されると、エルドアンは民主主義が目的ではなく手段であるとの持論を展開した[45]。そこでは民主主義の中身を論じず、国民の幸福を達成する体制を進歩的民主主義と呼んでいる。

私はイスタンブルの市長を務めた人間として、この点で民主主義闘争のなかで、戦いつつここまで来た。しかしこれをよく知っている。一九九四年にも言ったが、いまでも言う。民主主義は目的ではない。民主主義は手段である。このように理解する。すべてのシステム、すべての統治方法は、これには宗教も含めてすべてがひとつの目的に尽くすのである。それは人々の幸福、至福、安寧、繁栄である。民主主義はこのためにある。われわれはいま、新しいことを言っている。それは「進歩的民主主義」である。（イズミルでのエーゲ実業家団体との会合での発言。二〇一一年三月七日）

また、二〇一〇年憲法改正により司法府におけるギュレン派の影響力がいっそう増すと、エルドアンは逆に司法府の独立性を擁護するようになった。クルド系政党市政での市長や関係者の拘束および世俗主義者へのＡＫＰ政権転覆訴訟（陰謀訴訟）を野党や一部マスコミが批判すると、自らの責任を否定した。クルド文化への寛容性を高める一方で、ＡＫＰに対抗するクルド系政治勢力への抑圧を容認する姿勢は、民主的自由化（対クルド自由化）の限界と便宜的性格を示した。

トルコは法治国家である。トルコは三権分立の上に築かれた民主主義体制である。誰も司法の判断を理由にわれわれに対して責任を求めたり、非難したり、標的にしたりするべきでない（親クルド政党市政関係者拘束とＡＫＰ政権転覆訴訟について。二〇一一年三月五日）

これらの逮捕や拘束のなかで、無実の者がいれば、それらは司法により区別され、当然ながら解放される。しかし、すべての組織を無実のように示して、この警察行為を理由に、政府を、民主化を議論の対象とすることは、政府と司法への大きな不当行為である。（親クルド政党市政関係者拘束についいて。二〇一一年一一月三〇日）

また軍部に対しては、いわゆる陰謀訴訟を民主化過程として甘受するように促した。

民主主義のどの中断もこの国に利益を与えたと考えられない。この国は何十年をも犠牲にした。民主主義、法律、世俗主義、社会的国家原則から逸脱したトルコにとって打開はない。……誰もこの過程を復讐と考えないでほしい。この過程は民主主義的議会制度で必要な過程であり、このように理解されねばならない。……（国軍士官学校での発言。二〇一二年四月一三日）

陰謀訴訟で二〇一三年までに延べ六〇〇名以上に有罪が確定して、国家エリートの粛正が完了すると、エルドアンの言説は多数派主義の傾向を強めた。

二〇一三年五月から六月のイスタンブルのゲジ公園抗議運動で、表現の自由と少数派の権利を主張した市民に対し、エルドアンは抗議者を「略奪者」と呼んだ。抗議への弾圧を欧米のメディアや政府が批判すると、「金利ロビー［表4－1参照］と外国勢力が抗議運動を後押ししている」と主張した。そして、ギュル大統領が選挙は選挙にのみあらずとして異議申し立てに一定の理解を示したのに対し、エルドアンは、「民主主義は選挙にあり、多数派の意思が尊重される」と述べた（二〇一三年六月三日）。

また二〇一三年末、それまでエルドアンと連携していたかに見えたギュレン派が、エルドアンを標的に検察と警察を使ってAKP政権の汚職疑惑に対する調査を開始すると、エルドアンは検察や警察で大量の人事異動をおこない、捜査を抑え込んだ。その後も大幅な異動や法改正などにより、司法府と警察に対する政権の掌握を強めた。

他方、シリア内戦で二〇一一年八月にトルコが反体制派支持を明確にして以降、ＰＫＫのトルコにおけるテロ活動が頻発すると国軍が掃討作戦を実行し、他方で国内各地のＰＫＫ受刑者がハンストをおこなうなど、政府とＰＫＫの関係は悪化した。

しかし、ハンストがオジャランＰＫＫ党首の呼びかけで終了すると、政府は二〇一三年に入って彼との交渉を親クルド政党を介して再開した。そして、三月のクルドの新年にオジャランが和平を呼びかけ、ＰＫＫ指導部も停戦を宣言し、北イラクのＰＫＫ基地への撤退を開始した。ＡＫＰ政権は民主的自由化の延長として九月に民主化パッケージ（法律と省令の改正）を発表、法改正は二〇一四年三月に国会で成立した。内容は、私立教育機関での地元言語（クルド語など）での教育や選挙活動での地元言語使用の自由化、クルド語地名の復活などのクルド文化の自由化のほかに、公務員のスカーフ着用解禁や信仰の自由妨害の禁止などをも含んでいた。

もちろん民主主義ないし民主化は長きにわたる課程である。民主化は常に生きている、絶えず変化する自らを発展させる過程である。作業が完成しこれから発表されるパッケージは終わりを意味しない。（二〇一三年九月二一日）

二〇一四年八月に大統領に転じるエルドアンの首相として最後の民主化パッケージでも、その中身がクルド文化の自由化およびスカーフ着用自由化に限られる一方、言論と集会の自由を後退させる法改正がおこなわれたことも、手段としての民主主義の証左である。

このようにエルドアンのポピュリスト言説は、ＡＫＰ政権第一期から第二期初めまでに国家エリートの強い抵抗を受けたことが、その反エリート・フレームに信憑性を与え、支持者の拡大に貢献した。しかし二〇一一年以降にエルドアンの民主主義への言及が減ったことに加え、国民の民主主義への信頼が低下したことは、エルドアンのポピュリスト言説の信憑性の弱まりを予想させる。エルドアンでさえ選挙は民主主義の条件としている。選挙が公正を欠くとの認識が広まったことで、[46]ポピュリスト言説を正当化してきた多数派主義の前提が崩れたのである。

本章の冒頭のエルドアンの発言が予言したように、彼は民主主義という路面電車に乗って途中で降りた。実は彼はその後、黒塗りのリムジン車に乗りかえていた。その車はエルドアンを閉じ込めたまま暴走した。

コラム【6】もういちどイスタンブル——やり直し選挙での与党再敗北

トルコの高等選挙委員会は、二〇一九年三月三一日統一地方選挙のイスタンブル広域市長選挙結果を取り消すべきとの与党AKPの異議申し立てを五月六日に認め、六月二三日に同選挙をやり直す決定を、七対四の票決により下した。しかし六月二三日にやり直されたイスタンブル市長選挙では、野党連合の共和人民党（CHP）候補エクレム・イマモールが五四・二％の得票率で、与党連合のAKP候補のビナリ・ユルドゥルム（四五・〇％）に九・二ポイント差をつけて当選した。与党の「自党の票が盗まれた」との主張を、有権者がフェイク（嘘）と見抜いたからである。

AKPは選挙担当副党首であるアリ・イフサン・ヤヴズを中心に、四月二日に集計結果に対する異議申し立てをおこなった。AKPは当初、投票所別集計結果の誤入力の修正を求めたが、同修正でも得票順位が変わらないと、つぎつぎに新たな要求を出した。高等選挙委員会により認められた結果、イスタンブル県内の全投票所において無効票の見直し、さらに一部の投票所では全票再集計がおこなわれた。それでも得票順位は変わらなかった。

見直し集計で選挙結果を覆すことができなかったAKPは、さらに四月一六日、（一）投票資格がない有権者による投票があった、（二）一部の投票所委員会の委員長や委員が（法律が求めた）公務員ではなかった、との理由で、イスタンブル市長選挙のみについて無効とやり直しを訴えた（市会議員などその他の選挙結果は与党優位だったからである）。

高等選挙委員会は、中間決定で（一）を退けたものの、五月六日に（二）の理由を認めてイスタンブル市長の再選挙を七対四の多数決により決定した。

その決定には、ＡＫＰ支持者も含む世論から疑義が寄せられた。

第一に、地方選挙では一つの封筒に四つの投票用紙を入れて投票する。イスタンブル県での場合、イスタンブル広域市長、市会議員（一部が広域市会議員になる）、市長、町長を選ぶ。同じ封筒に入れられた四票のうち、イスタンブル市長選の票のみが不正で無効との判断は理屈に合わない。この矛盾は、再選挙戦においてＡＫＰの「盗票」宣伝をイマモールが崩す有力な根拠となった。

第二に、投票所委員会（合計七名）には公務員と定められている委員長と委員の各一名以外に主要政党の代表者五名が含まれる。集計は与野党代表者の監視下でおこなわれ、投票結果の議事録には全員が署名する。委員長や委員がかりに公務員出身者ではなかったとしても、不正をおこなうことは非常に難しい。くわえて、これまでも投票所委員（長）となるべき公務員が見つからない場合は民間人が就いてきた。

高等選挙委員会の再選挙決定の理由書は五月二三日にようやく発表されたが、そこには新たな理由も加えられていた。この追加理由は、当初の理由が世論を説得できなかったため用意されたとみなされた。同時に理由書では、少数派四名の委員による、「かりに一部の投票所委員会の構成に瑕疵があったとしても、それが選挙結果を左右したと判断できない」との反対意見が表明されている。

ＡＫＰ支持者を対象にして再選挙決定後に実施された集団面接調査でも、再集計は真っ当な手続きであるが、再選挙は受け入れられないとの考えが表明された。再集計は有権者の意思をより正しく反映するのに対し、再選挙は有権者の意思を無視するとの理由だった。

エルドアン大統領は選挙直後の演説では、イスタンブル広域市長を野党に譲ったとしても市議会議員や一般市長では多数派であると述べ、選挙結果を受け入れる態度を示していた。

しかし選挙から一週間後、一万四〇〇〇票程度の票差では勝利とはいえないし、選挙にも不正があったと主張。さらに約一カ月後、エルドアンは市民が再選挙を求めているとして、再選挙を要求したのである。なぜエルドアンは変心したのか。

ＡＫＰのなかでとくにイスタンブル市政を手放したくない一部勢力が、エルドアン大統領を再選挙に持ち込むよう説得したとの証言が、複数のＡＫＰ筋から流された。

イスタンブルはトルコ経済の中心（ＧＤＰ＝国内総生産＝の三割を占める）で同市連結予算はＧＤＰの四％に相当する（東京都の連結予算はＧＤＰの二％）。この予算をめぐり、入札や発注の不透明性、特定の団体への手厚い補助金支給、公営企業の会計操作などが指摘されてきた。また選挙の際にもイスタンブル市政は、選挙活動のための組織と費用、さらにはシリア難民支援資金をも提供していた。

とはいえ、再選挙はＡＫＰにとって大きな危険をともなっていた。ＡＫＰ内でも、再選挙で票差がさらに開くとの懸念は強かった。というのも、トルコの選挙においてやり直しを求められた勝者は、権利を不当に剥奪されたと有権者からみなされて同情票が集まり、再選挙で大勝する結果が圧倒的に多いからである。これに対し再選挙派は、経済状態などに不満を持ち三月に棄権した支持者も、ＡＫＰ候補が負ける可能性に直面すればＡＫＰに投票すると主張した。

この再選挙では、イマモールとユルドゥルムの得票差が、三月三一日の選挙の〇・三ポイント（当初）から九・二ポイントへ八・九ポイントも広がった。三月の投票結果はもっぱらＡＫＰ支持層の経済状況への不満を反映していたが、六月選挙でのＡＫＰ候補の落ち込みは、選挙やり直しへの反発が主因だった。

さらに、世俗主義政党であるＣＨＰの候補ながら中道的で宗教教育も受けたイマモールが、選挙戦当初から政治的立場を超えてすべての市民と対話してきたのに加え、再選挙が決まってからはその戦略をさらにポジティブキャンペーン（たとえば「すべてはとても良くなる」「（汚職でなく）浪費をなくす」などのキャッチコピー）として洗練させたことも大きい。

イスタンブル市長再選挙は、有権者の正義を求める意思が鮮明になった。それに加え、二〇一七年に導入された集権的大統領制がエルドアン体制を脆弱化させていることを示した。側近政治が幅をきかせることにより、大統領に入る情報に偏りが生じ、合理的判断が下されにくくなった。ＡＫＰによる再選挙要求はその典型である。

第5章　危機を機会へ――二〇一六年七月クーデタ未遂

二〇一六年七月一五日夜一〇時、アンカラ市民は窓ガラスが割れるような爆音におののいた。それは国軍のF－16超音速戦闘機が威嚇的な低空飛行をしたためだった。国軍参謀本部や国家情報局で戦闘が発生した。イスタンブルではボスポラス海峡にかかるふたつの大橋を軍部戦車が封鎖した。一一時にはビナリ・ユルドゥルム首相が蜂起の試みが起きていると述べ、一二時にトルコ国営放送が国内平和委員会の名のもと、国軍が政権を掌握との声明を朗読した。

エルドアン大統領は、休暇滞在中の地中海岸マルマリスのホテルから携帯電話で民間テレビ番組に出演、蜂起に反対して街頭に出るよう国民に呼びかけた。すると、翌朝一時までに多くの県で市民が街頭に出て抵抗を開始した。しかし、アンカラ警察などを軍用ヘリコプターが攻撃し、国軍参謀総長はクーデタ勢力に拘束された。

クーデタ未遂後のイスタンブル市民［©Wikimedia Commons］

海軍司令官はこの試みを許さずと発言し、クーデタ勢力の逮捕を開始する。二時には空軍のF－16戦闘機がクーデタ勢力のヘリコプターを撃墜し、三時前には首相が要衝の上を飛行する軍用ヘリと戦闘機はミサイルで撃墜すると通告した。その後もクーデタ勢力が国会議事堂などの政府施設、放送局、抗議する民間人を攻撃するなど抵抗を示したが、四時にエルドアン大統領が飛行機でイスタンブルに到着して、クーデタが失敗したことを内外に誇示した。

エルドアンはその後、三カ月単位の非常事態を二〇一八年七月まで繰り返し延長し、政令を用いた逮捕・勾留、組織・団体の閉鎖・接収をおこなった。クーデタ未遂関連で二〇一七年末までに約五万人が勾留され、公務員のうち約一〇万人が解職された。

このクーデタ未遂は、トルコの過去のクーデタとまったく異なる性格を持っていたうえ、トルコの政権のみならず体制までもを転覆する可能性さえあった。このような事実は、トルコの比較的中立的なマスコミによる報道からも明白だが[1]、国外のメディアではなかば意図的に無視されてきた。本章はまず、公正発展党（ＡＫＰ）一党優位制へのこれまでで最大の脅威となったクーデタ未遂事件を、穏健イスラム運動を装う秘密組織の国家への浸透の過程から明らかにする。つぎに、クーデタ未遂がエルドアンに与えた新たな機会が、一党優位制を変質させる過程を分析する。すなわち本章で、一党優位制の土台の侵食の分析が始まる。

一　「トルコらしくない」クーデタの試み

経緯

クーデタ未遂事件は、軍部内に浸透していたギュレン派（後述）に属する将校を粛清するための大規模な逮捕が七月一六日に予定され[2]、それを察知した同派が決起したことで起きた[3]。

ギュレン派は決起を七月一六日午前三時に予定していた。これに気づいた陸軍航空隊パイロットは、軍部による襲撃計画があることを国家情報局に一五日午後二時に通報、国家情報局は午後四時に国軍参謀本部に報告、国軍参謀本部が緊急会議し、すべての軍事行動禁止などを午後五時半に命令した。計画漏洩を疑ったクーデタ計画者は、クーデタを六時間前倒しして午後九時に決行した。

クーデタ未遂の推移（表５－１）と蜂起勢力のメンバーがおこなったＷｈａｔｓＡｐｐ通信記録（表５－２）は、クーデタ未遂が国軍の指令系統と無関係におこなわれたこと、国家機構と一般市民を攻撃

表 5-1　クーデタ未遂の推移：2016 年 7 月 15〜16 日

14.00：	陸軍航空隊パイロットが国家情報局への軍部による襲撃計画があることを国家情報局に通報*。
16.00：	上記通報を国家情報局長が国軍参謀本部に報告。
17.30：	国軍参謀本部が緊急会議，すべての軍事行動禁止などを命令。
21.00：	計画察知に気づいたクーデタ計画者が，6 時間前倒しして決行。
21.50-22.00：	アンカラで国軍戦闘機が低空飛行，イスタンブルでボスポラス第 1 橋，第 2 橋を軍部戦車が封鎖。
22.00-23.00：	国軍参謀本部や国家情報局で戦闘。
23.04：	ユルドゥルム首相が蜂起の試みが起きていると述べる。
24.00：	トルコ国営放送が国内平和委員会の名のもと，国軍が政権を掌握との声明朗読。
00.33：	エルドアン大統領が休暇滞在中のマルマリスのホテルから携帯電話で民間テレビ番組に出演，蜂起に反対して街頭に出るよう国民に呼びかけ。
00.35：	アンカラの大統領府で銃声。
24.00-01.00：	多くの県で市民が街頭に出る。
00.57：	アンカラ警察などを軍用ヘリが攻撃。
01.17：	参謀総長のクーデタ勢力による拘束を国防大臣発表。
01.28：	海軍司令官が，司令官としてこの試みを許さずと発言。
01.35：	クーデタ勢力の逮捕開始，全国のモスクで朗読開始。
02.00：	国会議員が国会議事堂に参集。
02.01：	空軍の F-16 戦闘機がクーデタ勢力のヘリコプターを撃墜。
02.05：	アンカラ警察にいたクーデタ勢力が撤退開始。
02.08：	AKP 本部の前に集まった市民をヘリコプターが銃撃，ボスポラス橋にいる市民を銃撃。
02.30：	国家情報局が，クーデタは失敗と発表。
02.34：	国会議事堂が爆撃される。
02.35：	国営放送が正常放送に戻る。
02.57：	要衝の上を飛行する軍用ヘリと戦闘機はミサイルで撃墜すると首相が通告。
03.47：	クーデタ勢力が民間のメディア・センターを襲撃。
04.00：	エルドアン大統領が飛行機でイスタンブルに到着。
04.13：	大統領が宿泊していたホテルを軍用ヘリが攻撃。
04.16：	国会と国軍参謀本部周辺にいた市民に銃撃。
04.32：	アンカラ空域でクーデタに用いられた軍用機の破壊を首相が命令。
06.44：	ボスポラス橋を占拠した軍人が警察に投降。
07.36：	国内で国軍の 754 名逮捕と発表。
08.32：	アンカラ郊外の空軍第4ジェット基地司令部に拘束されていた参謀総長救出。
08.36：	憲兵隊司令部を警察庁特殊機動部隊が掌握。
10.34：	国軍参謀本部内に監禁されていた将校を解放。

注：*軍事クーデタとは認識されていなかった。クーデタ未遂当時の防犯カメラが捉えた映像，国軍参謀総長や容疑者の供述，クーデタ勢力の WhatsApp での交信記録などはメディアで公開されている。

出所：*Cumhuriyet*, 17 Temmuz 2016; *Posta*, 17 Temmuz 2016より筆者作成。

表5-2　イスタンブルでのクーデタ勢力による WhatsApp 通信記録

メフメット・カラベキル少佐：(市民に) 止められたので発砲した。怪我人が出たが，譲歩も躊躇もしない。
サードゥック・ジェベジ大佐：AKP 県支部の前で市民が集まっている。戦車が必要だ。
メフメット・ムラット・チェレビオール少佐：サードゥック兄，まず空砲を撃ちましょう。
メフメット・カラベキル少佐：躊躇するな，撃て。
サードゥック・ジェベジ大佐：了解。
……
メフメット・カラベキル少佐：サビハギョクチェン (空港) で水平射撃せよ。そこの状況がよくない。
ムアッメル・アイガル少佐：チェンゲルキョイで抵抗する 4 人を撃った。問題ない。AKP 県支部の前に 3，4,000 人がいる。援護が必要。
ムザッフェル・デュゼンリ中佐：集まった群衆と軍隊に抵抗する警察に，武器と戦車を使い随意射で介入する。
……
ムアッメル・アイガル少佐：第 1 橋，第 2 橋にヘリコプターが必要。われわれは橋で 20～30 人を撃った。第 2 橋で同志が困っている。ヘリコプターが必要。
ムザッフェル・デュゼンリ中佐：命令を伝える。群衆に射撃で対応せよ。射撃を受ければ群衆は退散する。有害な放送は中止させる。

注：イスタンブルでのクーデタ勢力がおこなった WhatsApp 通信記録の抜粋。引用の 1 つめでは，市民の抵抗に躊躇した大佐と少佐に対して，別の少佐が発砲を命令している。これは軍部とは別の指揮系統が存在したことを示している。引用の残りの 2 つでは，抵抗する市民に対する無差別発砲を命じている。

出所："Darbecilerin Whatsapp'taki ihanet yazışmaları: 'Ateş edin'le başlıyor, 'kaçalım'la bitiyor," *Cumhuriyet*, 18 Temmuz 2016 Pazartesi. 18 <http://www.cumhuriyet.com.tr/haber/turkiye/569828/Darbecilerin_Whatsapp_taki_ihanet_yazismalari_Ates_edin_le_basliyor_kacalim_la_bitiyor.html> より筆者作成。

対象にしたことを示している。クーデタは、(一) 国軍参謀本部が事前通報を受けてすべての軍事行動禁止を命令していたため蜂起勢力が孤立したこと、(二) 蜂起勢力が国営放送局を占拠したのみで情報統制をできなかったこと、(三) 民間放送局を介したエルドアン大統領の呼びかけに応じて市民が抵抗したこと、などにより失敗した。しかし、クーデタが予定どおりに実行されていたら成功していた確率は高いとみられている。

首謀者

ギュレン派の最高指導者がクーデタ計画を命じたとの証拠能力を持つ文書は、トルコ政府からは示されていない。だが、フルシ・アカル国軍参謀総長の検察への供述によると、彼を拘束した勢力にクーデタの首謀者を問いただすと、准将のひとりが「お望みであればわれわれのオピニオンリーダーであるフエトゥッラー・ギュレンにお引き合わせします」と述べたという。[4] また、ギュレン派の空軍担当イマーム(後述)とされるサカリア大学神学部助教授アーディル・オクスユズが、クーデタを計画して自宅で関係者に説明したあと、実行の三日前に渡米してペンシルバニア在住のギュレンから承認を取り、同前日に帰国したことも、クーデタ参加者により供述されている。オクスユズは、当日にクーデタ計画の主要拠点となったアンカラ郊外のアクンジュ空軍基地で拘束されたが、検察の事情聴取後に解放され行方不明になった。

過去のクーデタとの比較

この事件は、後に詳述する証拠に加え、ふたつの点でもトルコ国軍によるクーデタとは考えにくかった。第一に、トルコでは欧州連合（EU）加盟のための民主化改革や後述する陰謀裁判による軍部粛清により、軍部にとって政治介入の正当性と実行力は低下しつつあった。トルコでは前政権のときから、EU加盟交渉を開始するための条件として文民統制を強めるための憲法・法改正がおこなわれてきた。国家安全保障会議での文官武官比率の引き上げや国家機構人事での軍部の関与の廃止、軍事予算の透明化などが二〇〇四年までに達成されている。[5]二〇〇七年大統領選挙では軍部による「口先介入」が起きているものの、軍事力を用いた政変が起きればEU加盟交渉は破綻するはずだった。また、陰謀裁判で将官を中心とする軍幹部が大量に投獄されていた。

第二に、クーデタ勢力が市民、警察組織や国会、政府機関を攻撃して二五〇人以上の死者を出し、大統領や首相の殺害も狙うなど、トルコが過去に経験した三つのクーデタと比べてはるかに暴力的だった。過去の成功した一九六〇年、一九七一年、一九八〇年の三つの軍部クーデタは、少なくとも表面上は国軍参謀総長を最高指導者として軍部が一体として決行するとともに、圧倒的な武力を威嚇として使い、流血を避けた。しかも、一九七一年は軍部が首相に退陣を書簡で要求して、これに首相が応じた「書簡によるクーデタ」だった。また一九六〇年には独裁化した文民政権の排除、一九七一年と一九八〇年は治安回復を大義とし、クーデタ直後は国民も一定の支持を与えたのである。

ただし、過去の三つのクーデタ後の軍事政権下の裁判では、多くの政治家や一般市民が投獄、拷問、厳罰を受けたことも事実である。これ以外に、しばしばクーデタとして言及される一九九四年および二〇〇七年の「クーデタ」は、いずれも武力を背景に政府退陣を強いたわけではなく、前者は軍部が政府にイスラム派取り締まりを強要、後者は大統領候補について軍部が拒否感を表明した事件である。また軍内部の支持を得られずに失敗したクーデタとしては、一九六三年のタラット・アイデミル大佐によるクーデタがある。

二〇一六年七月クーデタ未遂については多くの著書が刊行されている。とくに注目すべきはギュレン派研究の専門家たち[6]、ギュレン派の元幹部二名[7]、クーデタ未遂発生前三年間のギュレン派士官の急速な昇格をデータで示した軍法検事[8]、クーデタ未遂二日間の動向と検察の集めた証拠を克明に記述した新聞記者[9]、などによる証言と分析である。これらの著書は次のことを示している。

ひとつには、ギュレン派の活動は学生支援奉仕として始まったが、優秀な信徒を軍部、警察、官僚機構に浸透させ国家を支配することに目標を変質させた。もうひとつには、クーデタ未遂は、その多くが准将や少将にまで昇格していたギュレン派の将校に対して同派幹部が命令を下すことにより実行された。

ギュレン自身が直接命令していたとの記録は残されていない。だが、クーデタ計画に最も関わっていたギュレン派幹部であるオクスュズとケマル・バトマズが、クーデタ未遂の四日前に訪米し、二日前に帰国していることは、イスタンブル空港の監視カメラで確認されている。ギュレン派の元幹部も、ギュレンは証拠を残す通信手段は用いず、口頭でしか命令を下さないと証言している[10]。

この事件については別の解釈もある。ひとつには、ギュレン派がクーデタを軍部内の世俗主義勢力と連携して実行した、もうひとつには、権力強化を狙うエルドアン大統領により計画された、というものである。これらの可能性を、ギュレン研究の第一人者であるハカン・ヤヴズは次の理由で否定している。まず、過去においてもクーデタは計画漏洩を防ぐため結束的集団により実行されるうえ、とくに秘密主義のギュレンは他勢力との連携を好まない。つぎに、多大な人的犠牲を払わなくともエルドアンは権力を強化はできた[11]。とくに、エルドアンの夏期休暇先に暗殺隊が送り込まれ、護衛が殉職したことが、エルドアンのシナリオによるとは考えにくい。強権化はあらかじめ計画されていたものではなく、クーデタ未遂後に自己に有利に展開した状況を利用したとするのが、妥当な解釈であろう。

ギュレン派は国際社会のみならずトルコ国内においても、市民社会組織として認識されていた[12]。社会奉仕を掲げ、しかも世俗主義派とイスラム派の両要素を包含していると思われたからこそ、常識的な人々の支持を集めていたといえる。そのため、「穏健派」によるクーデタ未遂は多くの人々に驚きをもってむかえられた。

二　学生支援から国家浸透へ

ギュレン派とは

ギュレン派とは、フェトゥッラー・ギュレン師を指導者とする組織で、表向きには社会の漸進的イスラム化を掲げていたため穏健派イスラム運動とみなされてきた。奨学金、学生寮、進学・学習塾で官僚候補学生を勧誘・育成することから始め、約一六〇カ国に学校を開設して教育・宗教・文化活動を実施、金融や貿易も手がけ実業家団体も組織したことが知られている。その一方、ギュレン派組織の実態は秘密主義に守られ、軍部や国家情報局を除いて、一般にはほとんど知られていなかった。それが同派元幹部や専門家の証言で最近ようやく明らかになってきた。

ヌレッティン・ヴェレンとアフメット・ケレシュはギュレン派幹部だったが[13]、両者ともギュレンの意図が慈善運動ではなく国家浸透であることを一九九〇年代半ばに認識すると袂を分かった。二人は同派の国家浸透について公に警告を発してきたが顧みられなかった。それが、クーデタ未遂後にＣＮＮＴｕｒｋのテレビ番組で同派の内実を暴露したことで注目を集めた[14]。以下ではまず、ギュレン研究者のヤヴズが描くギュレンの経歴を、ヴェレンやケレシュの証言と重ねて浸透組織の形成過程をたどったうえで[15]、ケレシュや専門家の証言を元に組織構造と浸透方法を概観する。

ギュレンは一九四一年にトルコ東部エルズルムに生まれ、小学校を中退したのち、一九五七〜五八年にイスラム運動ナクシベンディ派系のサイド・ヌルシの教えに感化された。一九五九年に礼拝導師の国家資格試験合格後、おもにトルコ西部各地のモスクに配属された。一九六六年にトルコ西部イズミルの「ケスタネパザル」コーラン学校にイスラム学担当として配属されてからは、公務の傍ら市内各地でヌルシの教えを辻説法した。一六歳の学生だったヴェレンはこのときコーラン学校でギュレンと知り合い、困窮学生支援というギュレンの考えに共鳴し、もうひとりの学生とともに学生下宿（後の「光の家」）を開設した。またギュレンは、一九六八年に高校・大学生男子のための夏期キャンプを組織した。

イズミルで「光の家」の数が一二に達した一九七〇年、ヴェレンを含む中核幹部一二名が集められ、ギュレンへの忠誠や秘密主義などの規則が決められた。また、イスラム原理主義的に厳格な戒律も適用された。ギュレンは、一九七一年には「書簡によるクーデタ」後の軍部影響下の超党派政権により世俗主義違反で七カ月投獄されたが、イデオロギー上の罪での受刑者に対する恩赦により解放された。一九七二年以降、トルコ西部の各地に配属され「光の家」の設立を続けた。一九七九年には雑誌『浸透』を発刊し、両極化する社会への解決策はイスラム倫理にあると主張した。

政府との関係構築

一九八〇年軍事クーデタ後、ギュレンには世俗主義違反容疑で逮捕令状が出されたが、潜伏しつつ説教を録音したカセットテープを同派メンバーに配付し続けた。一九八六年に逮捕令状が取り消されると、オザル首相（一九八三〜八九年）の経済・文化自由化路線に乗りギュレン派を教育文化運動として全国的に展開しはじめた。

このころ、軍部、司法府、官庁に一九八六〜八七年に就職した同派学生をギュレンが組織化していることに、ヴェレンは違和感を抱くようになった。ケレシュも、オザル政権でギュレン派出身のアブドゥルカーディル・アクス内務相が開設させた警察大学の重要な役割を指摘している。同大学に一般大学卒業者が入学すると一年で卒業でき、警察幹部に採用される。ギュレン派は最も恭順な学生を警察大学に送り込み、警察庁への浸透を進めたという。

ギュレン派の活動は軍部からも危険視されるようになっていたため、ヴェレンは同派の活動を透明化して国家の承認を得ることをギュレンに勧めたが、当初は賛同を得られなかった。ソ連崩壊後、中央アジア・コーカサス諸国でエリート教育の需要が生まれたのに応じてギュレン派は学校開設に乗り出したが、ヴェレンはオザル大統領（一九八九〜九三年）やスュレイマン・デミレル（一九九一〜九三年に首相、一九九三〜二〇〇〇年に大統領）に趣旨を説明して支持を求めた。またギュレン派への寄付金が増えるなかで資金管理をギュレンが独占していたため、ヴェレンは金融機関を設立して資金管理を透明化すべきことを彼に説いた。

一九九〇年代半ばにギュレンがようやくヴェレンの勧めに応じタンス・チルレル首相（一九九三〜九六年）との面会を実現すると、チルレルは教育慈善事業やイスラム金融機関設立への政府の支持を約束した。政治家との関係構築の効用を実感したギュレンは、政治家に限らずマスコミや財界人との接触も拡大した。ただし、ヴェレンが意図していたような組織の透明化は起きなかった。逆に、国外のギュレン派学校が所在国の閣僚子弟を入校させて政治的関係を築くと、その関係を利用したいトルコ企業がギュレン派に献金をおこなうという構図ができあがり、世界各国に広まった。またギュレン派金融機関では経営者による横領が繰り返された。

一九九五年までには、ギュレン派出身者が国家内で中佐、郡知事、検察官、判事、警部の地位に達していた。その年、同派のメジュリスとよばれる幹部会でギュレンは、「軍部、官僚機構、司法府を手に入れなさい。国家の毛細血管にまで浸透し、気がつかれずにこれらを占領し、気がつかれたときには後退して身元を隠しなさい、機会が来たらふたたび前進しなさい」と命令した[16]。ヴェレンがこの命令に反対すると、ギュレンは彼を反逆者と呼び、翌年に破門宣告書を出したが、ヴェレンは同派に残った。

一九九七年二月、国家安全保障会議で軍部が親イスラムのエルバカン首相にイスラム運動取り締まりを強要する事件が起きると、ギュレンはエルバカンを批判し軍部を支持した。ヴェレンとケレシュは、ギュレンがこの事件に先立ちクーデタの脅威を煽るマスコミ宣伝や密告によりデミレル大統領を誘導し、エルバカン連立政権崩壊と、連立の約束事項だったチルレル副首相への首相交代否認をもたらした、と証言している。その後、多くのイスラム運動が取り締まられたのに対し、ギュレン派は女性に宗教的スカーフを着用しないように呼びかけるなどして穏健性を装ったため無傷だった。

ただしケレシュは、イスラム運動であるはずのギュレン派が親イスラムの首相を追い落としたこと、またギュレン派がそれまで批判してきたトルコ国家と同じ構造で、しかも秘密組織になっていることに失望し、一九九八年に脱退した。

ギュレンは、一九九九年に国軍士官高校学生がギュレン派の運営する「光の家」（後述）で拘束された事件の直後の三月、病気治療を理由に渡米し、その後も在住している。同年六月には、官僚機構と司法府を掌握するようギュレンがメンバーに呼びかけたビデオが、ATVテレビのニュースで放映された。このギュレンの発言内容は、ヴェレンが証言したギュレンの幹部会での命令に酷似している。ギュレン派を監視していた諜報機関がこのビデオを入手し、メディアに漏洩した可能性も考えられる。

なお、ヴェレンは、ギュレンによる破門宣言後の自分への中傷や国家乗っ取りの試みをやめさせるために渡米して説得を試みた。しかし、逆に命を狙われる経験を重ねたため、二〇〇二年にギュレン派との関係を絶った。

階層構造と浸透方法

ギュレン派の組織構造を体系的に紹介したケレシュによると、同派指導者を頂点とする七層ピラミッド構造が世界規模で存在し、トルコはその一部にすぎない。ピラミッドの各層にはイマームと呼ばれる地理・職域別の管理者がおり、地理別では世界、大陸、国、県、郡、区、町内イマームが、職域別では軍人、警察、判事、教育省、大学、医師、メディア、自営業者イマームなどが存在する。ギュレンが頂上第七層の世界イマームであり、ケレシュは第五層の任務に就いていた。職域別イマームは対象職域の人々について勧誘、教育、資金調達などの活動をおこなう。イマームは地理別にも階層化されている。たとえば警察イマームは、区、郡、県、国別に存在する。そのため、地理・職域別のイマームはピラミッド頂上で一元管理される。

ここでのイマームは本来の意味と違い、必ずしも宗教知識を必要とされない。とくに第六層のイマームには、賢く非宗教系専門知識を持つ人物が選ばれる。イマームの別称として兄、より下層では姉があるが、イマームは組織内向け、兄（や姉）は外向け表現である。[17]

ピラミッドの第一層には、勧誘、募金、教育の場である「光の家」がある。家には五〜八人の学生が寄宿し、その責任者である兄または姉は、学生を同派組織に従わせるように教育し、恭順を五段階で評価する。ギュレン派が奉仕活動をしていると考える市民は、学生のために「光の家」に生活必需品などの支援をおこなってきた。ただし、ギュレン派がより大きな学生寮を一九八〇年以降に開設してからは、学生寮が学生勧誘の最初の窓口となり、入派見込みのある者を「光の家」に転居させる仕組みになった。

組織のメンバーは給与を上納する。その比率は独身官僚で給与の一五〜二〇％、既婚者で一〇％である。兄・姉の職を専業とする場合、公定最低賃金相当額が組織から支払われるが、うち一〇％を上納する。集められた上納金のうち一五％が「神聖分」としてギュレンに送られる。[18] メンバーにはギュレン派であることを隠し続けることが強く求められ、イマームはメンバーに対してピラミッド上部からの命令を伝える。メンバーどうし横の情報交換はおこなわれない。地理・職域別イマームは長くても三年で交代するため、特定の人間が影響力や情報を蓄積することにはならない。これらの方法でギュレン派内部の秘密性が維持されている。ヴェレンやケレシュによると、ギュレンは彼らのような幹部をも別のメンバーに盗聴や監視させ、その情報を自分のみに報告させていた。

ギュレン派は士官学校、国軍や官庁にふたつの方法で浸透してきた。第一に、国家試験問題を盗んで同派の人間に流し満点合格で就職させることである。それが初めて発覚したのは、一九八六年、イスタンブルのクレリ士官高校入試問題のギュレン派による窃盗漏洩である。軍部におけるギュレン派について捜査した元軍事検事アフメット・ゼキ・ユチョクは、過去九年間に士官大学から国軍に入隊した学生の八割をギュレン派と見込んでいる[19]。官僚についても、二〇一〇年の全国統一国家公務員試験の問題が同派に流されていたことが発覚した。

第二に、同派でない人間についての虚偽の訴えや拷問・脅迫により退学や解雇・退職に追い込むことである。とくに軍部ではパイロット候補生の多くが除隊に追い込まれ、ギュレン派のF－16パイロットが急増したとされる。元警察官僚ハネフィ・アヴジュも、警察庁の密輸組織犯罪部と情報部、イスタンブル県警とアンカラ県警の情報支部、陰謀訴訟（後述）を担当していた裁判所の検事・判事に「特定の傾向を持つ」人々が集まり、虚偽の通報により情報室長を更迭させ、その後に自派の人間を送り込んでいたと述べている[20]。

軍部への浸透は、当然ながら国軍掌握につながるのに加え、政府要人の動向把握も可能にする。軍部が政府要人の補佐官を送り出していたが、ギュレン派は軍部人事部にも浸透して補佐官人事を握った[21]。アカル国軍参謀総長の補佐官でクーデタ未遂後に拘束されたギュレン派中佐の検察への証言によると、エルドアン大統領や現役および過去の国軍参謀総長にも同派の補佐官が付き盗聴をおこなっていた。彼自身は前国軍参謀総長を毎日盗聴し、一週間分の録音が溜まると盗聴器を軍部外にいる同派の「兄」に渡していたという。(22)

三　AKP政権との蜜月から対立へ

AKP政権の庇護

国家情報局副局長を務め二〇〇五年に退職したジェヴァット・オネシュによると、ギュレン派の軍部や警察をはじめとする国家組織への浸透は一九七〇年代に始まり、一九八〇年代に拡大、二〇〇〇年代に加速した。(23)ギュレン派の浸透が加速したのは、AKPが二〇〇二年に政権を樹立してからである。エルドアンが、AKPに近いとみなしたギュレン派を国家機構に送り込むことにより、世俗主義国家エリートの影響を削ぐことを試みたからである。これはギュレン派が、二〇〇〇年代までもっぱら自助努力により浸透していたのと大きく異なる。

二〇〇四年八月の国家安全保障会議で軍部はギュレン派への取り締まりを求めたが、AKP政権は面従腹背して同派に警察組織への浸透を許した。(24)AKP政権はまた最高裁判所の長官や他の判事の汚職疑惑を指摘し、これらの判事を辞任に追い込んだ。そして二〇〇五年、約四〇〇〇人の判事・検事の人事異動や、判事・検事候補の任命権限を司法大臣に与える法改正（法律五四三五号）などにより下級裁判所で行政府の影響力を強め、ギュレン派を優遇した。[25] これとは別にギュル外相は、各国大使館に対し海外に展開するギュレン派学校の活動を支援するよう通達を出した。

さらに、上級裁判所と司法人事機関へのギュレン派浸透を許したのは、二〇一〇年九月の「民主化のための」憲法改正である。とくに重要なのは、司法府人事を決める判事検事最高委員会における上級裁判所出身者の比率を減らし、ギュレン派が多数を握る第一級判事・検事の比率を高めたことである。[26] 上級裁判所の判事・検事は判事検事最高委員会委員の投票により選出されるため、ギュレン派は上級裁判所の人事をも握ったことになる。実際、最高裁判所では二〇一一年二月法改正で定員が一三七名増員された後、欠員と合わせて一六〇名が新たな判事・検事として選出されたが、そのうち一四〇名がギュレン派だった。[27]

軍部については、前政権のときから、EU加盟交渉を開始するための条件として文民統制を強めるための憲法・法改正がおこなわれてきた。国家安全保障会議での文民比率の引き上げや国家機構人事での軍部の関与の廃止、軍事予算の透明化などが二〇〇四年までに達成されてはいる。これらの改革はトルコ社会における軍の政治介入の正当性を弱めたものの、二〇〇七年大統領選挙候補に対して軍部が世俗主義をめぐり警告するという政治介入を防げなかった。この事件は、軍部とギュレン派に対して等距離を保っていたエルドアンをギュレン派に接近させた。[28]

陰謀訴訟

司法府への支配力を強めたギュレン派は、いわゆる「陰謀訴訟」を手がけた。そのうち代表的なエルゲネコン訴訟はイスタンブル地方裁判所によって開始され[29]、架空のテロ組織エルゲネコンによるAKP政権転覆未遂容疑で大学学長、マスコミ関係者、知識人、実業家、退役・現役軍人、さらに同訴訟を批判する人々が逮捕され、長期勾留された。二〇〇七年に逮捕開始、二〇〇八年に公判開始、二〇一三年に二七五名に有罪判決（うち一九名が終身刑）が下った。類似の鉄槌裁判では二〇一二年、三三〇名に一六～二〇年の禁固刑判決が下った。

証拠のほとんどは電子媒体で偽造の痕跡、たとえば「二〇〇三年作成文書」にマイクロソフト・ワード二〇〇七年版の字体が使用されているなどがある、との訴えが裁判所で棄却されたことは、下級裁判所へのギュレン派の浸透度合を示している。たとえば、二〇〇九年一月にサビフ・カナドール元最高裁判所検察長官が勾留されると、判事検事最高委員会はエルゲネコン訴訟での強引な捜査を疑問視し、捜査の最高権限者であるイスタンブル検察長官と同副長官に事情説明を求めたが、両者は捜査担当検察官たちが彼らの警告に聞く耳を持たず、特定のグループのために働いている印象を持った、と証言している。また判事検事最高委員会のひとりは、司法府においてエルゲネコン訴訟や鉄槌訴訟のように検事が組織的かつ計画的に事を進めることはありえないとしている[30]。

軍部ではこの間、二〇一一年七月に裁判の不当性への暗黙の抗議として国軍参謀総長と陸・海・空軍司令官という、憲兵隊司令官を除く国軍の参謀が総辞職し、二〇一二年一月にはバシュブー元国軍参謀総長もテロ組織指導者との容疑で勾留され、二〇一三月一月にはイスマイル・ハック・カラダイ元国軍参謀総長が訴追された。憲法裁判所は二〇一四年三月と六月に、それぞれエルゲネコン、鉄槌裁判判決について長期勾留、証拠不充分などを理由に釈放命令を下した。

しかし、二〇一一〜一五年の間に陰謀訴訟で起訴されていた五七九名の士官・下士官が昇進停止や定年退役を余儀なくされたほか、海軍の将校が大量に離職した。代わりに大量のギュレン派将校が昇進した。クーデタ未遂に関わった一七一名の将官である大将二名、中将一〇名、少将三五名、准将一二四名のすべてが二〇一一〜一五年の時期に昇進していた。二〇一六年以降も定期昇進が続けば八年後には全将官、すなわち軍部全体をギュレン派が握るはずだった。[31]

AKP政権との対立

ギュレン派は、世俗主義国家エリートを弱体化させるという点でAKP政権に貢献したものの、同政権に恭順してはいなかった。親米・親イスラエルとして知られるギュレンは、二〇一〇年一月にエルドアンがダボス会議でイスラエルのシモン・ペレス大統領と口論したことや、二〇一〇年六月にトルコのイスラム系NGO団体によるパレスチナ人支援のためのガザ支援船がイスラエル官憲と衝突したことなどを境に、エルドアンに対して暗黙の批判を展開するようになった。二〇一一年総選挙を控えた時期、ギュレン派から一〇〇名以上がAKPの国会議員候補に出願すると、ギュレンに対する猜疑心を強めていたエルドアンは、ギュレンについて「汚れた組織の指導者だ」と副党首に語っている。[32]また、二〇〇八年には自分が「[エルゲネコン]訴訟の検察官である」と述べて同訴訟を擁護していたものの、二〇一二年一月にバシュブー国軍元参謀総長が拘束されるにいたると、不快感を表明した。

ギュレン派とエルドアンの対立が表面化したのは、ギュレン派が国家情報局の奪取を試みたことである。ギュレン派はトルコ民族主義の色彩が強く、クルド民族主義を敵視していた。そのため、拘束中のオジャランPKK党首と政府が直接交渉していることを、二〇一一年総選挙後にインターネットに漏洩した。さらに、オジャランと交渉していた国家情報局長らに二〇一二年二月、ギュレン派の検察官が逮捕状を出した。これに対しエルドアンは、国家情報局役職員などの逮捕に首相の許可を義務づける立法により逮捕請求を取り消させ、検察の試みを阻止した。二〇一三年八月にギュレン派が一一条の宣言を発表し、首相を公然と批判すると、一一月に政権がギュレン派の人材・財政的基盤である進学・学習塾の廃止移行計画を発表し、ギュレン系メディアがこれに反発した(33)。

両者の対立が決定的になったのは、二〇一三年一二月である。ギュレン派の影響下にある検察と警察がAKP政権の汚職容疑の捜査を開始し、閣僚四名、官僚、実業家などを逮捕勾留したのである。エルドアンは検察や警察で大量の人事異動をおこない、捜査を押さえ込んだ。その後も法相が参加した判事検事最高会議で大幅異動、警察庁密輸組織犯罪対策局での全員異動、判事検事最高会議の部門長の任命権を司法相に与える法改正などにより、司法府と警察に対する政権の掌握を強めた。

また、ギュレン派が汚職関与の証拠として盗聴録音をインターネットで公開すると、政権は、プロバイダーに対してサイトへのアクセス禁止命令などが可能となるインターネット規制法改定および、TwitterやYouTubeへのアクセス遮断措置などを実施した。さらに、二〇一五年五月にギュレン派をテロ組織と認定して以降、ギュレン派が所有する金融機関、新聞、テレビ局に管財人を指名して接収した。

四　排除と便乗

ギュレン派排除

ＡＫＰ政権は国家機構からギュレン派を排除するため、まず司法府人事の奪回を試みた。二〇一四年一〇月の判事検事最高委員会選挙では、ＡＫＰは民族主義派や社会民主主義派と連合して非改選議席と合わせて過半数議席を確保した。[34] 判事検事最高委員会は、上級裁判所のうち最高裁判所の全判事・検事と最高行政裁判所の四分の三の判事・検事を選任する権限を持つ。残りの四分の一は大統領が選任する。政府は一二月に最高裁判所と最高行政裁判所の部局と定員を増やす法改正をおこない、[35] 増員分を判事検事最高委員会や大統領が任命した政府寄りの判事・検事や官僚で埋めた。[36]

二〇一六年六月には最高裁判所と最高行政裁判所の部局と定員を減らすとともに、一二年の任期を設ける法改正をおこなった。現職の判事・検事は上級位を除いていったん任期終了となったうえで、判事検事最高委員会により新たに任命されることになった。この再任命の過程でギュレン派がふるい落とされることが見込まれたが、[37] 実際には同勢力を完全には払拭できなかった。

また軍部についても、陰謀訴訟計画に関わったとみなされた軍人の逮捕が続いたが、具体的罪状なしにギュレン派の排除は困難だった。また八月末の最高軍事評議会でギュレン派将校の大幅人事異動が予定されていたが、除籍が可能なのは佐官以下で、将官については配転と昇格しか決定できなかった。しかも、この人事異動案もギュレン派に漏れていた。

通常の法手続きでは浸透勢力の排除が進まないなかで、政権は強硬策に転じた。すなわち、本章の冒頭で述べたギュレン派将校逮捕である。時を同じくして、アンカラ地方検察は、ギュレン派メディア担当者や元国会議員など七三名を容疑者とする同派に関する起訴状を、クーデタ未遂当日の七月一五日にアンカラ地方裁判所に提出している。起訴状の内容は、クーデタ未遂とその後の発覚事実や関係者の証言と整合している。

非常事態令

エルドアン大統領はクーデタ未遂後、三カ月の非常事態令を公布し、テロ組織の摘発と逮捕勾留を開始した。非常事態令下では逮捕期間が三〇日、逮捕後最初の五日間は弁護士との面会不可、法的効果を持つ政令(以下、「法的政令」と略す)が違憲立法審査の対象外などの形で、行政府権限が強化された。政権はギュレン派の影響下にある病院、学校・大学、学生寮、団体を閉鎖、上級裁判所がギュレン派に属する判事検事の追放を合議で決定することを可能にした。また各政府機関に対し、ギュレン派の告発を求めた。同派関連のマスコミを閉鎖して新聞記者を拘束、資金提供者とみなされた実業家をも拘束し、所有事業を接収した。接収後に競売された事業の数は六〇〇、金額で一〇〇億ドルに達した[38]。

公務員の免停職は、当初は通報にもとづいていたために、不当な疑いや嫉みで濡れ衣を着せられた被害者を出した。そのため、八月にギュレン派特定の三つの基準として、①二〇一三年一二月汚職捜査開始後にギュレン派労働組合・団体に加入、②前記時期後にギュレン派金融機関への入金ないし預金維持、

③ギュレン派組織内の通信のために使われていたバイロック（ByLock）という通信アプリの使用歴が導入された。このうちどれかに該当すると、免停職の対象となった。それでも、さらに被害者が続出したためバイロック使用を唯一の基準とし、過去にそれ以外の単独基準で免停職された者を復職させる政令が一一月に出された。

バイロックはギュレン派組織からの承認がないと機能しないため、同派であることを特定するための強力な証拠となった。二〇一三年一二月の汚職捜査開始以降、ギュレン派の秘密通信方法を捜査していた国家情報局が同システムを発見し、パスワード解読に成功した（ギュレン派はパスワード解読に気がつくと、二〇一六年一月に通信方法をイーグル〔Eagle〕という新たなプログラムに変更した）。国家情報局は通信記録の解読から、一二万人がバイロックを日常的に使用していたことを明らかにした。一二万人もがギュレン派組織で実質的に活動していたことを示す証拠は、前述のギュレン派の国家浸透過程に照らし合わせると信憑性が高い。ＡＫＰ政権の非常事態令下での法的政令の乱用を批判した野党第一党の共和人民党（ＣＨＰ）も、ギュレン派訴追の必要性やバイロックをギュレン派の判別基準とすることは認めた。

便　乗

非常事態令は、その本来の目的以外に適用され、政権による便乗行為をもたらした。第一に、非常事態令が適用される対象は、ギュレン派に限らずすべてのテロ組織となった。そのため、ＰＫＫのメンバーだけでなく、ＰＫＫと近い関係に親クルドの人民の民主党（ＨＤＰ）党首、国会議員や市長、さらには一部のマスコミ関係者も、ＰＫＫを宣伝したという理由で逮捕勾留された。また、ギュレン派やＰＫＫに関係した具体的な容疑が示されないまま新聞記者が拘束される事件も起きた。

第二に、政権はまた、法律ではなく法的政令により、国家組織の改編をおこなった。軍部に対する文民統制を強化するため国軍参謀総長任命権者である大統領に指名権も与え、憲兵隊と海兵隊を内務省に直属させ、国防省官僚を文民化し、士官高校・大学を廃止して国防省下に国防大学を設立した。トルコ憲法は、非常事態令下での法的政令を、非常事態期間内の事項に限り認めている。ＣＨＰは非常事態令を用いた前述の国家組織改編が憲法違反であるとして違憲立法審査を請求したが、敗訴に終わった。

クーデタ未遂は、エルドアンの望んでいた大統領制導入にも都合よく働いた。第一に、世論が変化した。Ａ＆Ｇのおこなった世論調査は、大統領制支持が反対を上回ったことを示した。六月の調査では賛成が三七・四％、反対が四二・五％、意見なしが二〇・一％だったのに対し、一〇月の調査では賛成が四五・一％、反対が四〇・五％、意見なしが一四・四％と逆転した。

第二に、大統領制を導入するためには国会議員の五分の三の支持が必要で、与党議席数はこれに足りなかった。[39]ところが、大統領制に反対してきた第三野党民族主義者行動党（ＭＨＰ）党首デヴレット・バフチェリは、党内議論なしに日和見的に大統領制導入賛成に転じた。同時に、党執行部に反対する勢力をギュレン派として除籍した。クーデタ未遂以前に党首の座が危ぶまれていたバフチェリは、「非常時に国家のために協力する政治家」として振る舞うことで、世論の支持率を一時はＣＨＰ党首と匹敵するまでに高めた。[40]すなわち、大統領制導入は国内的結束を重視する世論を利用しつつも政党間合意にもとづいて進んだ。

浸透勢力の排除策は当初、拙速にも通報にもとづく排除を進めたことで冤罪者を発生させたが、その後より客観的な基準が導入され、解放・復職も起きた。クーデタ未遂の内幕は、拘束された軍人の供述などにより明らかにされつつある。これだけ多数の拘束ないし免停職された国民がどのように社会復帰するか、社会がその家族をどのように支えるかは、大きな課題として残った。他方、非常事態令を用いてクーデタ未遂関与勢力とは関係ない勢力を拘束するという便乗主義は、「ギュレン派によるクーデタ未遂」という主張の信憑性を国際社会に対して弱めるとともに、新たな証拠の蓄積を無為にした。

このクーデタ未遂は結果として、(一) 非常事態令による政府批判勢力の拘束と (二) 国民意識の高揚に乗じた第三野党のAKPへの接近により、大統領制導入のための憲法改正を二〇一七年四月に実現するうえで決定的な役割を果たした。他方、欧米諸国はクーデタ未遂に関してトルコ政府への支持を表明せず、首謀組織のギュレン派を擁護したことで、トルコ支持を表明していたロシアへトルコを接近させた。そして、NATO加盟国であるトルコによるロシア製S-400ミサイル防衛システムの購入や、シリア内戦での両国による停戦共同仲介などが実現した。

このようにクーデタ未遂という危機は国内的融和や欧米との関係改善の機会に転じられず、トルコの強権化と国際的孤立化を助長した。

ギュレン派が暴走させた黒塗りのリムジン車を止めてエルドアンを救ったのは、民主主義という路面電車の一般市民だった。しかしエルドアンは、路面電車に戻らなかった。そのエルドアンに近寄ったのは、個人タクシーの運転手、バフチェリMHP党首だった。

コラム【7】　誤算の清算——トルコのシリア侵攻

トルコ軍は二〇一九年一〇月九日、北シリアに越境攻撃（「平和の泉」作戦）を開始した。標的は、これまでシリアにおいて米軍の対イスラム国（ＩＳ）掃討作戦で地上部隊の役割を果たしてきたクルド民主統一党（ＰＹＤ）である。侵攻は、米国のドナルド・トランプ大統領とトルコのレジェップ・タイップ・エルドアン大統領が一〇月六日に電話会談をおこなった後、トランプ大統領が北シリアからの米軍撤退を決定して実現可能となった。

しかし、いざトルコが侵攻すると、トランプ大統領は「トルコが一線を越えれば大規模な経済制裁を課す」と宣言。欧米諸国ばかりか中東の大部分の諸国も、一斉にトルコを非難した。国際社会を敵に回す侵攻にトルコはなぜ踏み切ったのか。そしてどのような結果をもたらしたのか。

そもそも米国とＰＹＤが対ＩＳで手を結んだ経緯を振り返ろう。シリアで二〇一四年にＩＳが台頭すると、米国はトルコに共闘を求めたが、トルコは当初消極的だった。むしろシリアとの国境管理を放置し、ＩＳや他のイスラム系勢力がトルコ側から流入するのを黙認することで、アサド政権の弱体化を狙った。米国はトルコの代わりに、対ＩＳ戦略でＰＹＤの軍事部門を地上部隊として重用し、手厚い軍事援助・教練をおこなった。ＰＹＤは米軍の後方支援を受け、ＩＳが制圧した地域をこんどは自分たちで支配。ＰＹＤのシリア全土における支配領域の比率は、二〇一四年の一割程度から二〇一九年の三割以上に拡大した。米国のＰＹＤ支援はトルコの誤算だった。

二〇〇三年に設立されたＰＹＤは、トルコで一九八四年以来テロ活動を続けてきたＰＫＫの在シリア組織でもある。ＰＫＫは米国やＥＵ、日本でもテロ組織と認められている。ＰＹＤの党綱領はＰＫＫ党首オジャランを指導者とし、PKKの議会であるクルド人民会議（Kongra-Gel）を最高立法機関として承認すると明記している。こうした出自のPYDがシリアで支配領域を広げ、実質的な自治をおこなっている現状に、エルドアン大統領はかねて神経を尖らせてきた。

トルコによるPYDを標的とした侵攻はこれが三回目だが、いずれも二〇一六年以降に起きている。理由は、この時期にPYDの脅威が強まったからである。トルコは、シリア内戦開始当初はPYDとの関係構築を試み、当時の指導者だったサーリフ・ムスリムとの接触を図っていたが、結局は取り込みに失敗。トルコとPKKとの関係も悪化していった。PKKはトルコよりも活動が自由なシリアでその組織を拡大することを狙った。PKKの戦闘員の総数は姉妹組織を含めると一万七〇〇〇名で、その大半にあたる一万三〇〇〇名が北シリアにいる。これに対しトルコでは七五〇名、北イラクでは三〇〇〇名にすぎない。

しかしPYDは、トルコにおけるPKKのテロに深く関わってきた。二〇一五年六月から二〇一六年一二月までの約一年半の間、トルコではPKKによるテロで約三〇〇名が犠牲になっている。その多くは、PYDが米国から受けた大量の軍事援助の一部を流用して実現された。シリア国境沿いでのPYDの伸張は、トルコが一九八四年以降に経験してきたPKKテロのトラウマを増幅させた。ただしこの侵攻は、トルコのIS対応の誤算の結果であるPYD伸張の清算行為でもあった。

この侵攻に先立ち、トルコは米国に対して、PYDの領土拡張抑止と武器供与停止を一貫して求めてきたが、実現しなかった。そのため二〇一九年夏以降、シリア国境沿いにPYDを排除した安全地帯を設立するよう求め、その具体的な規模をめぐり交渉を続けた。エルドアン大統領としては、トルコ在住の三六〇万人のシリア難民のうち約五〇万人をこの安全地帯に移住させる計画だったものの、これも膠着状態に陥った。

この間、米国はトルコの懸念に対応するため、PYD支配地域周辺でのトルコとの共同軍事監視（地上、上空）を提案、実施してきたが、トルコは「時間稼ぎ」と捉え、いつでも単独軍事行動がありうると警告してきた。

　しかしこの作戦は開始から八日目で終わった。一〇月一七日にエルドアン大統領とペンス米副大統領がアンカラで会談し、国境から幅三二キロメートルの仮想安全地帯からのPYD勢力の撤退と一二〇時間の作戦停止で合意したのである。さらにその後、一二〇時間の停戦協定が近づいた一〇月二二日にエルドアン大統領とロシアのプーチン大統領が会談し、トルコ軍の三二キロ×一二〇キロの制圧地域での駐留、北東シリアのトルコとの全国境から幅三二キロでロシアとシリアによるPYD勢力撤退監視、国境幅一〇キロでロシア軍とトルコ軍による共同監視、作戦停止の一五〇時間延長などで合意した。

「平和の泉」作戦は、トルコが想定していたような結果をもたらさなかった。トルコの当初の目的は幅三二キロ、長さ四八〇キロの長い安全地帯の設置だったが、ロシアとの合意で認められた幅はわずか一〇キロだった。一回の監視で長さ四八〇キロすべてを監視することはできないため、一回あたり四五キロと限られた長さの監視をすることになった。ロシアはトルコ軍制圧地域の三二キロ×一二〇キロの範囲ではトルコ軍の駐留を認める一方で、ロシアとトルコが国境監視をできるのは一〇キロの幅でしかない。

　本作戦のもうひとつの目的として、トルコにいるシリア難民三五〇万人のうち一〇〇万人を安全地帯に移住させるという構想があったが実現しなかった。一〇月末の国連主導のジュネーヴ会議の決議で、難民は自身の出身地域に帰すことで合意されたからである。

　エルドアン大統領は、米国とロシアと前述のように会談した後、この両国は手を組んでいると結論づける発言をしている。ロシアは北東部の油田地帯を、米国は南東部の油田地帯をそれぞれ確保するという隠された合意があったというのである。このようにシリア情勢は、実際には大国の論理で動いているため、トルコが軍事作戦をおこなってもその限界は見えていたともいえる。トルコはふたつの大国、とくにロシアの意向を無視することはできないという現実が露呈したのである。

第6章　小党依存の強権化——集権的大統領制導入

エルドアンは憲法の定めた大統領の政治的中立規定を守っていないのが現実だ。憲法を現実に合わせるべきだ。（デヴレット・バフチェリ民族主義者行動党〔ＭＨＰ〕党首、二〇一六年一〇月）

それまで野党としてエルドアンを批判し続けてきたバフチェリが、本末転倒な論理で、自己の方向転換を正当化した。[1] エルドアンには朗報だった。議院内閣制を廃止して大統領制を導入したいエルドアンの野心に手を貸したからである。大統領制導入のための憲法改正国民投票実施には、公正発展党（ＡＫＰ）の議席数だけでは足りなかったが、ＭＨＰも賛成に回れば可能になる。

このバフチェリの方向転換は、実はエルドアンの巧みな対ＭＨＰ工作の予想以上の成果だった。二〇一五年一一月総選挙でＭＨＰが惨敗した後、バフチェリは党内で責任を問われ、党首選敗退の危機にさ

トルコ共和国大統領府［©Wikimedia Commons］

らされていた。党首が交代すれば、ＭＨＰは党刷新により世論支持が上昇するはずである。弱いままのＭＨＰを望んだエルドアンは、ＭＨＰ党大会開催への司法介入画策などにより、陰に陽にバフチェリの党首再選を支えたのである。結果として、指導力を欠くまま党首の座を維持したバフチェリは、クーデタ未遂の「国難時」にエルドアンを支えることで愛国主義者を演じ、世論支持の回復にかけた。バフチェリの生き残りをかけた提案は、エルドアンに差し出された毒杯でもあった。

トルコで二〇一七年四月一六日、国家元首である大統領を行政の長にする「大統領政府制度」のための憲法改正案が国民投票に付された。一八条からなる同案は幾多の世論調査予想値にきわめて近い五一・四％の賛成で成立した。本章では、トルコ型ともいえる集権的大統領制がそもそもなぜ導入されたのか、その特徴は何か、そして、それが一党優位制にどのような影響を与えるのかを論じる。

一　議院内閣制から集権的大統領制へ

なぜ大統領制か

そもそもエルドアンは、大統領制を一貫して目指していたわけではない。古くは、一九九三年のインタビューで大統領制に反対しているし、二〇〇七年総選挙のＡＫＰ勝利の直後にエルドアンが諮問委員会に作成させた体系的かつ民主的な憲法改正の草案にも、大統領制の要素は皆無だった。エルドアンの大統領制を求める姿勢が鮮明になったのが、ＡＫＰ政権が二〇一一年六月に第三期に入ってからである。大統領制導入はふたつの偶然をエルドアンが利用したことの産物である。

偶然のひとつは、二〇〇七年四月の大統領選挙でＡＫＰが擁立したアブドゥッラー・ギュル候補（当時外相）に世俗主義勢力が抵抗したことの帰結である。軍部はそのホームページで反意を表明、野党第一党の共和人民党（ＣＨＰ）は国会投票を欠席して投票結果が無効であることを憲法裁判所に認めさせた。これに対して、エルドアン首相は大統領直接選挙制などの憲法改正案を国会で採択させた。もうひとつの偶然は、第1章で述べたとおり、ＡＫＰ党規約が、国会議員の四選を禁じていたことである。

エルドアンはこのふたつの偶然を利用した。第一の偶然である大統領直接選挙制は、憲法改正成立に必要な国民投票の実施が大統領選挙やり直し（二〇〇七年八月）に間に合わず、ギュル大統領は旧制度のまま選出された。大統領直接選挙制は、エルドアンがギュル大統領の再選の希望を砕いて立候補した二〇一四年の大統領選挙から適用された。大統領に関する憲法上の選挙方法以外の規定はまったく変わっていない。にもかかわらず、エルドアンは国会でなく国民により選ばれたことを口実に、「儀典上のではなく国民のために汗をかく大統領になる」との理由で憲法に定められた以上の権限を行使しはじめた。それはさらに、「現実が憲法から乖離したため憲法を現実に合わせるべき」とのバフチェリMHP党首の主張と大統領制移行支持につながった。第二に、エルドアンはAKP党規の多選禁止規定を存続させることにより、党内の有力者を議員三期で引退させる一方、自分は大統領として政治権力を維持できた。つまり大統領制導入は、そもそも二〇〇二年以来議会単独過半数を維持してきたAKP政権にとって必要でも必然でもなく、エルドアンにとって党内支配を固めるために好都合だったのである。

憲法改正のための国民投票

バフチェリは二〇一六年七月一五日に起きたギュレン派によるクーデタ未遂後、国民の愛国心の高揚に乗じてAKP政権支持に舵を切った。彼はまず、ギュレン派や他のテロ組織の脅威を理由に導入された非常事態令に支持を表明、七月二一日の国会での非常事態令承認決議でも他の野党が反対したのに対し、MHPは賛成した。その後も非常事態令の三カ月ごとの更新に賛成した。

エルドアンが望んでいた大統領制導入のための憲法改正には国会議員の五分の三の支持が必要で、与党議席数はこれに足りなかった。世論が大統領制導入の方向に変化したころ(2)、バフチェリはそれまで大統領制に反対してきたにもかかわらず、党内で議論せずに大統領制導入賛成に転じ、二〇一六年一一月にAKPと憲法改正で合意した。AKPとMHPは共同で憲法改正法案を作成し、国会定数五分の三以上の賛成票により国会で成立させたものの、同票が三分の二に達さなかったため国民投票が必要となり、二〇一七年四月の国民投票で成立させた[3]。

世論支持の欠如

トルコ世論も大統領制導入の必要性を認めてはいなかった。国民投票翌日に市場調査会社のIPSOSが実施した世論調査によると[4]、憲法改正に賛成票を投じた人（七六九人）のうち、その理由として大統領制に賛成との答えは六％にすぎない。最も多かった答えは、国の将来のため（二五％）、エルドアン大統領のため（二一％）、という抽象的ないし党派的なものだった（単一回答）。他方、反対票を投じた人（七三二人）のうち五三％が大統領制反対を理由に挙げている。他の世論調査や聞き取り調査の結果も、AKPに近い有権者も大統領にさらなる権限を集中させることに懸念を抱いていることを示した。二〇一五年六月総選挙でAKPが過半数議席を失った理由のひとつも、エルドアンが大統領制の導入を求めたことである[5]。

そもそも大統領制への国民の支持は弱かった。国民投票のための国会決議は、MHPのバフチェリ党首が二〇一六年一〇月に党内の反対を抑え込んで賛成に立場を変えたことで、ようやく成立した。にもかかわらず、国民投票での賛成票率である五一・四％は、AKPとMHPが二〇一五年一一月総選挙で得た合計得票率である六一・四％を一〇％ポイント下回る。その差の大部分はMHP票が反対に回ったことによる。二〇一七年四月の国民投票での賛否支持を二〇一五年一一月総選挙のそれと比較すると、前回AKPを支持した人々の九〇％が賛成票を投じているのに対し、前回MHPを支持した人々の七三％が反対票を投じている。[6] このように国民投票結果が僅差に終わったことは、MHP党首の戦略が同党支持者の多数派から拒否されたことを意味する。

二　集権的大統領制の構造

大統領の任期長期化と与党掌握

大統領制導入に関わる憲法改正は大きく三つにまとめることができる（表6－1）。第一に、大統領の任期と党派性の自由度が増した。任期は、旧制度では五年二期までだったが、新制度では三期への抜け道ができた。国会が大統領任期二期目中に解散総選挙を決めた場合、[7] 大統領は三期目のために立候補することが認められるのである。これは、大統領選挙と国会選挙を同日におこなうという規定に依拠している。[8]

また、旧制度では大統領の党籍離脱が義務づけられていたが、新制度では大統領は党員のみならず党首であることも可能になる。[9] しかも、国会運営で政党を単位とする現行の憲法規定は何ら改正されていない。そのため党首である大統領は与党が多数派となるはずの一院制国会への支配力を強める。旧制度でも、首相から転出した大統領が、党籍離脱後も元所属政党出身の後任首相を通じて政権掌握を試みたが、後任首相や後任首相対抗勢力の抵抗に遭った。[10] エルドアン大統領もダウトール外相を党内基盤が弱いのを見込んでAKP総裁（そして首相）に指名したが、首相となったダウトールは、市場経済と欧州連合（EU）との協調を重視して、しだいにエルドアンとの違いを出すとともに軍部や官僚の支持を固めた。[11]このように大統領党籍離脱規定は、エルドアンのようなカリスマ性の強い大統領に対してさえ、その行政府支配へのある程度の歯止めを果たしていた。[12]

大統領権限の拡大

第二に、行政、立法に関わる大統領権限が拡大した。行政に関しては、大統領は副大統領、閣僚、高級官僚を、役職要件なしに任免できる。しかも、人数制限のない副大統領は選挙の洗礼を受けないにもかかわらず、大統領を期限なく臨時代行する権限を持つ。国家安全保障に関しては、大統領は国軍参謀総長を任命、国家安全保障会議委員を任命、同会議の組織と任務を大統領令により定めることができるうえ、非常事態令を広範な条件で公布できる。また非常事態令下ではあらゆる法領域について、法的効力を持つ大統領令を公布できる。ただし、三カ月以内に国会承認されないと失効する。これに対し、米国では大統領が指名した閣僚、高級官僚、武官を上院が承認する必要がある。下級官僚の任免の権限者と手続きは下院が定める。また米国大統領に非常事態令公布権限はない。

立法に関しては、大統領は憲法が議会に認めた法領域事項・既存法が詳細に定めた事項・基本的人権事項を除き、行政権限に関する大統領令を公布できる。この権限は、官庁組織変更を含む。しかも、大統領令の司法審査では憲法裁判所が合憲性のみを審査するため、法律に違反していても無効にならない。これは、組織を法律が定め、大統領令が司法審査の対象となる米国と大きく異なる。法案提出権限は他の大統領制と同様に国会の専権事項であるにもかかわらず、予算案は大統領が国会に提出する。しかも、

新制度（集権的大統領制）	米国大統領制における違い
5年2期だが，2期目に国会が定員の5分の3の賛成で解散総選挙を決めた場合，3期も可能。	4年2期
党員，党首でも可能	大統領は党首でない
副大統領と閣僚を，役職要件無しに任免。副大統領と閣僚は議員と同じ不逮捕特権を有する。副大統領（複数可能）は大統領を臨時代行する。	副大統領は選挙による。閣僚の上院承認必要。
役職要件なしに大統領が任免。高級官僚の定義なし。	上院承認必要。下院が下級官僚の任免権限者・手続を定める。
国軍参謀総長任命，国家安全保障会議委員の任命・組織と任務を大統領令により規定	大統領が指名した閣僚，文官，武官を上院が承認，組織は法律が定める。
非常事態令を広範な条件で公布できる。非常事態令下ではあらゆる法領域について，法的効力を持つ大統領令を公布できる。ただし3カ月以内に国会承認されないと失効。	なし
憲法が議会に認めた法領域事項・既存法が詳細に定めた事項・基本的人権事項を除き，行政権限に関する（官庁組織変更を含む）大統領令を公布できる。行政裁判所ではなく憲法裁判所による司法審査の対象。	司法審査の対象
大統領は任意で，国会解散総選挙を決定できる（その場合大統領選挙も同時実施）。	なし（権力分立）
大統領が国会に提出，承認されなければ暫定予算さらに前年度予算を執行。	なし（権力分立）。
大統領が拒否権発動した法案は国会議員総数過半の賛成により再可決可能。	拒否権発動された法案は上院または下院の出席3分の2の賛成により再可決。
判事検事最高委員会の定員13名のうち実質6名（委員4名および司法相と司法次官）を大統領が，残りの7名を国会が任命。法曹による互選を廃止。	連邦判事のすべては大統領が指名し，上院が承認。

表 6-1　2017 年 4 月 16 日国民投票の大統領制移行に関する憲法改正点

	旧制度（議院内閣制）
1. 大統領の党派化と 3 選の抜け道	
任期	5 年 2 期
党派性	党籍離脱義務
2. 大統領権限拡大	
副大統領・閣僚任免権限	首相を任命。首相の辞任を承認。閣僚を首相の提案に従い任免。副大統領は存在せず。
高級官僚任免権限	承認権限のみ（法律で定められた役職要件に従い，内閣が任免，大統領が承認。高級官僚の定義あり）。
国家安全保障策定実施権限	国家安全保障会議を主宰。
非常事態令公布権限	なし（内閣が公布，国会承認）。
立法権限	なし（内閣は国会で権限法を成立させると法的効力のある政令を公布できる）。
国会解散権	総選挙後に新内閣が国会信任を得られなかった場合に大統領が解散総選挙決定できる
予算提出権	なし（内閣が提出）。
法案拒否権	大統領が拒否権発動した法案は国会出席議員数過半の賛成により再可決可能。
司法府任命権	判事検事最高委員会の定員 22 名のうち 4 名を法律専門家のなかから大統領が任命。10 名は第一級判事・検事による，3 名は最高裁判所による，2 名が最高行政裁判所による，1 名がトルコ法学院による，それぞれ互選で決まる。残りの 2 名は司法相と司法次官。

新制度（集権的大統領制）	米国大統領制における違い
任期5年。大統領選挙と同時実施。5分の3の決議で解散総選挙を決定できる。	下院全議席，上院3分の1を2年ごとに改選。
内閣・閣僚不信任決議なし。内閣は国会でなく大統領に説明責任。	行政官と判事の任命には上院の承認が必要。
大統領への国会質問権限なし（副大統領と閣僚に対してのみ）。	
大統領（および副大統領，閣僚）の弾劾は，あらゆる罪（大統領以外は職務に関する罪）を理由として，国会定数過半数で提案，同5分の3で発議，同3分の2で憲法裁判所に訴追。任期終了後の訴追には弾劾と同じ手続きが必要。	すべての文民役職が弾劾の対象。任期終了後の訴追は一般市民と同じ扱い。

承認されなければまず暫定予算が、次に前年度予算が執行される。なお、大統領が拒否権を発動した法案は国会議員総数過半の賛成を条件に再可決される。この条件は米国よりも緩いようにみえるが、トルコでは大統領令などが国会の立法権限を侵食していることを考慮に入れる必要がある。

さらに大統領制の原則に反して[13]、大統領は任意で時期などの制限なくして、国会解散総選挙を決定できる。その場合、同時選挙の規定に従って大統領選挙も同時実施されることになる。しかし、議会が大統領と対立する、たとえば弾劾が試みられるような場合、議会を威嚇したり実際に解散したりする手段が大統領に与えられている。この規定は、総選挙後に新内閣が国会信任を得られなかった場合に大統領が解散総選挙を決定できるとの旧規定を変更したものである。これは二〇一七年四月の憲法改正で多くみられた、既存憲法条文の小幅な書き換えにより、大きな制度変更をもたら

表 6-1 2017 年 4 月 16 日国民投票の大統領制移行に関する憲法改正点（つづき）

	旧制度（議院内閣制）
3. 国会（一院制）の対抗権限縮小	
国会選挙時期	任期 4 年。
行政府監視権限	内閣・閣僚不信任決議あり。
	首相と閣僚への国会質問権限あり。
	大統領の弾劾は反逆罪を理由に国会定員 3 分の 1 で提案，同 4 分の 3 で憲法裁判所に訴追。首相と閣僚の弾劾は任期中の罪を理由に国会定員の 10 分の 1 で提案，非公開投票で発議，国会定員過半数で憲法裁判所に訴追。訴追と同時に解任される。

出所：憲法改正案, European Commission For Democracy Through Law (Venice Commission) (2017), および米国憲法より筆者作成。

す一例である。

権限抑制機能の欠如

第三に、大統領権限を抑制するための憲法規定がほとんど見当たらない。大統領権限は、民主的大統領制諸国でも多かれ少なかれ認められている。ただし、民主的大統領制では、大統領権限が大きければその抑制機能も強い。民主的大統領制の理念型である米国大統領制では、それぞれの大統領権限に対応する権限抑制機能が備えられている。他の民主的大統領制諸国では、行政や立法に関する大統領権限について米国ほどは権力抑制を徹底していないものの、司法の独立性を維持する憲法規定を持つことは米国と共通している。たとえば、ラテンアメリカの民主的大統領制諸国では、最高裁判所判事を大統領が任命する場合には議会の承認を必要とする。それ以外の場合でも、任命と承認を議会がおこなう形でやはり独立性を確保している。[14]

アジアの大統領制でも、フィリピンでは最高裁判所判事を大統領が任命して議会が承認し、また、インドネシアでは大統領が議会の承認を条件に司法委員会委員を任命し、同委員会が最高裁判所判事を任命する。韓国では憲法裁判所（最高位の裁判所）の判事の三名を大統領に直接任命させるものの、ほかの三名を国会が選んだ候補のなかから、残りの三名を国会選出の最高裁判所長官が選んだ候補のなかから、大統領にそれぞれ任命させることで、大統領の裁量を制限している。[15]

これに対しトルコの大統領制ではまず、判事検事委員会の任命権を大統領、および与党が多数を占める国会が握るようになった。司法府全体についての人事機関である判事検事委員会の定員が旧制度の二二名から新制度で一三名に減ったにもかかわらず、大統領が任命する構成員は実質六名、つまり委員四名および司法相と司法次官のままとされた。しかも残りの七名については、法曹による互選を廃止して、与党が多数を占める国会による任命となった。これにより司法府人事への政権の影響力は強まる。

判事検事委員会は下級裁判所人事を自らが決定するのに加え、上級裁判所判事・検事の候補を選定する。[16]さらに、大統領は旧制度と同じく新制度でも、上級裁判所の判事を自らの裁量により、ないし候補者のなかから任命する。米国では連邦判事のすべてを大統領が指名するが、上院の承認が必要である。すなわち、トルコの大統領は上級裁判所人事の入口と出口の両方を支配する。なかでも憲法裁判所はこれまで、政府が成立させた法律を違憲立法審査により無効にしたり、検察当局による不当拘束を中止させる判決を下したりしてきた。[17]司法独立性の最後の牙城だった憲法裁判所は大きな政治圧力にさらされる。

司法府の独立性が弱まったのに加え、一院制国会の行政府への対抗権限も縮小した。国会任期が四年から五年に伸びたことで、大統領与党に対する投票による監視・民意反映機能は低下した。しかも、通常の大統領制諸国では下院の中間選挙や上院（トルコでは存在しない）の部分改選がおこなわれて大統領権限を抑制するのに、トルコでは同様の制度は導入されていない。これも大統領制導入に際しての欠落点のひとつである。さらに行政府監視権限も弱められた。とくに、弾劾規定がきわめて厳しくなったうえ、[18]弾劾対象者は任期終了後も同じ弾劾規定を適用されるため一生刑事訴追から逃れることになる。このように弾劾規定は見かけとは反対に、大統領やその被任命者の訴追を阻止する内容になっている。

三　大統領・国会同時選挙

迫られた繰り上げ双選挙

二〇一八年五月二日にエルドアンはＡＫＰへ復党し、二一日のＡＫＰ臨時党大会開催で党首に復帰した。エルドアン党首は年末にかけて、ＡＫＰ地方組織やＡＫＰ市政のうち国民投票選挙活動で働きが芳しくなかったところの人員の刷新、そして二〇一九年に経済と地方自治体での実績づくりで二〇一九年一一月予定の大統領・議会同時選挙（双選挙）に備えると見込まれていた。しかしエルドアンは二〇一八年四月一八日、双選挙を一年半近く繰り上げて六月二四日に実施することを発表した。

双選挙繰り上げは、少なくとも形式上はエルドアンが主導したわけではない。二〇一六年七月以降、与党ＡＫＰと関係を構築してきた議会第三党のバフチェリＭＨＰ党首が双選挙繰り上げ実施を、二〇一八年四月一七日の国会院内会派会議で求めたのがきっかけである。これを受けてエルドアンは同日、与党幹部と緊急会合を開き、（一）自分たちは繰り上げ選挙を望まないが、（二）大統領制導入を実現できたのはバフチェリのおかげなので選挙繰り上げの根拠を聞く必要がある、（三）両党連合を損ねてはならない、と発言した(19)。

エルドアンは翌日のバフチェリとの約三〇分の会談で、彼の選挙繰り上げの根拠を認めた。そのうえで、実施日については選挙結果が出るまでの政治的不確実性を最小限にするために、バフチェリが提案した八月よりも可能な限り早い日として六月二四日を選んだ。

前述のエルドアンの与党幹部との会合での発言は、その後、彼が公におこなった双選挙繰り上げ宣言よりも、彼のこれまでの「指導者」的行動や戦略と整合的である。（一）については、この時もエルドアンは二〇一七年を党組織立て直し、二〇一八年を経済実績づくり、二〇一九年三月統一地方選挙を試験選挙、一一月双選挙を本選挙とする戦略を立てた。

エルドアンは、統一地方選挙での不調が大統領選挙に反映することを危惧した党幹部による、双選挙と統一地方選挙の実施順序逆転の提案に、一貫して反対していた。以前よりエルドアンは繰り上げ総選挙を背信行為と呼んでおり(20)、二〇〇七年以降AKP政権下で選挙は予定どおりにおこなわれてきた。（二）と（三）では、エルドアンは新制度下の大統領選挙勝利のためには過半数得票が必要で、そのためにはMHPの支持が不可欠である。バフチェリの双選挙繰り上げ要求を拒否すれば、両党連合にひびが入る可能性が高いと考えていたことがわかる。

かりに双選挙の二〇一八年六月への繰り上げが野党を出し抜くためのエルドアンとバフチェリによる

芝居だったとしても、繰り上げを迫る客観的状況はあった。第一に、最近の愛国主義高揚策や経済刺激策にもかかわらず、エルドアン陣営への支持率は二〇一七年四月の国民投票結果（五一％）と比べて上がらなかった[21]。第二に、トルコリラ為替相場下落とそれにともなうインフレの進行、財政出動への過度の依存などにより経済の持続的成長が困難になった。第三に、対外政策では、トルコ軍はPKKの姉妹組織が中核を占めるシリア民主軍（SDF）の掃討で、北シリアのアフリン一帯を制圧することに成功した。だが、これ以上の侵攻は、大きな犠牲をともなう可能性が高いうえに、SDFの後ろ盾である米国との関係をさらに悪化させることが見込まれた。つまり、経済政策でも対外政策でも、エルドアン陣営の支持率を近いうちに高める材料は見当たらなかった。

政局屋との取引

他方、繰り上げが芝居であるか否かにかかわらず、繰り上げ双選挙をバフチェリが仕掛けたと推測させる根拠もある。それは、エルドアンも認めように、大統領制導入とその後の選挙連合をバフチェリが先導したことである[22]。二〇一九年一一月予定の大統領選挙に、AKPが自党の候補を発表していないにもかかわらず、MHPの候補としてエルドアンを「指名」したのである。バフチェリは大統領選挙でのエルドアン支持の見返りをAKPに要求した。それは国会選挙（中選挙区比例代表制）で一〇％足切り規定がMHPに及ばないようにする措置だった。現行選挙法でも、得票率一〇％を見込めない小政党が、別の政党の名のもとで選挙に参加することは可能である。しかしこのような便法は、自党の名前を出せない政党にとっては、有権者に認知されにくく実質的得票率が下がるので不利だった。このような理由で、一〇%得票が危ぶまれていたMHPはAKPに選挙連合に合意させたうえ、複数の政党がそれぞれの政党の名のまま選挙連合を組むことや、有権者が個別政党に投票しても選挙連合の票として数えられることを可能にする法改正を、二〇一八年三月に実現させた[23]。

この国会選挙連合はMHPに相対的に有利に働く。MHPは、AKPと選挙連合を組むと獲得議席を両党の得票率に完全に比例させて配分することになるため、現行のドント式議席配分に比べてより多くの議席を得られる。しかも、エルドアンはMHPへの配慮から、二〇一七年四月憲法改正で生じた国会定員増分に相当する五〇議席すべてを、MHPに与えることをAKPに命じている。このような議席贈与は、MHP候補を選挙連合候補者名簿最上位に配置することで可能となる。

ただし、バフチェリが獲得できたのはここまでだった。国会選挙でのMHP優遇は、AKP国会議員の間に不満を植えつけていた。MHPはAKPに二〇一九年三月統一地方選挙のためにも選挙連合を求め、二〇一八年一月ごろに両党合同委員会が協議を始めていたものの、合意に至らなかったことが、エルドアンの発言などから二〇一八年三月に判明している[24]。

統一地方選挙が二〇一九年三月に予定どおりに実施されて両党間に競争や軋轢が生まれると、それが一一月の国会選挙にも尾を引くことをMHPは危惧した[25]。これらを勘案すると、AKPとMHPの選挙連合が国会選挙連合で成り立ち、統一地方選挙では成り立たないことが確定した二〇一八年三月は、MHPにとって双選挙繰り上げに傾く節目となった[26]。

双選挙の二〇一八年六月への繰り上げは、それがAKPとMHPとの芝居だったか否かにかかわらず、現在のトルコ政治での鍵となるふたつの力関係を浮き彫りにした。第一に、与党が大統領選挙で過半数票を得るためには、ＭＨＰからの支持と引き換えに国会選挙で獲得できるはずの与党票の一部をＭＨＰに分け与える取引が必要となる。つまりトルコの新たな政治制度では、大統領選挙での与党候補の利害と国会選挙での与党の利害の間に少なからぬ齟齬が生まれている。第二に、一般に、「指導者」は戦略を立てて行動し、政局屋は状況により行動する。しかし「指導者」も戦略が行き詰まると、政局屋に引きずられる。「指導者」が戦略を再構築できるかどうかは、六月の双選挙結果にかかっていた。

選挙戦と選挙結果

ＡＫＰ政権が長期化するにつれて、トルコにおけるテレビや新聞などのメディアの大半は、大型公共事業受注で知られる企業に所有され、与党色が強まった。そのなかで、大手メディアで唯一中立性を保っていたドアン・メディアも二〇一八年三月末に親与党メディアのひとつに身売りを余儀なくされたことで、選挙戦の報道での与党偏重は前回総選挙からさらに進んだ。しかも、高等選挙委員会は多くの放送局の不公平な選挙報道を野放しにした[27]。

野党についてのマスコミ報道が選挙戦当初きわめて限られていたことを野党が批判すると、報道の与党偏重は若干弱まったものの、野党のなかでは野党第一党のＣＨＰの動向がもっぱら取り上げられた。それは与党の戦略に合致していた。与党大統領候補は大統領選挙第一回投票で過半数を取って勝利することを狙っていた。第二回投票にもつれ込むと、野党が第二位候補に支持を結集して逆転勝利する可能性があったからである。与党大統領候補は過去の選挙と同様、選挙戦での攻撃対象をＣＨＰに絞り、選挙があたかも与党とＣＨＰの間の戦いであるかの印象づくりを図った。他の与党のうち善良党（İＹİ、中道右派・民族主義）や至福党（ＳＰ、親イスラム）はイデオロギー的に与党に近いため、与党支持者が鞍替えする可能性があった。そのため、与党大統領候補は、これらの政党やその候補にまったく言及しないことで、イデオロギー的に与党と大きく異なるＣＨＰ以外の選択肢を有権者の心理から消すことを狙った。メディアもその戦略を後方支援した。

ケマル・クルチダロールＣＨＰ党首は、野党連合の統一候補として、ＡＫＰ支持者の票取り込みが見込め、野党連合のＳＰも推す元ＡＫＰ所属のギュル前大統領の擁立を提案した。だが、メラル・アクシェネルİYİ党首が立候補を取り下げなかったうえ、ＣＨＰ内でもギュル擁立への反対が強かったことから、統一候補擁立は実現しなかった。

また同時に、エルドアン大統領は特使を派遣してギュルに立候補を思いとどまらせるように工作していた。その後、クルチダロールは党内で人気の高いムハッレム・インジェをＣＨＰ大統領候補として擁立した。インジェは選挙戦では善戦したようにみえたが、結局はこの与党大統領候補の術中にはまった。ＣＨＰ候補に指名されたインジェは襟元から党記章を外して国旗記章を着け、全国民のための大統領になると宣言、早々に全国遊説を開始、当初は司法の独立や法の正義、最低賃金引き上げやディーゼル価格の引き下げなどを唱えて人々の関心を集めた。しかし、やがて与党大統領候補のＣＨＰ叩きに応酬し、与党大統領候補に加えてメディアなどの与党支持勢力への非難を強めたことで、二候補対立の構図ができあがった。さらに、インジェが投票日前日にイスタンブルで、参加者五〇〇万人とも報道された大規模集会を実現したことも、与党陣営の結束を強め、様子見だった与党支持者を投票に向かわせたとみられる。

二〇一八年六月二四日、集権的大統領制下で初めての大統領・国会同時選挙の結果、大統領選挙ではエルドアンが五三％の得票率で勝利（図６－１）、一院制国会の選挙ではＡＫＰは前回総選挙と比べて得票率を七％ポイント減らして議会単独過半数を失ったものの、選挙連合を組んでいたＭＨＰの議席数を加えると過半数を維持した（図６－２）。

大統領選挙でエルドアンは第一回票で過半数（五二・六％）を制したものの、それは選挙連合を組んでいたＭＨＰからの支持で可能となった。表６－２が示すように、ＡＫＰの国会選挙での得票率は四

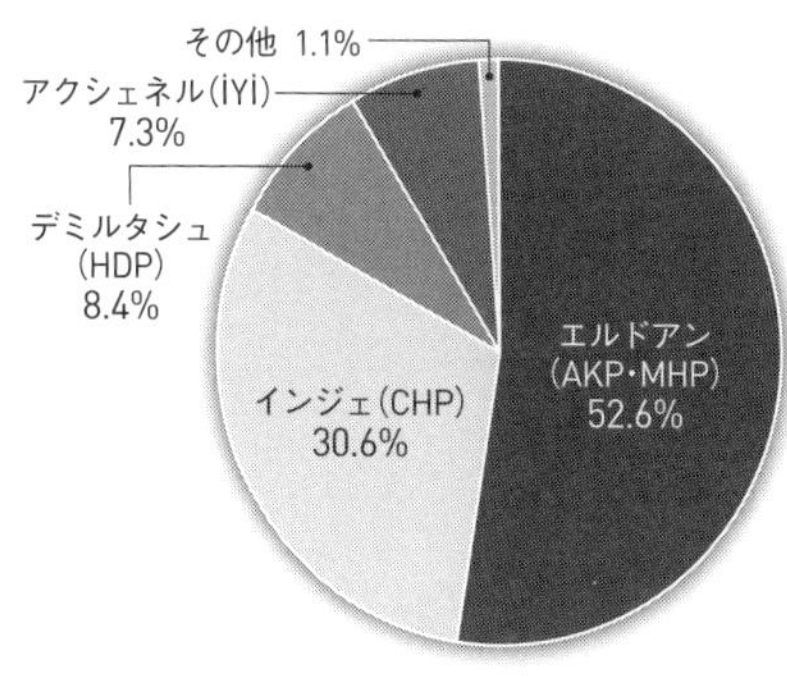

図 6-1　2018 年 6 月大統領選挙結果

出所：高等選挙委員会ウェブサイト（http://www.ysk.gov.tr）のデータより筆者作成。

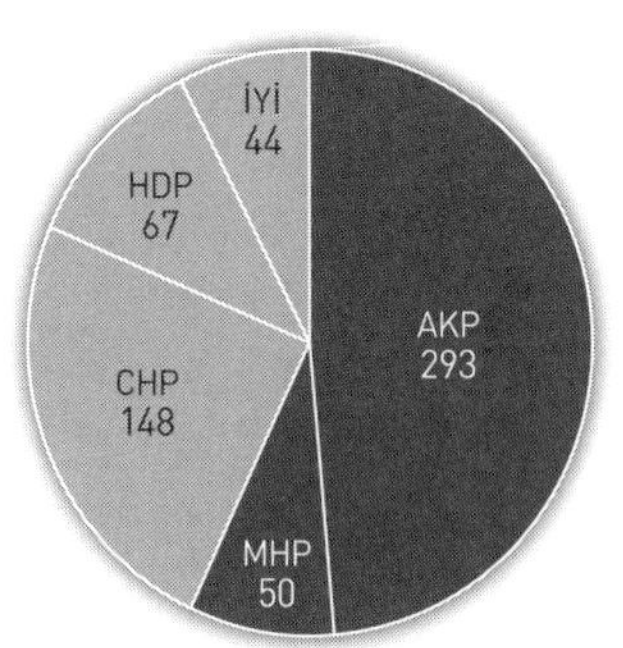

図 6-2　2018 年 6 月国会選挙後の議席配分（定数 600）

注：濃色は与党，淡色は野党。
出所：トルコ各紙報道選挙結果より筆者作成。

二・三％でしかない。両者の差である一〇・三％ポイントは、ＭＨＰの国会選挙得票率である一一・一％に非常に近い。また、ＡＫＰは得票率を前回総選挙から七・二％ポイント減らしたが、その大部分は選挙連合を組んでいたＭＨＰに向かった（次節参照）。つまり、ＡＫＰは大統領選挙での借りを議会選挙で返したことになる。

そもそもＡＫＰとＭＨＰとの選挙連合は、議院内閣制であれば必要なく、大統領制に移行したために必要になった。バフチェリがエルドアン支持の対価として、ＭＨＰが国会選挙での一〇％足切り条項を免れるため国会選挙での政党連合を合法化させ、ＡＫＰにＭＨＰとの選挙連合を組ませたことは、前述のとおりである。

この与党選挙連合の結果、二〇一八年六月国会選挙では、それまでＭＨＰが国会選挙で足切りにかかることを懸念してＡＫＰに投票していた有権者がＭＨＰに回帰したと思われる。それに加え、トルコ通貨の下落やインフレ進行などを理由とするＡＫＰ批判票が、政治的特徴が類似するＭＨＰに流れたことも、ＡＫＰからＭＨＰへ流れたと推測される票の大きさから読み取れる。

ＭＨＰが一〇％足切りにかかる危険が生じたのは、ＭＨＰから除名された国会議員たちが結党したİＹİとその党首メラル・アクシェネルの人気だった。実際、二〇一八年六月国会選挙でİＹİは初参加ながら一〇％も得票している。メトロポールによる二〇一八年三月の世論調査でも、ＭＨＰからİＹİへのかなりの票の順移動（四～四・五％ポイント）が見込まれていた。ＭＨＰがこれらの「逆境」にもかかわらず得票率を前回総選挙からほとんど減らさなかったのは、ＡＫＰからＭＨＰへかなりの量が流れたためとしか考えられない。図６－３をみると、二〇一七年の国民投票と二〇一八年の大統領選

表6-2　2018年6月大統領・国会選挙：政党別支持率（%）

選挙	与党連合		野党（連合・それ以外）				投票率
	AKP	MHP	CHP	HDP	İYİ	その他[b]	
大統領	52.6	—[a]	30.6	8.4	7.3	1.1	86.2
国会	42.6	11.1	22.7	11.7	10.0	1.9	86.2

注：a）自党候補を擁立せずAKP候補を支持。
　　b）国会議席を獲得できなかった政党の得票率の合計。
出所：トルコ各紙報道選挙結果より筆者作成。

表6-2の政党の名称と政治的傾向

党名略称:党名	政治的傾向	党名略称:党名	政治的傾向
AKP:公正発展党	右派・親イスラム	HDP:人民の民主党	親クルド
MHP:民族主義者行動党	右派・民族主義	İYİ:善良党	中道右派・民族主義
CHP:共和人民党	中道左派・世俗主義		

出所：筆者作成。

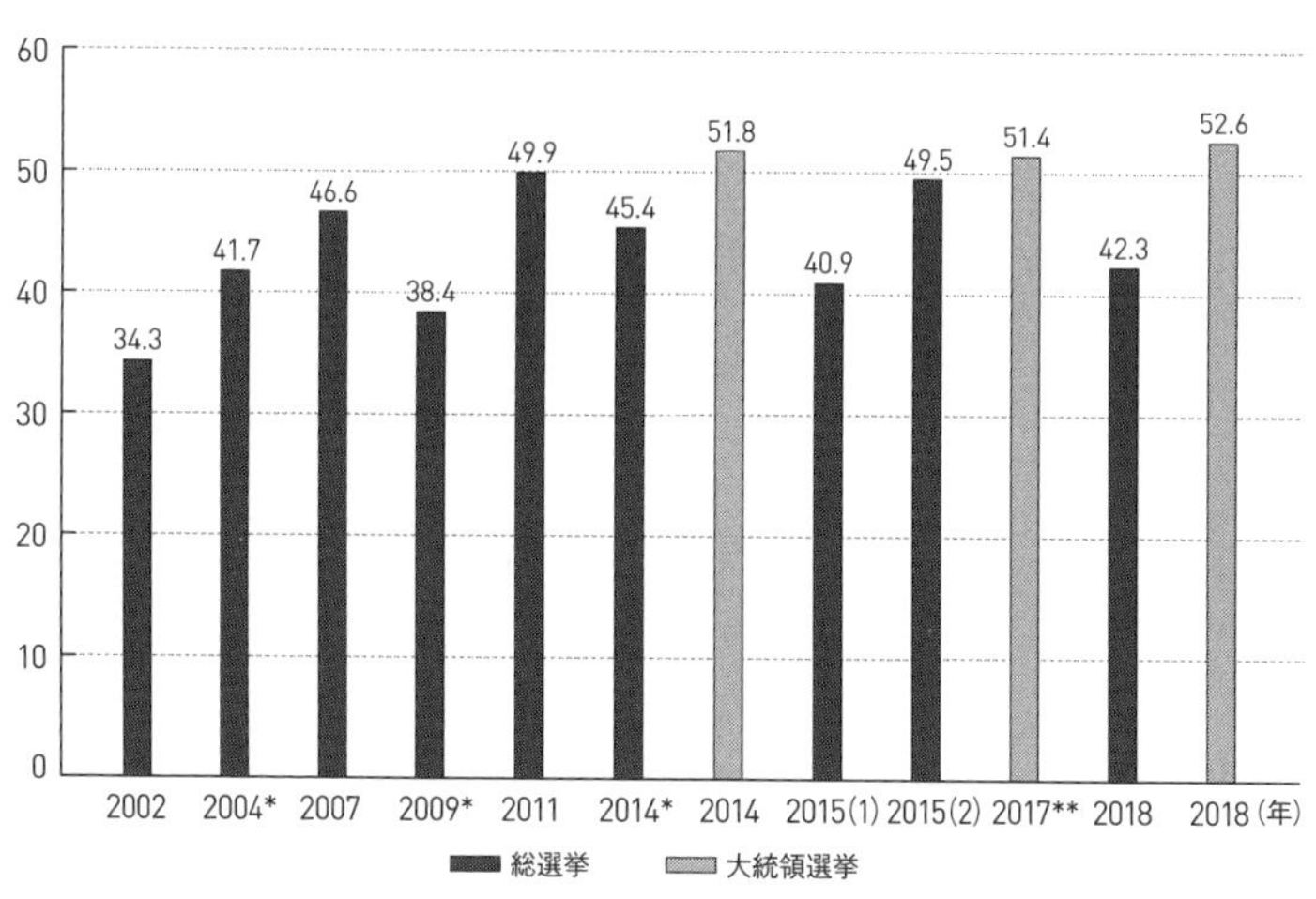

図6-3　AKPの得票率（%）

注：*は統一地方選挙，**は大統領制移行国民投票。2015年の(1)は6月，(2)は11月。
出所：高等選挙委員会（http://www.ysk.gov.tr/）データより筆者作成。

挙でのＡＫＰ支持はそれまでのＡＫＰ支持と同水準にみえるが、それまではＡＫＰ単独での支持率、それ以降はＡＫＰとＭＨＰを合わせた支持率である。つまり、ＡＫＰの支持率推移は、淡色の棒ではなく濃色の棒が正しく反映している。

四　与党集票力の低下

議会での与党地盤沈下

本節では一次、二次データをもとに、二〇一八年六月双選挙に現れたトルコ世論を分析する。二〇一八年六月双選挙は新制度下での初めての選挙であるため、過去の総選挙との比較では慎重さを要する。だが、少なくとも三つの特徴を指摘することができる。第一に、選挙戦においてマスコミ報道は圧倒的に与党の動向を伝えていた。第二に、それにもかかわらず前回総選挙と比べて、与党陣営が得票率を減らし、国会選挙ではマイナス七・七ポイント、大統領選挙ではマイナス八・八ポイントとなった。第三に、選挙直後の世論調査データを再分析すると、与野党両陣営において、有権者が支持政党に対して不満を表明したことがわかる。与党陣営では連立の必要性が続く一方、野党は選挙連合後の新たな戦略構築を余儀なくされる。今後の両陣営の戦略を展望するため、本節の最後で二〇一九年三月統一地方選挙の結果を概観する。

同時選挙とはいえ、国会選挙で支持した政党と同じ政党の大統領候補者を支持するとは限らない。そのため同日の国会選挙で特定の政党に投票した有権者のどれだけが同じ政党の大統領候補に投票したかを、ＩＰＳＯＳ社が選挙直後の六月二五〜二九日に実施したアンケート調査のデータをもとに計算してみた[28]。国会選挙・大統領選挙でともに一位のＡＫＰとともに二位のＣＨＰについてみると、これら政党に国会選挙で投票した人々のそれぞれ九八・二％と九三・四％が、大統領選挙でも同じ党の候補に投票している。これに対し、得票順位が低い、人民の民主主義党（ＨＤＰ、親クルド）ではその比率は六八・六％、İYİでは五四・九％にとどまった。

第一回投票で過半数獲得者がいない場合、上位二名候補の間で第二回投票がおこなわれるため、すでに第一回投票の段階で上位二位に入れる見込みのある候補に投票する誘因が働くとしても、その傾向は非常に高いうえ、ＡＫＰでは圧倒的である。与党連合としてＡＫＰの候補を支持していたＭＨＰでは、この率は八〇・二％にとどまった。ただし、選挙連合がもっぱらバフチェリＭＨＰ党首の一存で決まり、同党地方有力者からは「上で連合があるが下では連合はない」との批判が公然化していたことを考慮すると、他候補への流出を二割に食い止めたことはＭＨＰにとってほぼ成功といえる。それでも、ＡＫＰ大統領候補がＭＨＰの支持がなければ過半数を取れなかった事実は残る。それは国会選挙でのＡＫＰ支持票が減ったからである。

与党合計得票率は前回議会選挙と比べて八・〇ポイント減少している。政党別ではＡＫＰがマイナス七・二ポイント、ＭＨＰがマイナス〇・八ポイントである（表６−３）。しかし、これをもってしてＡＫＰの票がもっぱら野党に流れたとはいえない。そこで、ＩＰＳＯＳ社が公開したデータを用いて得票率変化の内訳を計算してみた（図６−４）。棒グラフに示されている数値は、各政党が他の政党との間

表6-3　2018年6月国会選挙政党別支持率（%）：前回2015年11月との比較[a]

	与党連合		野党（連合とそれ以外）				
選挙	AKP	MHP	CHP	HDP	İYİ[b]	その他[c]	投票率
2018年6月	42.6	11.1	22.7	11.8	10.0	2.1	86.2
2015年11月	49.5	11.9	25.3	10.8	—	2.5	85.2
変化	-7.2	-0.8	-2.6	1.0	10.0	-0.4	1.0

注：a）政党略称と政治的傾向は以下のとおり。AKP：右派・親イスラム。MHP：右派・民族主義。CHP：中道左派・世俗主義，HDP：親クルド，İYİ：中道右派・民族主義。

b）2015年11月総選挙後にMHP党首を批判して除名された同党国会議員たちが2017年10月に結党した。

c）国会議席を獲得できなかった政党の得票率の合計。

出所：高等選挙委員会ウェブサイト（http://www.ysk.gov.tr）のデータより筆者作成。

でどれだけの票の純流出または純流入があったかを示している。

これによると、ＡＫＰはＣＨＰに一・七ポイント、İＹİに二・五ポイントの票を奪われ、ＨＤＰから〇・四ポイントの票を奪ったことで、野党への票の純流出は三・八ポイントとなった。これに対し、ＭＨＰはＣＨＰに〇・六ポイント、İＹİに三・三ポイントの票を奪われたことで、野党への票の純流出は三・九ポイントである。このように、票の純流出入でみると、ＡＫＰとＭＨＰはほぼ同じ程度、野党に票を奪われている。ただし、ＭＨＰはＡＫＰから三・三ポイントの票を奪ったことで、野党への票損失をほぼ帳消しにした。またＡＫＰ票の流出は三つの政党にまたがり、国内の幅広い地域に及んだ。

野党の連合効果

野党はたしかに前回議会選挙比で得票率合計を八・〇ポイント伸ばしたものの、その多くはİＹİが獲得したもので、第一野党のＣＨＰや第二野党のＨＤＰに躍進はみられなかった。第一に、ＣＨＰは、当初ＭＨＰから多くの票を奪うとみなされていたİＹİに、三・三ポイントを失った。İＹİは元ＭＨＰとはいえ、

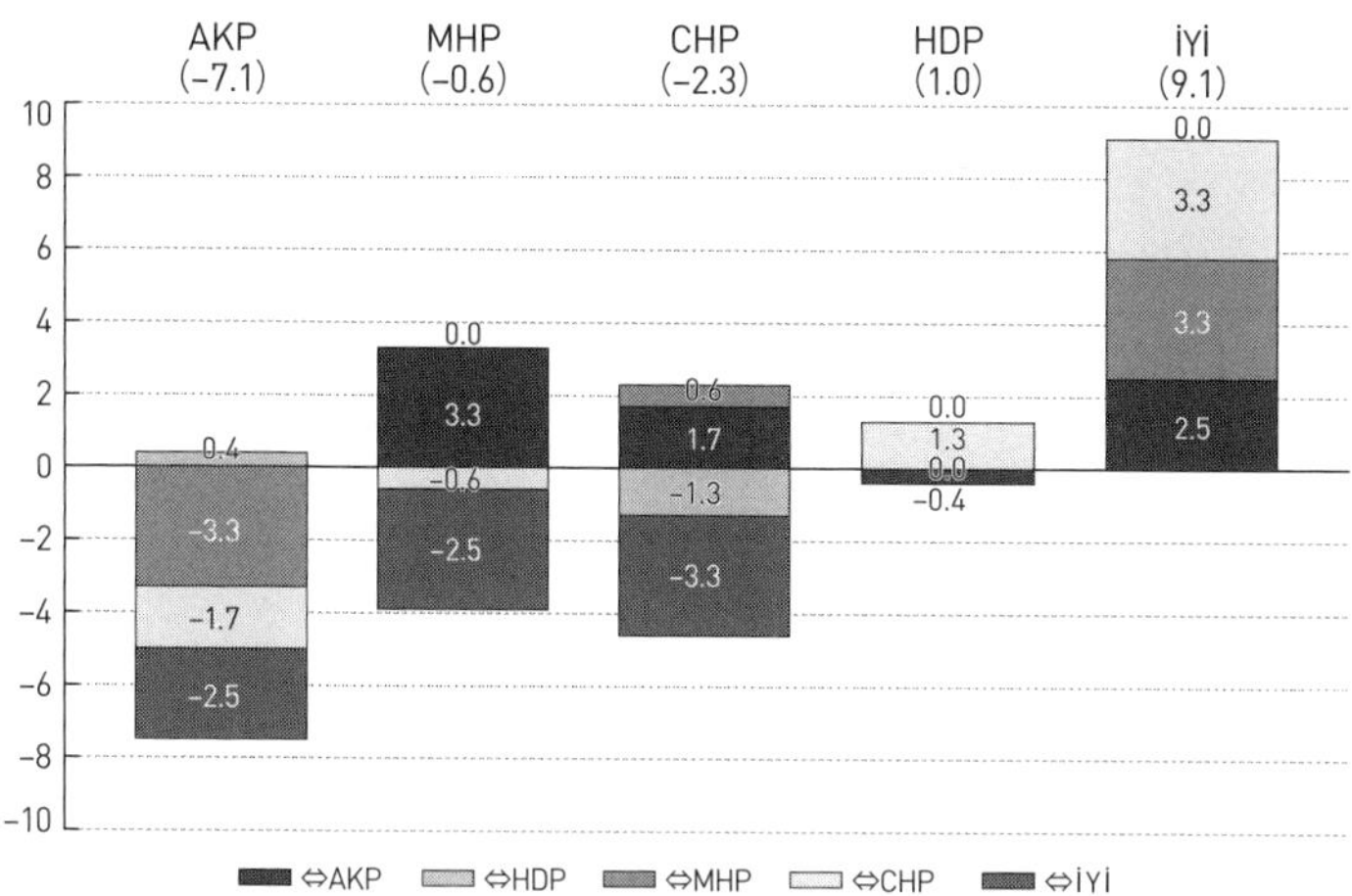

図6−4　各政党得票率変化の内訳：前回国会選挙からの票の純流出入（%ポイント）

注：政党名の下の括弧内は，2015年11月国会選挙から2018年6月国会選挙の間の政党得票率変化。世論調査の結果であるため，実際の選挙結果とは完全に一致はしない。グラフの各区分が縦軸のゼロ値より上にあれば，2015年11月選挙で他政党に投じられた票が2018年6月選挙で自政党へ純流入したこと，ゼロ値より下にあれば，前回選挙で自政党に投じられた票が2018年6月選挙で他政党へ純流入したことを，それぞれ示す。

出所：IPSOS Sosyal Ara tırmalar Enstitüsü, “24 Haziran 2018 Cumhurba kanı Seçimi ve Milletvekili Genel Seçimi Sandık Sonrası Ara tırması,” 2 Temmuz 2018のデータより筆者作成。

西部地域に多い、バルカン半島系の民族主義者を代表し、比較的世俗主義的である。そのため、CHPに満足できない有権者を引きつけた(29)。欧州に近いトルコ西部地域でCHP票は低下している。

CHPはまた、AKPの議会過半数支配を阻止するため、家族内で投票先をCHPとHDPに分けた分業投票を試みていた。選挙連合に入れなかったHDPが一〇%足切りにかかると、南東部のクルド地域で競合するAKPに大量の票が流れ込むからである。CHPからHDPへ一・四ポイントもの票が動いたことは、このようなHDP支援の試みが実現したことを裏づけている。

第二に、HDPはCHPの援助を

受けた一方で、ＡＫＰに〇・四ポイントを取られた。ＨＤＰの得票率低下がとくに南東部のクルド地域で起きたことは、ＰＫＫを擁護するＨＤＰへの住民の批判を示唆している。二〇一三年に開始されたトルコ政府とＰＫＫの和平過程が二〇一五年七月に崩壊、八月以降はクルド地域のＨＤＰ市政が自治を宣言、ＰＫＫの若者組織がクルド地域で塹壕戦による都市抵抗運動を起こした。この塹壕戦は二〇一六年五月までに国軍により鎮圧されたが、一般市民を強制的に戦闘に巻き込んだことで、ＰＫＫはクルド地域でも強い批判を受けた。

この戦闘で人命喪失の県人口比がとくに大きかったのはマルディン県、シュルナク県、ハッカリ県、ディヤルバクル県だったが、ＨＤＰ得票率減少もこれら四県でマイナス七・八、マイナス一三・七、マイナス一一・九、マイナス五・八ポイントと大きかった。ＨＤＰの代わりに南東部のクルド地域で票を増やしたのは、もとから同地域で強かったＡＫＰ、次にクルド問題の解決に積極性をみせたインジェを擁立していたＣＨＰだった。

二〇一八年六月双選挙では、与党ＡＫＰがＭＨＰとの連合により辛うじて大統領職と議会過半数を維持した。その背景にある有権者の与党および野党に対する多様な不満は、ＩＰＳＯＳのアンケート調査データや県別投票率の推移などに現れている。ＩＰＳＯＳデータからすると前回総選挙と比べて、野党陣営から与党陣営への票の（純ではなく粗の）流出はＨＤＰからＡＫＰへの〇・四ポイントだけだった。与党陣営の両極化政策は与党寄り態度未定者を動員するのに寄与したものの、野党不満勢力を引きつける効果はもたらしていない。また、二〇一七年四月国民投票以来定着しつつあるＡＫＰのＭＨＰ依存傾向は、集権的大統領におけるアキレス腱ともいえる。そのＭＨＰのＡＫＰ批判票が大きな役割を果たしたのが、二〇一九年六月のイスタンブル広域市長選挙である。

統一地方選挙での野党躍進

二〇一九年三月統一地方選挙では、与党連合（ＡＫＰとＭＨＰ）の全国得票率（五一・六％）は、[30]前回二〇一四年三月統一地方選挙と比べて三・三％ポイント減少した。二〇一八年八月の通貨危機でトルコリラが前年比約三割下落し、有権者の不満を増大させていた。前回選挙以来維持されていた野党連合が、その不満の受け皿となった。[31]そして、全国八一県のうち与党陣営が市長職を握る県庁所在市（il merkezi）の数は、それまでの五五から五増一〇減により五〇に純減した。[32]与党陣営が失った一〇の広域市のうちイスタンブル、アンカラ、アンタリヤ、アダナの四つは、その広域市を含む県の人口規模が上位六位である。[33]この選挙でＡＫＰがこれら主要大都市の市政を喪失したことで、二〇二三年の大統領・国会選挙における同党の選挙戦略は制約を受けることになった。というのも、大都市市政はこれまでＡＫＰの政治マシンとして重要な役割を果たしてきたからである。

また、イスタンブル広域市長選挙結果へのＡＫＰの異議申し立てが通り、六月に実施された再選挙では、[34]選挙結果取り消しや与党のあからさまな選挙介入に与党連合支持者、とくにＭＨＰ支持者が反発し、[35]与党連合票は対三月比で三・六％減少した。イスタンブル広域市長選挙での二回の勝利には、中道で保守的有権者の支持をも得られるエクレム・イマモールの資質も貢献した。ＣＨＰはイマモールのような候補を、アンカラ、アンタリヤ、アダナ、メルシンなどの広域市長にも当選させている。このような中道候補擁立は、宗教保守派が過半数を占めるトルコにおいてＣＨＰおよび野党連合が今後政権を狙うための選挙戦略となるだろう。

エルドアンは、バフチェリの毒杯を飲んだ。トルコ型の集権的大統領制は、バフチェリ自身により「大統領政府制」と名付けられたことからわかるように、バフチェリが導入を先導し、彼の息がかかっている。大統領に行政、立法、司法という国家三権の大部分を与えたこの制度は、エルドアンの権力を強化させ、強権政治をもたらした。しかし強権政治も、この制度のもとでは選挙で有権者の過半数の支持を得なければ維持できない。また憲法改正草案で大統領に議会を一方的に解散する権限が盛り込まれたが、MHPはその場合に大統領も任期を終えることを定める条項を追加させ、大統領と議会の「相互解任」という条件をエルドアンに認めさせたのである。エルドアンに権力強大化といううまみを与えながら、選挙と議会ではバフチェリの支持を必要とすることになった。

毒杯の効果はすぐに現れた。第一に、エルドアンはバフチェリに政権維持の鍵を握られた。バフチェリが大統領・国会同時選挙の繰り上げを決めたことで、エルドアンは大統領としての現存任期を一年五カ月失った。第二に、二〇一八年六月に実施されたその選挙では、MHPが実質的な与党となったことで、現状に不満を持つものの野党を支持したくないAKP支持者は、躊躇なくMHPを支持できるようになった。その結果、AKPの得票率は前回選挙と比べて七ポイント低下したのである。そして第三に、国会選挙で議席獲得に必要な一〇%得票を見込めないMHPのバフチェリの要求に従い、エルドアンはAKPとMHPの選挙連合を可能にする選挙連合制度をこの選挙から導入したことが、それまで小党乱立していた野党の連合を許し、二〇一九年の統一地方選挙で大都市で野党市政の誕生に道を開いた。ただし毒杯のより大きな効果は、その後に表面化し、集権的大統領制の崩壊の予兆となる。

コラム【8】 外向き、内向き、風の向き――AKP政権の外交

AKP政権の外交は、最初は欧米との良好な関係維持、つぎに中東ユーラシアとの関係進展、さらに対外強硬路線、しかし足下の経済が悪化して世論の風当たりが強くなると、最後に対外修復模索という道筋をたどった。AKP政権は二〇〇二年の発足当初はイスラム主義ではなく保守民主主義を掲げてEU加盟を目指すとともに、米国のジョージ・W・ブッシュ政権の中東民主化政策を支持していた。EU加盟の期待が高まるとAKP政権は、キプロスに対するトルコ政府の態度を転換し、トルコ系北キプロスとギリシア系キプロス共和国の統合を支持し、二〇〇三年、北キプロス総選挙でもキプロス統合派を支持した。しかし、二〇〇四年三月のキプロス統合住民投票で統合案がギリシア系住民の反対多数で否決された後に、トルコが要求しEUも約束していた北キプロスへの経済封鎖解除は実現しなかった。

さらにEUは、キプロス共和国の実質的な国家承認や同国からの船舶および航空機のトルコへの乗り入れなどを新たに要求、トルコがこれに抵抗した。そのため二〇〇五年一〇月に開始したEU加盟交渉は最初から難航した。交渉内容は政治経済に関する新規加盟国としては最多の三五の条項に及ぶが、キプロス共和国やフランスの拒否権発動が続いた。二〇〇六年一二月のブリュッセル欧州理事会は八条項の交渉中断を決定、その後も進展はほとんどみられていない。このようなEU加盟への行き詰まりが、トルコの軸足移動に道を開いた。AKP政権は近隣との「ゼロ・プロブレム」という善隣外交の名のもとに、冷戦構造下で疎遠となっていた中東、コーカサス、バルカン諸国との関係を強化したのである。トルコ外交の非欧米への軸足移動、新オスマン主義（旧オスマン帝国支配地域への影響力拡大の試み）の懸念が欧米諸国の間で生まれた。

ただし二〇一〇年以降は、近隣に対しても対立的な路線に舵を切り、ゼロ・プロブレムではなく「価値あ

る孤立」外交が実現した。まず二〇一〇年末に始まった「アラブの春」で、大衆の代弁者とみなしたイスラム運動・組織を支援したため、善隣外交の相手だったアラブ諸国の独裁政権、とくにシリア、エジプト、アラブ首長国連邦（UAE）、サウジアラビアなどとの関係が大幅に悪化した。AKP政権はこの時期、国内において、世俗主義を遵守する軍部の影響力を削いで、イスラム主義の傾向を強めつつあった。そのため、周辺国のイスラム派支援は、域内でのAKPの影響力拡大のほかに、トルコ国内の宗教保守的な有権者の共感を得る狙いもあった。

AKP政権は、一部の軍部出身者が唱えた青い祖国という主張をも、対外強行外交の正当化に利用した。青い祖国は二〇〇六年以降、軍部内の世俗主義でありながら反欧米国粋主義でもある一部海軍将校により主張されてきたが、善隣外交の陰に隠れたり軍部粛正が実施されたりしたため顧みられなかった。その後、青い祖国の思想は院外小政党である左派民族主義の愛国党（VP）に代弁され、二〇一五年六月の総選挙でAKPが議会過半数を割り込み、民族主義勢力への接近による政権維持を図ったことで、影響力を持つようになった。さらにクーデタ未遂で反欧米愛国主義が高揚するなか、右派民族主義のMHPと左派民族主義のVPがAKPを支持する構図ができあがった。青い祖国はトルコ海軍が二〇一九年三月に黒海、エーゲ海、東地中海の三つの海で初めて同時におこなった海上演習「青い祖国二〇一九」でも、その名が使われるまでになった。その認知度をとくに高めたのは、二〇一九年一一月のリビアとの排他的経済水域（EEZ）協定締結である。

しかし、二〇二〇年一一月には米国大統領選挙で、ドナルド・トランプ候補よりもトルコに対して強硬的とみられたジョー・バイデン候補が勝利した。同時にトルコにおいては通貨危機が発生した。これを契機にエルドアン政権は、欧米諸国およびトルコと対立関係にあったUAE、サウジアラビア、エジプト、イスラエルに対して二〇二一年以降関係改善を進め、青い祖国の主張は影をひそめた。また、それを推進してきた軍人はエルドアンにより要職から外された。

対外関係改善の背景には、枯渇した対外準備補填のための外資呼び込みの意図もある。トルコはUAEを二〇一六年のトルコにおけるクーデタ未遂の資金提供国とみなしてきたが、二〇二一年末以降、同国からトルコへの直接投資や五〇億ドルの通貨スワップなどの一連の経済協定が結ばれている。サウジアラビアとは、同国皇太子が命じたとされる新聞記者ジェマル・カショギの同国在イスタンブル領事館での二〇一八年の暗殺後、関係が悪化していた。だが、トルコ司法が二〇二二年四月にこの事件の裁判を中止して証拠文書をサウジアラビアへ引き渡した直後、対トルコ経済制裁が解除された。トルコはこれにより輸出急回復を見込んでいる。

ただし、その穏健化も先が見通せない。ウクライナ紛争では、エルドアンが北大西洋条約機構（NATO）加盟を望むスウェーデンとフィンランドにPKK支持撤回やトルコへの武器禁輸解除などを迫り、強い指導者イメージ作りに腐心している。フィンランド大統領によれば、四月には、彼が同国のNATO加盟を支持していたにもかかわらず、である。このようなエルドアンの五月以降の対外強硬姿勢へのUターンは、与党連合の世論支持低下による焦りの現れとも考えられる。

エルドアンは対外強行姿勢を示すたびに、国内世論の支持を三％程度高める傾向にあったが、それは一時的なもので一、二カ月後にはもとの水準に戻ることはメトロポール社の世論調査からもわかる（図7－9参照）。このように対外関係の意図的な緊張化は、相手国の信頼喪失という代償に見合うほどは世論支持を確保できないのが現実である。

第7章　崩壊の予兆——統治能力低下と経済危機

低金利政策により、インフレを引き下げ、トルコリラ為替相場を引き上げるのだ。（二〇一二年一二月八日、エルドアン大統領）[1]

トルコが集権的大統領制に完全移行した二〇一八年以降、エルドアンの低金利への固執は以前に増して露わになった。経済理論と逆の理屈を唱えるエルドアン流経済学（エルドアノミックス）はそもそも成り立つのか。インフレやトルコリラ相場減価が続くなかで中央銀行が政策金利を引き下げることは、デミレル大統領による動物園のたとえ話を想起させる。[2]

入場料収入を増やしたい動物園が、ひとつの檻に羊と狼を住まわせたところ、この珍しい光景を見たい客が殺到して大繁盛した。羊と狼の共存というありえないことを可能にしたのは、飼育係によるつじつま合わせだった。

権力を自らに集中させた大統領は、国家に関するどのような決定でもできる。羊と狼を同じ檻に入れることもできる。しかし、市場の原理を変えられるのか。実は、側近がつじつま合わせに奔走しているだけなのか。本章では、非常事態令と集権的大統領制導入による制度浸食が、統治能力と経済運営、そして政権支持に与える影響を論じる。

一　IMF構造改革成果の消滅

IMF改革を好まなかったエルドアン

公正発展党（AKP）政権の経済業績で最も重要な役割を果たしたのが、国際通貨基金（IMF）主導の構造改革だった（第2章参照）。ただし、その改革はAKP政権の前任政権が始めたものだったため、エルドアンの当事者意識は弱かった。構造改革のAKP政権下での継続は、アブドゥッラー・ギュル首相などがエルドアンに強く進言した。IMF改革の推進役としてギュルが入閣させた経済運営の実務家であるアリ・ババジャン経済担当国務大臣は、IMFプログラムの増税などに反対していたエルドアンを説得した。

構造改革の要として、一般的に独立規制組織と呼ばれる政治的に独立した経済政策実施機関が新設または機能強化された。独立規制組織には、政権による経済制度の政治利用や汚職を抑制する役割がある。

独立規制組織で代表的なのは、中央銀行、貯蓄預金保険基金、銀行管理監督局、公共入札局などである。なかでも中央銀行は、二〇〇一年法改正で独立性が強化され、インフレ目標制が導入された。(3)

しかし、エルドアンは独立規制組織を徐々に政権に従属させていった。まず二〇〇五年、銀行整理監督機構や貯蓄預金保険基金の役員解任権を首相に与える法改正（法律第五四一一号）をおこない、これら機関を政権の意向に従わせようとした。(5) 公共入札法はたび重なる改訂で骨抜きにされ、(4) 政府が事実上落札企業を決定できるようになった。貯蓄預金保険基金は政権に批判的なメディアを、所有者の詐欺や債務不履行などを理由に接収し、与党寄り実業家に売却したり、(6) 追徴課税を課して多大な損失を発生させて、傘下の新聞の売却を余儀なくさせたりした。(7) また二〇〇六年になると、エルドアンに近い閣僚は次期総選挙を意識して、農産物価格支持政策復活や中央銀行のインフレ目標緩和などを求めるようになった。(8) エルドアンは、政権二期目に入った二〇〇七年後半には経済改革の意志を失い、(9) IMF融資に頼らず経済運営をおこなうことを決めた。(10) IMFとのスタンドバイ取極は二〇〇八年に更新されず終了し、IMF処方の経済改革は終焉を迎えた。

市場原理から政治原理へ

IMFとのスタンドバイ取極が終わったあと、その後続としてIMFによるモニタリングが実施された。これは資金支援ではなく、マクロ経済動向の監視と政策提言を目的としていた。このモニタリングも二〇一一年に終了すると、それ以降、独立規制組織の政治化はより顕著になった。(11) 二〇一一年の法的政令により、(12) 独立規制組織が総理府に直属化され、反政府的とみなす勢力を抑えるために利用されたの

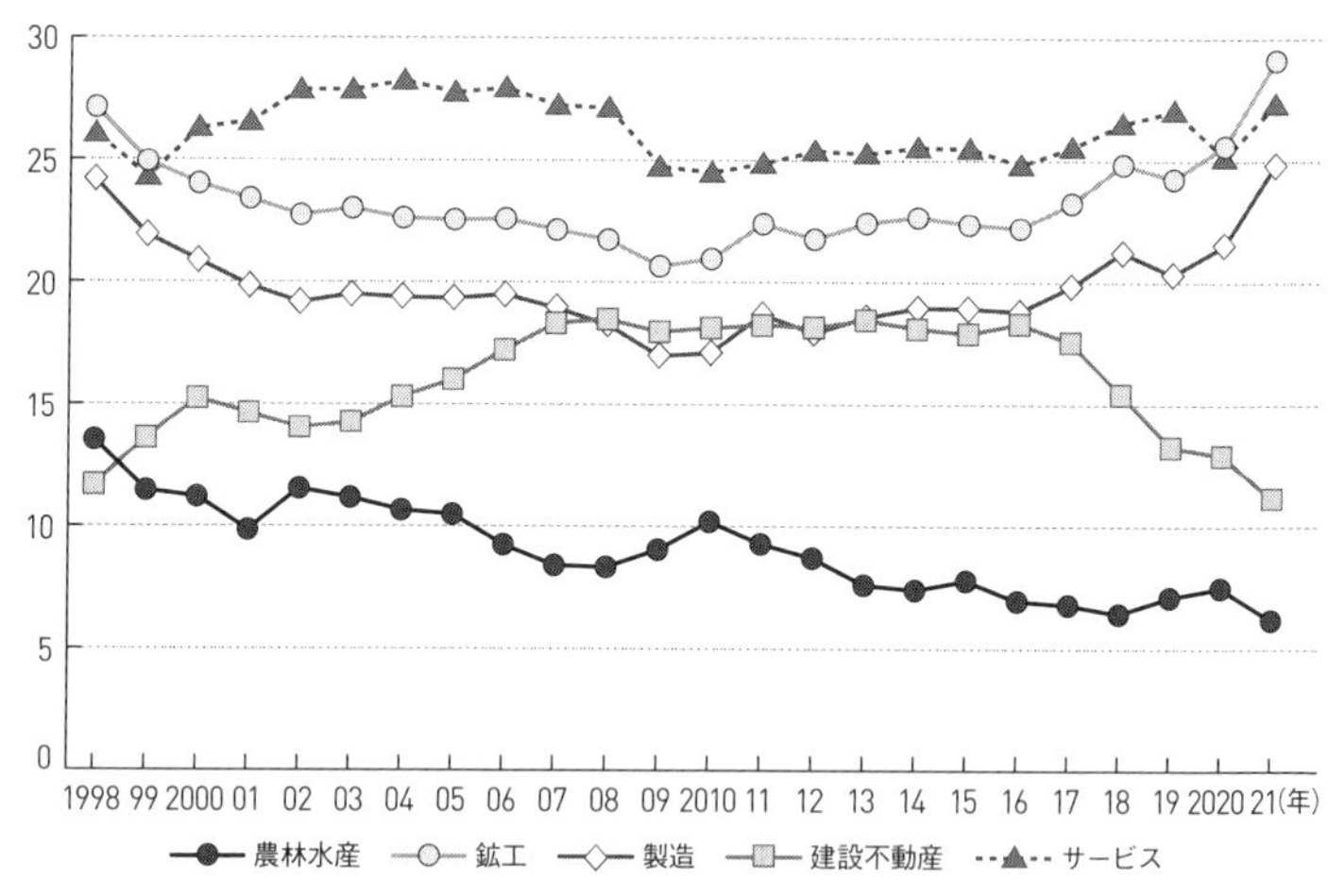

図 7-1　GDP における経済部門比率（%）：2002-2021 年

出所：トルコ中央銀行のウェブサイトのデータより筆者作成。

である。貯蓄預金保険基金によるメディアの与党支配が加速されたのに加え、[13]資本市場局と銀行監督局が、二〇一三年の「ゲジ抗議運動」が外国資本の陰謀であるとのエルドアンの主張に沿って、同運動時の証券・銀行取引記録を調査した。くわえて、省庁も政治化し、ゲジ抗議運動のときに避難したデモ参加者を傘下ホテルで受け入れたコチ・グループに対して、歳入省がその傘下製油会社ＴＵＰＲＡＳへの追徴課税やトルコ初の戦艦建造事業の落札取り消しなどの経済制裁を課した。

　政府の経済政策も、市場原理に反してでも建設利権や景気の拡大を重視した。政府は建築基準を緩和する法改正、都市開発事業促進、建設用地の安価な提供により、建設部門の利潤率を高めた。[14]これにより経済成長の建設部門依存が高まり（図7－1）、国内資本が製造業部門から建設部門に移転した。[15]イスタンブル第三空港、第三ボスポラス橋プロジェクトなど、土地収用が大きな利権を生む一方で、資金調達が疑問視される大型公共事業への参加企業の債務を財務省が保証し、将来的な財政負担の可能性が生まれた。また、これら企業に建設後の橋梁、高速道路、大規模病院の経営を任せたうえで予定利用者数を保証し、予定収入と実際収入の差額を国庫から補填した。アリ・ババジャン経済担当副首相は財政規律を維持するための財政規則法を準備したが、エルドアンの承認を得られなかった[16]。

エルドアンの低金利への固執も顕在化した。低金利固執の背景には、第一に、建設業を基盤とする経済成長・統治システムがある。公共事業で国有地が安価に提供され、親政権メディアの保有で知られる建設企業が受注するというシステムでは、低金利で不動産価格を維持することが望まれる[17]。第二に、AKP支持層で大きな比率を占める零細業数が政府および民間融資に依存していることである。

中央銀行はエルドアンの圧力を受けてインフレ容認、低金利維持に傾いていたが、二〇一三年一二月の政権汚職捜査を受けて急落したトルコリラを防衛するために、金利引き上げを二〇一四年一月におこなった[18]。エルドアンは、「金利はインフレの原因で結果ではない[19]」、「[中央銀行の]独立性とは何を言っているのか、自分は選挙で信任された」と述べ、金利引き下げを強く求め、六月には中央銀行上級役員五名を解任した。ヌマン・クルトゥルムシュAKP副総裁は「軍部の次は中央銀行の権限見直し」、ニハト・ゼイベクチ経済相は「金利を一月二九日以前の水準へ」と発言して、エルドアンに追従した[20]。

中央銀行は「利下げ」と「見送り」の折衷策として、六月末に政策金利である一週間物レポ金利を〇・七五ポイント、さらに七月には〇・五ポイント、それぞれ引き下げた。このような利下げの結果、中央銀行が設定したインフレ目標値を実現値が上回ることが定着し、IMF改革の産物だったインフレ目標制は有名無実化した[21]。

経済政策人材の排除

エルドアンは二〇一四年八月に議院内閣制下の大統領に直接選挙で選出されると、後継首相にアフメト・ダウトール外相を指名し、同内閣が成立した。注目されたのは、経済政策で評価が高いもののエルドアンと政策上の対立が生じていたババジャン副首相の去就だった。ダウトール首相は経済政策の継続性を内外に示すためにも、ババジャン副首相の留任を本人に求めた。ババジャンはその条件としてメフメット・シムシェク財務相の留任を認めさせ、市場の信頼を得られる二人の閣僚は辛うじて留任した。ババジャン副首相は九月の金融関係者への記者会見で、対外借り入れによる成長は持続不可能であり、直接投資呼び込みが必要であること、投資家は金利だけでは判断せず政治経済制度の信頼度をより重視することを強調した。首相も、実体経済が成長せず貨幣経済が膨張することは経済危機を招くと警告、経済構造改革案の一一月までの発表を予告した[22]。

ところがその後、エルドアンの意向により、総選挙の二〇一五年六月への繰り上げが決まり、経済構造改革は棚上げされた[23]。ババジャンはほかの古参議員と同じように、四選禁止の党規定により立候補できなかった。同選挙でAKPが過半数議席を割ると、エルドアンは連立政権工作を妨害して組閣の期限切れによる再選挙を一一月に実現させ、高まるテロの不安に乗じてAKPが議会過半数を取り戻した。しかし、ダウトール首相が、同月に起きたトルコによるロシア軍機撃墜事件、イスラム国（IS）への軍事的対応、さらに二〇一六年三月のEUとの難民対策合意などで首相としてしだいに指導力を示し[24]、軍部や欧米諸国との関係を強めた。すると、エルドアンは娘婿の影響下にある勢力や自らに近い閣僚を用いてダウトールを辞任に追い込んだ。そして五月、後任の首相に長年公共事業政策を手がけてきたビナリ・

ユルドゥルム運輸相をあてたことで、経済改革はより遠のいた。[25] さらに、七月のギュレン派によるクーデタ未遂後の非常事態令下では、非常事態の原因と関係ない経済政策が、非常事態下政令により決定された。

二　大統領への集権と経済危機

恣意的財政・金融政策

米国で二〇一六年一一月以降、大統領に当選したドナルド・トランプが大幅財政出動政策案を打ち出すと、インフレ期待が高まり金利が上昇、ドル高の傾向が強まり、新興市場諸国通貨は軒並み下落した。新興国は利上げに転じた。だが、トルコ中央銀行は、エルドアンが低金利に固執しているため、タイミングの遅れた小幅な利上げしかおこなわなかった（図7－2）。さらに、クーデタ未遂後の短期的措置とされていた非常事態令が二〇一七年一月に二度目の延長になると、トルコの投資先としての信頼性がさらに揺らぎ、通貨下落が進んだ。中央銀行は一月以降、為替市場介入発言と一ポイント未満の小幅な利上げを繰り返すことで下落に歯止めをかけた。

二〇一七年四月に集権的大統領制移行のための憲法改正が成立したことで、政治的緊張は一時緩和したと受け止められた。だが、一〇月には非常事態令が発令から一年以上たっても解除されないため、対トルコ外国投資の意欲が減退した（第2章の図2－2参照）。二〇一八年四月には米国での利上げ加速を

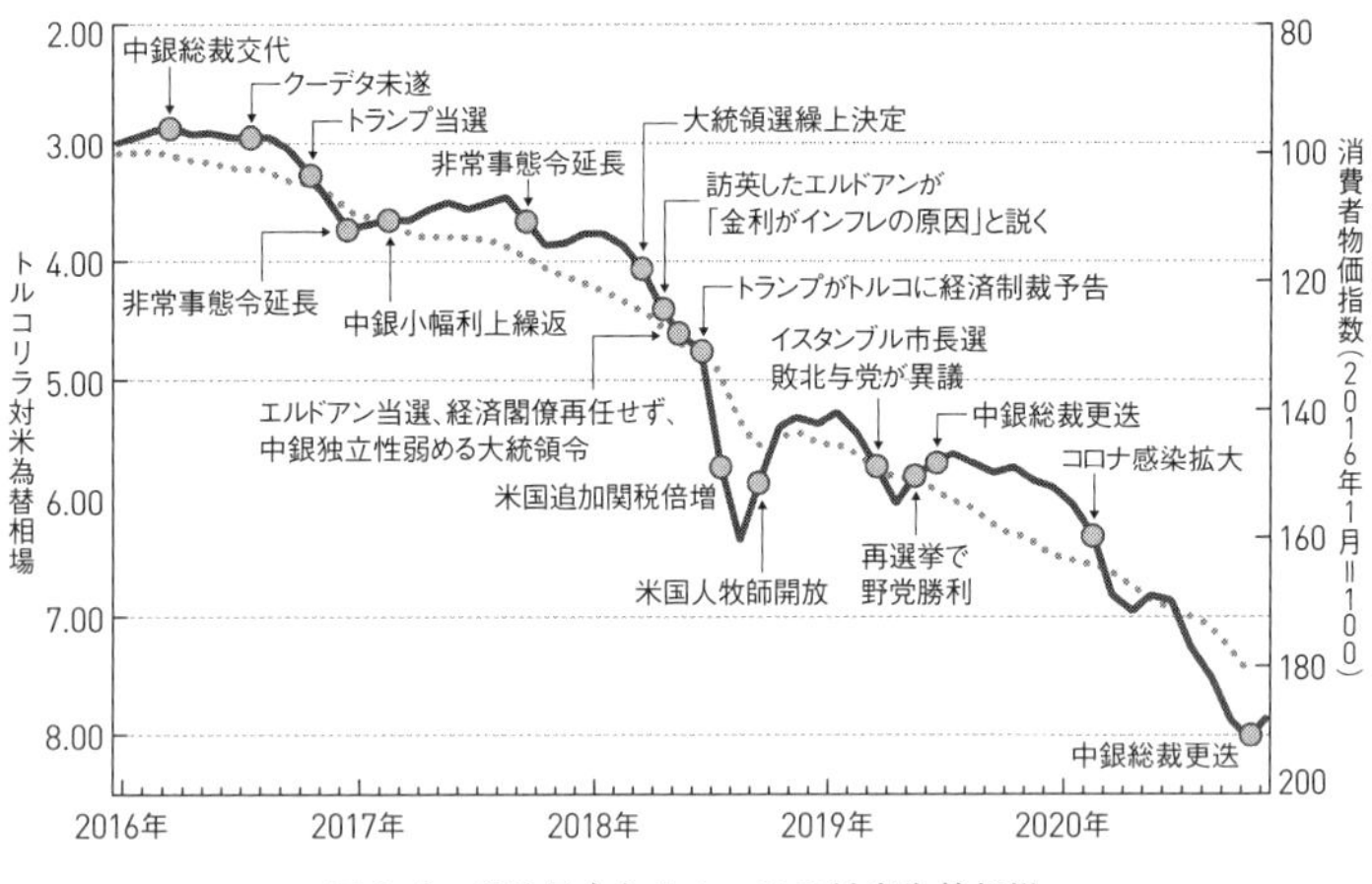

図 7–2　政治圧力とトルコリラ対米為替相場

注：消費者物価指数は，2016 年 1 月を 100 とする。この図からは，国内外の政治圧力が加わるとトルコリラ為替相場が下落することが読み取れる。為替相場下落の勢いがインフレ（通貨価値下落）の勢いよりも大きいと，為替相場は名目的のみならず実質的にも下落している。

出所：トルコ中央銀行のウェブサイトのデータより筆者作成。

受けてドル高傾向が進んだ。それに加え、集権的大統領制移行完了のための大統領・議会選挙の一年半繰り上げが決定され、財政拡張が始まると、トルコリラ為替相場の下落が進んだ。エルドアンは五月の英国訪問の際にも金利がインフレの原因であると説き、大統領制移行後には金融政策にも責任を持つ旨の発言をしたことで、トルコリラ下落に拍車をかけた（図7－2）。

二〇一八年六月大統領選で勝利したエルドアンは、国庫庁と財務省を統合して強大な権限を持たせた国庫財務省の大臣に娘婿のベラト・アルバイラクを任じた[26]。他方、それまで経済政策実務家としてただひとり政権に残っていたシムシェクは閣僚入りしなかった。アルバイラクが経済政策司令塔となったことで、経済政策にはエルドアンの意向がより強く反映されるようになった。

これに先立ち、エルドアンは政府系投資基金を二〇一六年に設立した。一般に、政府系投資基金は財政余剰や天然資源収入を財源とし、それを保全する目的でいわば貯蓄基金として設立され、独立機関が運営する。それに対し、トルコの政府系投資基金は証券化された国営企業や国有資産、および民営化収入などを財源とし、それらを大型投資の資金源とする目的でいわば投資基金として設立され、行政府の影響下にある。[27] しかも集権的大統領制移行後、エルドアンがその総裁となったことでさらなる恣意的運用が懸念された。

集権的大統領制移行とともに中央銀行の独立性も骨抜きにされた。クーデタ未遂を理由にした非常事態令は七月に終了したが、その直前に大量の非常事態政令が公布された。非常事態政令とは、非常事態下で公布可能で、その効力も非常事態の間に限られると規定されているが、実際にはその後も適用されてきた。そのひとつは、中央銀行総裁と副総裁の任期が五年で総裁は再任可能との、中央銀行法の規定を削除する政令だった。

新たな大統領制下では、法律の定めていない事項を大統領令によって定めることができる。前述の規定削除により、法律上未定の状態がつくりだされたのである。大統領制移行後の七月に公布された上級公務員任命を規定する大統領政令第三号は、大統領により任命される中央銀行総裁と副総裁の任期を四年へ縮め、総裁再任も認めなかった。さらに、職務不履行を理由に大統領が解任することも可能になった。中央銀行の準備金の一部も、準備金は非常時にのみ使用可能とする中央銀行法に反する「法改正」により、二〇一九年から毎年、国家予算の歳入に移転されるようになった。[28]

繰り返す通貨危機

トランプ米大統領は対トルコ経済制裁を二〇一八年七月に宣言し、八月にはトルコ産鉄鋼とアルミニウムに、それぞれ二五％と一〇％で適用していた追加関税の税率を倍増させた。すると、二〇一八年春から低下傾向にあったトルコリラ相場は急落、八月には年初比で四割減価した。この経済制裁は、トルコ在住二〇年の米国人アンドルー・ブランソン牧師の解放を目的としていた。二〇一六年一〇月にトルコ当局によって起訴勾留され、二〇一八年七月から自宅軟禁となったブランソン師の起訴理由は、二〇一六年七月にトルコでクーデタ未遂を起こしたイスラム的秘密組織のギュレン派、およびトルコにおけるテロ組織であるＰＫＫとのつながりである。

ブランソン師は一〇月の公判を前に解放され、米国のトルコへの追加制裁が解除されたことで、トルコ経済危機は最悪の事態を逃れた。春以降のトルコリラ下落局面で、トルコ中央銀行がエルドアンからの圧力を受けて金利引き上げを封じられたことが通貨危機につながった。中央銀行はようやく九月一三日に政策金利である一週間物レポ金利を六・二五ポイント引き上げ、二四％とした。市場関係者は利上げがあったとしても四％程度と予想していたため、トルコリラ相場は上昇した。利上げ二時間前の午前一〇時、エルドアンは金利がインフレの原因であるとの持論を繰り返したものの、中央銀行利上げを容認せざるをえなかった。トルコ経済はこの通貨危機により大幅に落ち込み、実質成長率は二〇一八年が二・八％、二〇一九年が〇・九％と、ＡＫＰ政権期ではリーマンショック時を除くと最低記録を更新した。

二〇一八年九月の利上げ後、中央銀行はトルコリラ防衛のために政策金利を据え置いてきた。しかし二〇一九年七月、エルドアンは金利引き下げの再三の指示に従わなかったとの理由で、二〇一六年四月に就任したムラット・チェティンカヤ総裁を解任、代わりにムラット・ウイサルを任命した。これは、トルコ政府として初めての中央銀行総裁解任である。実は、チェティンカヤは中央銀行総裁となるための学歴要件（経済学博士）を満たしていなかったが、エルドアンが中央銀行法の学歴要件規定を改定してまで総裁にさせた「意中の人」だった。その彼でさえ、物価水準安定という中央銀行の任務を放棄できなかった。

二〇二〇年には新型コロナウイルス感染拡大の影響で第2四半期にマイナス成長に（前期比マイナス一〇・八％）、その反動として第3四半期にプラス成長に（前期比一五・六％）転じたのは経済協力開発機構（OECD）全体と同様であるが（前期比マイナス一〇・五％から前期比九・〇％へ）、トルコに顕著なのは自国通貨価値の八月以降の急落である。トルコリラの一一月平均値は二〇二〇年初と比べて約三割下落した。通貨下落は、国内消費の大半を輸入に依存するエネルギーの価格の高騰を通じて、インフレを進行させた。二〇二〇年一一月に入り経済状況が深刻化するなか、エルドアンが同月七日にウイサル中央銀行総裁を更迭し、後任に大統領府内で数少ない経済専門家でアルバイラクに批判的だったナジ・アーバルを任命した。この人事に反発したアルバイラクが、八日に辞任した(29)。

エルドアンの娘婿であるアルバイラクは、過去四年間に経済司令塔だったのみならず、政権内ではエルドアンに次ぐ実力者で全省庁に影響力を及ぼしてきた。また、その兄は親政権の新聞やテレビ局を所有するトゥルクアズ・メディアグループの副最高経営責任者で、親政権の世論形成に貢献していた。アルバイラクはそれまで大統領への人や情報の接触を管理していた。中央銀行はアルバイラクの指示により、トルコリラ為替相場維持に二〇一九年初以降約一四〇〇億ドルを使って介入し、純外貨準備はマイナス約五〇〇億ドルの赤字になった。(30) 民間部門でも閣僚としてのアルバイラクに対する評価は非常に低かった。しかし彼はエルドアンの金利政策に従っていた。エルドアンは「金利が高いとインフレが進む」と、常識とは逆のエルドアノミックスを一貫して主張し、中央銀行に対して金利引き下げの圧力をかけ続けてきたのである。(31)

中央銀行総裁更迭では変わらない現実

トルコ中央銀行は二〇二〇年一一月一九日、アーバル新総裁就任後に開かれた初の金融政策決定会合で、主要な政策金利の一週間物レポ金利を四・七五ポイント引き上げ、年一五%にすると決めた。新総裁のもとで大幅な利上げに踏み切ったことで、同国の金融政策の正常化への期待が高まりトルコリラ為替相場は上昇した。だが、エルドアンは中央銀行の金利引き上げ決定の翌日、苦い薬を飲む必要を認識しているとしながらも、高金利がインフレをもたらすとの持論を繰り返した。その後も対コロナ措置として融資延長や減税措置は発表されたものの、経済改革については枠組みさえ示されなかった。

ダウトール未来党（GP）党首（元首相）は、エルドアンが引き上げを認めたのはその場しのぎであり、エルドアンの支持層である零細企業などから借入金利負担増への不満が高まれば、エルドアンはすぐに中央銀行総裁をすげ替えて金利を下げさせる、と予言していた。事実、二〇二一年三月中旬にはアーバルを解任し、後任にエルドアンの主張する低金利を擁護するサハップ・カヴジュオールを新総裁に任命した。(32) その理由は、ダウトールの指摘した点に加えふたつある。

第一に、アーバルが中央銀行の独立性を自分が維持する旨の、実業界関係者の参加した非公式な場での発言（参加者が大統領府に漏洩）、第二に、三月の通貨政策委員会で（国内の政治的緊張高まりによる）トルコリラ下落圧力を見込んでエルドアンに打診していたよりも一ポイント高い金利引き上げを実現したことである。これらが、自分以外の権威を認めないエルドアンの逆鱗に触れたのである。[33]

市場の信任を得ていたアーバルの解任は為替相場の急落をもたらし、新総裁は金利水準の維持明言に追い込まれ、四月以降の毎月の通貨政策委員会も金利を変更しなかった。結局アーバルの解任は、金利引き下げではなく為替相場の下落をもたらした。これに不満かのごとく、エルドアンは、新総裁就任の一週間後に四人の副総裁のうちムラト・チェティンカヤ副総裁（元総裁とは別人）を、五月下旬にはオウズハン・オズバシュ副総裁を更迭し、それぞれの後任に民間銀行出身のムスタファ・ドゥマン、大学教授で大統領顧問のセミフ・テュズメンを任命した。このように三月以降、通貨政策委員会の定員七人のうち多数派四人が中央銀行の外から任命された。しかも、大統領令は更迭の理由さえ示していない。

結局アーバルの解任は、エルドアンが求めていた金利引き下げではなく為替相場下落のみをもたらした。エルドアンが二〇二〇年一一月に宣言した経済改革の可能性も消滅した。エルドアンは、六月以降中央銀行への利下げ要求を強め、九月以降、三カ月連続で政策金利を合計四ポイント下げさせた。そのためトルコリラは年間で四割下落し、インフレは政府発表で三六％、実際はその倍以上に達した。

一二月初めには政府内で唯一利下げに反対していたリュトフィ・エルヴァン財務国庫相が辞任し、後任に低金利を掲げるヌレッディン・ネバティ財務国庫副大臣が任命された。これにより、閣僚のなかに経済専門家はいなくなった。中央銀行金利がさらに一ポイント引き下げられると、トルコリラは一二月

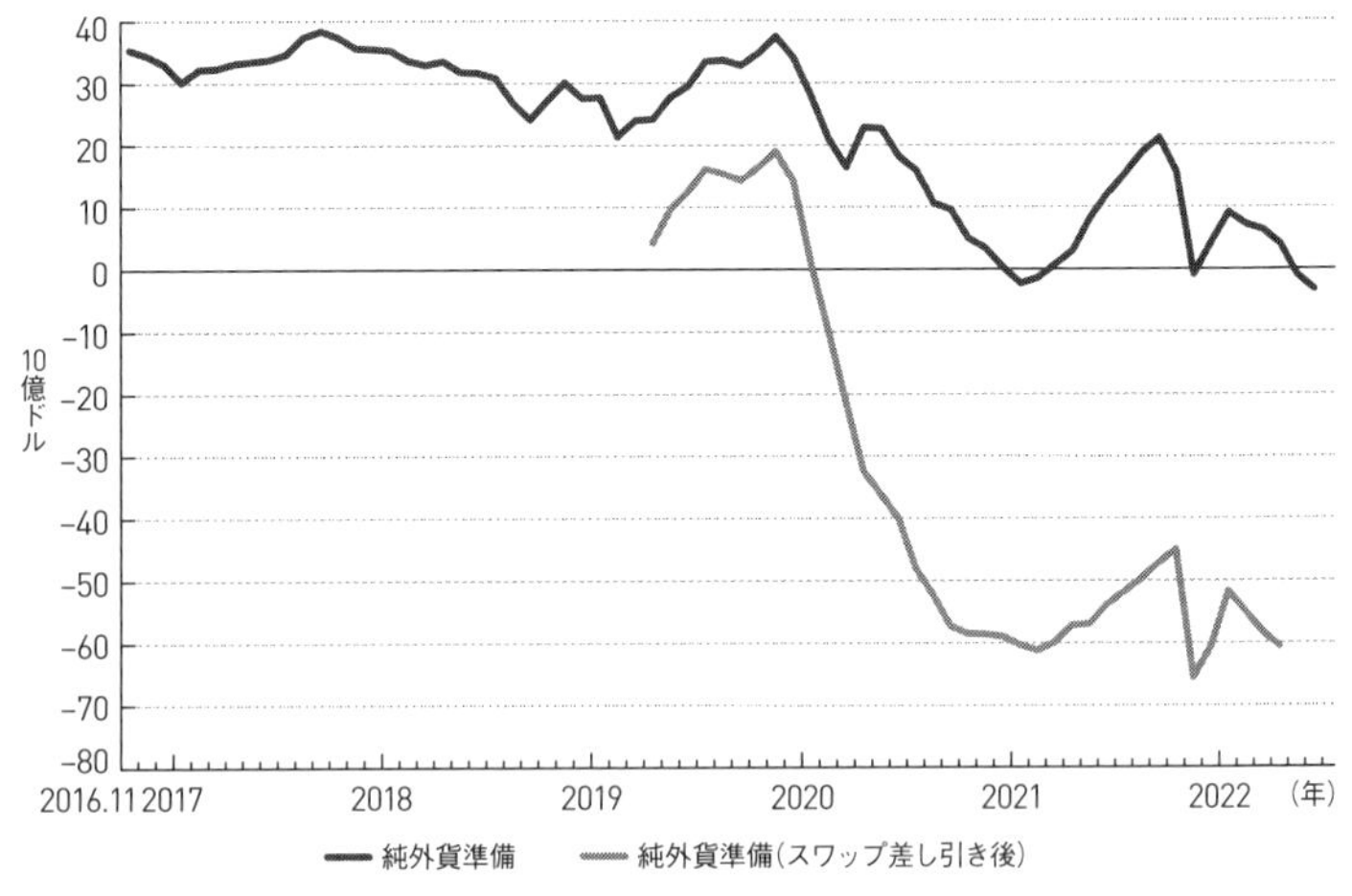

図7－3　純外貨準備：2016年11月-2022年7月

注：純外貨準備＝対外資産－外貨債務。
　　通貨スワップのデータは2019年5月から公開されている。
出所：トルコ中央銀行のウェブサイトのデータより筆者作成。

のうちに一ドル一二トルコリラから一時は一八トルコリラにまで下落した。

政府が窮余の策として、為替相場下落分が補填されるトルコリラ定期預金（為替保護預金）を一二月に導入すると、為替相場は一二トルコリラにまで「回復」したが、その裏では数十億ドルの外貨準備を費やした、国営銀行を仲介とする中央銀行による為替介入がおこなわれていた。その後も為替介入は続き、純外貨準備残高は短期のドル資金調達方法である通貨スワップを差し引くとマイナス六〇〇億ドルにまで落ち込んだ（図7－3）。これは、為替相場急落が起きた二〇二〇年一一月や二〇二一年一二月以来の低水準である。

トルコ中央銀行が為替介入に用いたドルは、トルコの市中銀行により買われる。中央銀行はそのドルを中央銀行に強制的に預金させる。輸出業者のドル収入の四割も強制的に中央銀行に預金させる。中央銀行はこのように、他人の所有するドルを用いて介入を繰り返している。ただし、中央銀行がこのように使える市中銀行のドルはしだいに減ってくるため、スワップや外国からの預金など、外国からのドル資金の注入が必要になる。[34] また、為替保護預金は為替損失補償に税金が投入されるため、財政赤字の拡大につながる。

エルドアンは、二〇二〇年一一月の通貨危機直後には金利引き上げを渋々ながら認めていた。しかし、二〇二一年一一月の通貨危機では引き下がるそぶりを見せず、利下げを続けると宣言した。事実、為替相場介入の継続により為替相場が落ち着きを取り戻すと、中央銀行は政策金利を二〇二二年八月以降毎月引き下げ、一一月に九%というエルドアンが公言していた一桁金利を実現した。これにより実質政策金利は、この間のインフレ急上昇をも反映して、マイナス七四%となった。

このようなエルドアノミックスの断固とした実践の背景には、ナジ・アーバル中央銀行総裁の解任、そしてエリヴァン財務国庫相の辞任により、エルドアンに「苦い薬」を進言できる人物がもはやいなくなったことがある。実際、経済問題に詳しい新聞記者エルダル・サーラムによれば、二〇二〇年一一月に通貨危機をきっかけとして大統領との対立でアルバイラクが辞任した後は、大統領府の経済政策委員会のイスラム法学者セルベト・バユンドゥル教授と、通貨発行論者のヌレッティン・ジャニクリ元副首相が、経済政策で大統領の信頼を最も得ている。官庁の経済政策担当者は、大統領に政策を説明する前にその二人に説明する必要があるという。とくに金利政策ではバユンドゥルの影響が強い。二〇一四年にイスタンブル大学イスラム法学部教授になったバユンドゥルはイスラム経済金融が専門で、金利に批判的な見解をネット上で公表している。大統領側近にはこれ以外に大統領顧問が数人いるが、いずれも大統領の「理論」を意識して、利下げが妥当であると解釈しているという。

三　集権的大統領制の脆弱性

権力独占と機能低下

中央銀行への政治介入は、集権的大統領制下におけるエルドアンの権力独占が、国家制度の本来の機能を低下させている一例にすぎない。憲法学者セラプ・ヤズジュの調査によると、二〇一八年以降の大統領令の半分以上が公布済みの大統領令を修正する内容になっている。その理由は、第一に、法的誤りの訂正、第二に、本来は要件を満たしていない人物を任官するためなどのつじつま合わせの規定変更だという[35]。省庁では大臣以下、局次長まで大統領が承認権限を持つので、大統領は適材でない忠誠者を配属していることがわかる。いまや政府の政策決定の中心である大統領令において、このように法律上の誤りが多く、しかも属人的理由で法令が変更されていることが、朝令暮改を蔓延させ国家機能を低下させている。

このような権力独占と機能低下の相関関係は、経済悪化と新型コロナ感染拡大の相乗作用のなかでさらに顕在化した。第一に、政府は、時限的措置として従業員解雇を禁じる代わりに、一時帰休の従業員に低賃金に満たない額の時短労働手当を支給した。しかし、政府による二〇二一年三月までの新型コロナ対策財政支援のうち、返済の必要がない給付金の総額はＧＤＰ比で一・九％と、世界平均の九・二％

よりはるかに低い水準である。[36] 融資は九・四％で世界平均の六・一％を上回るものの、すでに返済時期を迎えた零細事業者は困難な状況に陥った。ＡＫＰの主要な支持基盤である中小企業や零細企業を代表する経済団体さえ、財政支援が欠如しているとして政府への批判を公言するようになった。[37]

第二に、新型コロナ対策で専門家の見識よりも政治家の意向が支配的になった。二〇二〇年初めから新型コロナ対策を担当してきた保健相が早い初動と情報開示で国民の信頼を集めると、大統領府内から圧力が加わり、すべては大統領のおかげと発言せざるをえなくなった。その後、保健相はしだいに政策の主導性を失っていった。保健相が毎日公表していた感染状況の統計も、七月以降、透明性が低下した。二〇二〇年六月や二〇二一年三月に感染を十分に抑え切れていないまま実施された「正常復帰」も、保健相や専門家会議ではなくエルドアンの判断により決定された。

新型コロナ対策で保健相や専門家会議の役割が後退した結果、ほかの閣僚が政府内での調整なしに、学校での対面授業の再開や、観光業従事者の優先的ワクチン接種、観光業の営業再開などを宣言し、世論の反発を受けた。また、学校の春学期開始時期を教育相が三月一日と、自らに相談せずに決定したことに反発したエルドアンがそれを覆し、三月二日に「変更」する事態も起きた。感染再拡大後、教育相が秋学期開始時期を九月六日と定めたものの、八月に入ってもエルドアンから承認を得られず辞任した。[38]

第三に、与党の党利党略が国民無視のコロナ無策と加速をもたらした。政府による所得補償措置が欠如しているため、イスタンブルやアンカラなど野党が市長を務める市政府は困窮者への義援金活動を開始したが、内務相により禁止され、代わりにエルドアンが七月に「われわれは互助できる」との義援金活動を開始した。これに対して野党市政府は、困窮者の公共料金や小売店への未払い金の肩代わりを市

イスタンブル市の安価な「人民パン」売店前の行列（Youtube ビデオ画面ショット）
［https://www.msn.com/ja-jp/sports/npb/istanbulda-so%C4%9Fukta-ucuz-ekmek-kuyru%C4%9Fu/vp-AATg5S3］

民に呼びかけて支援活動を続けた。また、イスタンブル広域市公社による安価なパンの販売所を増設する案も、市議会多数派であるＡＫＰと民族主義者行動党（ＭＨＰ）により否決されるなど、エルドアン政権の目的が、困窮者支援ではなく野党の妨害であることが明らかになった。

エルドアンは感染防止措置を自らが無視して、三月に与党の大規模な県・全国党大会を強行した。この党大会は、人気が低迷するエルドアンに声援を送る党員の姿をテレビに映すためにおこなわれた。自らはテレビ会議で党大会に参加したエルドアンは、場を盛り上げるため党員にマスクを外すよう勧めさえした。党大会開催は、国内で大きな「人流」をつくりだし、コロナウイルス感染再拡大をもたらしたことが多くの専門家により指摘されている。この結果、ふたたび外出制限が施行された。

感染再拡大が起こるたびに外出禁止措置や店舗の営業禁止などの規制が取られてきたが、その決定が毎回、エルドアンにより突然下されるため、大きな混乱を招いてきた。しかも、感染防止を口実とした酒類販売禁止などの「便乗イスラム化政策」が、法律や大統領令にさえもとづかず突如通達されることが起きた。これらオスマン帝国のスルタンの勅令まがいの通達は、国民生活における混乱を増大させた。

エルドアンの判断力低下

与党支持低下がエルドアンの政策的選択肢を狭めているのに加え、エルドアン自身の現実認識力と判断力にも陰りがみられる。第一には、宗教的保守主義への傾倒である。エルドアンは二〇二〇年七月一〇日、イスタンブルにあるアヤソフィア博物館をイスラム教礼拝所（モスク）として機能させる大統領令を公布した。アヤソフィアはビザンチン帝国時代（五三七〜一四五三年）の約九〇〇年間、キリスト教教会だったが、一四五三年にイスタンブルを征服したオスマン帝国がモスクに転用した。

オスマン帝国の第一次世界大戦敗北後、その国土を連合国による占領から解放して一九二三年に建国されたトルコ共和国でも、当初約一〇年はモスクのままだった。しかし、老朽化が進んでいたイスタンブルの主要なモスクの改修事業の際に、アヤソフィアの壁のしっくいに塗り込められていた世界的文化価値のモザイク画の全貌が明らかになると、初代大統領ムスタファ・ケマル・アタテュルクは、その展示のためにアヤソフィアを博物館に転じることを決めた。

他方で、五〇〇年近くのあいだモスクだったアヤソフィアが博物館に転じられていたことに、宗教保守勢力は不満だった。なかでもイスラム運動や親イスラム的政党は一九六〇年代以降、とくに選挙前など政治的競争が活発になる時期にアヤソフィアでの礼拝解禁を主張してきた。

ＡＫＰの支持層であるイスラム運動や団体はアヤソフィアでの礼拝解禁を永年要求してきたが、エルドアンは政権に就いてからもそれを封印してきた。その常套文句は、「まずは［アヤソフィアのすぐ近くにある］スルタンアフメット・モスクを満員にしてみなさい、それから考える。いつどのようにするかは自分がいちばんよく知っている。これには政治的側面と罠がある」であった。つまりエルドアンは、イスラム運動がモスク礼拝者を増やす努力もせず、アヤソフィアのモスク化を自らの要求で実現させたとして手柄とすることを、警戒していた。しかも、モスク化はいちど実現すると再現できないため、一過性の高揚をもたらすだけで終わる。そのためエルドアンとしては、重要な政治局面で、しかも自分の手柄として実現したかった。

エルドアンが二〇二三年六月まで任期を三年近く残しながら、一回しか使えない「アヤソフィア」カードを切ってしまった。その意図は、経済悪化で低落傾向にあるＡＫＰへの支持を固めるため、その中核的支持基盤である宗教保守勢力に訴えることだった。ＡＫＰは、二〇一九年六月のイスタンブル広域市長の再選挙で敗北したため、それまでのように市財政からイスラム教団の財団に多額の補助をできなくなった。これら勢力はＡＫＰに対して、財政補助以外の自らの要求に応えるよう圧力を強めたのである[39]。しかしエルドアンは、自分が主人であり、宗教保守勢力から指示は受けないというこれまでの姿勢を崩したことで、政策決定の自由度が弱まった。

アヤソフィアのモスク化実現は、超宗教保守勢力を勢いづかせた。ナクシベンディ系のイスマイル・アー派などの教団や『アキット』紙、『イェニシャファック』紙などのコラムニストに代表される、女性を蔑視する超宗教保守派は、二〇二〇年七月、女性の人権侵害を防ぐためのイスタンブル条約について、性や家族の価値観の喪失につながるとして破棄を求め、エルドアンに圧力をかけた。この条約は、二〇一一年にイスタンブルでの会議で署名され、トルコでは二〇一四年に施行された。エルドアンは、宗教保守勢力からのイスタンブル条約への批判があることを二〇二〇年二月の与党会合で吐露して、条約の見直しの意図を表明していたが、与党女性国会議員などから反対意見が寄せられた。にもかかわらず、七月になってエルドアンは、同条約破棄を含めた見直しを党中央決定執行委員会で指示し、その態度を鮮明にした。

これに対し、イスラム系の女性人権団体や与党女性議員からも、イスタンブル条約破棄に公然と反対する声が上がった。近親者による女性殺人の増加を、ほかの女性団体と同様に懸念しているからである。女性の権利をめぐる与党内での男女間の亀裂を象徴するのが、エルドアンの娘が副代表を務めるイスラム系女性団体ＫＡＤＥＫが条約破棄に反対したのに対し、教育支援財団の役員を務めるエルドアンの息子が賛成したことである。

第1章でみたように、ＡＫＰおよびその前身の親イスラム的政党の台頭で大きな役割を果たしたのは、女性活動家だった。都市の低所得地域に入り込んで家庭訪問やお茶会などにより主婦の支持、さらにはその家庭の票をも獲得してきた。ＡＫＰの草の根浸透の原動力だった女性党員を軽視することは、ＡＫＰの大衆支持基盤をも揺るがす可能性を持つが、エルドアンは二〇二一年三月、大統領令によりトルコのイスタンブル条約からの脱退を宣言した。二〇二〇～二一年の世論調査でも、ＡＫＰへの女性の支持率低下が報告されている(40)。エルドアンの宗教保守へのさらなる傾倒はＡＫＰの支持基盤をむしろ狭めているが、彼はその現実を認識できていない。

第二に、失言や防御的弁論の増加も二〇二一年以降に顕著である。国内での新型コロナワクチン接種が第二回目の段階に移行したばかりにもかかわらず、エルドアンは自分は三回目のワクチン接種が終わったと述べ、国内で最初のワクチン接種が開始される前に優先的に接種を受けていたことを自ら発覚させた。エルドアンはまた国営テレビの番組に出演した際、話題が動物保護に関する立法に移ったところで、司会者に動物を何匹飼っているかと質問した。司会者が、先週までは犬が二匹いたがいまは一匹になったと答えると、エルドアンは微笑しながら「殺したのか」と質問した。司会者は、「はい死にました」と答えてその場をしのいだ(41)。

このエルドアンの発言が示すのは、ひとつには被害妄想の兆候、もうひとつには自分の発言が世論にどのように受け取られるかを配慮できなくなっていることである。エルドアンは二〇二一年七月の地方遊説の際に、新型コロナワクチン接種がトルコでは無料だが、欧州では有料であると述べ、しかもその金額が発言のたびに一五〇、一〇〇、五〇ユーロ（ないしポンド）と大きく「値動き」した。もちろんエルドアンは与党派メディアが情報源である支持層を狙って嘘の情報を流しているのだが(42)、その嘘が以前に比べて稚拙になっている(43)。

二〇二一年一〇月には在トルコ大使館が連名で、長期拘束されているトルコ人実業家オスマン・カヴァラの即時解放を求めた。これに対して、エルドアンはこれら一〇カ国の大使に対して国外退去を命じるように「外務相に命じた」と、地方訪問先での開所式で発言した。この国外退去措置は、大統領補佐官とトルコ外務省の努力で実施を免れたが、実施されていれば対抗措置として一〇カ国のトルコ大使も国外退去を余儀なくされるはずだった。このような重大な結果をもたらす措置を政府内での共有もなくエルドアンが突如発表することは、この例にとどまらない。

失政の取り繕いも逆効果をもたらした。アルバイラク国庫財務相の命令による中央銀行のトルコリラ買い支えて失った外貨準備一二八〇億ドルについて、野党が「一二八〇億ドルはどこに行った」との政府追及キャンペーンを展開すると、エルドアンは経済問題から国民の関心を逸らすべく憲法改正を提案するが、その内容を説明せず一二八条からなると述べた。一二八という数字はトルコ語で一二八ミリヤル（一二八〇億）に対応している。野党の追及に対する防御のつもりが、実際には外貨準備喪失という経済問題を想起させることに気づいていないか、気にしていない。

二〇二一年八月にトルコ全県の半分で山火事が発生した。被害がこれほど拡大した理由は、政府が親政権企業に仲介手数料を与える目的で、消火用飛行機を政府保有制からリース契約制に切り替えていたため、即時飛行可能な消火用飛行機がほとんどなかったことである。エルドアンは地中海岸の現地を慰問しながらも、与党集会を開催した。隊列を組んだ車両で移動したため、消火作業車両が一時通行不可能になった。また大統領搭乗車両から袋入り紅茶葉を投げ渡し、犠牲者の家族宅を訪問せずに大統領のもとに呼んで慰問するなど、被災者への配慮の欠如が露わになった。

これら失態の後、与党派の新聞記者を交えた番組での質疑応答でさえ、エルドアンが回答の際にテレプロンプターを使用していることが発覚した。(44) エルドアンはこのような方法で誤答を防ぐ必要があるほど、第4章でみたような弁論力や判断力を失っている。このような認識・判断力低下は大統領への決裁権限集中による過労のせいとも指摘されているが、(45) いずれにせよ、未定の有権者を野党に近づけるとともに野党勢力の結束を強めている。(46)

四　政権交代の可能性

迫る大統領・議会同時選挙

二〇二三年六月までに大統領・議会の同時選挙が予定されている。この双選挙はこれまでにも増して大きな重要性を持つ。エルドアンは二〇二二年六月に立候補を宣言した。もし野党が勝利すれば二〇年続いたエルドアン政権が終わるだけでなく、野党合意に従って現在の集権的大統領制が議院内閣制に移行する見込みだからである。大統領選挙の候補者は与野党とも発表していないが、二〇二二年の世論調査では野党連合の支持率が与党連合の支持率を上回る状態が続いている。野党合意はこの世論支持を統一候補の得票に転化できるのか、それとも単なる野合に終わるのか。以下では選挙の仕組みと争点、および与野党の戦略をまとめておこう。

二〇一七年改正憲法下では、大統領と議会の任期は五年で、大統領は二期まで務められる。繰り上げ選挙も可能で、大統領または議会が決定できる。大統領が繰り上げ選挙を決定すると、大統領は残りの任期を失う。議会が（五分の三多数で）繰り上げ選挙を決議した場合も大統領は残りの任期を失うが、二期目の場合には、もういちど立候補することできる。そのためエルドアンにとっては議会による決定のほうが好ましい。そもそも野党は繰り上げ選挙を要求しているため、与党が望めば繰り上げ双選挙が実現する。

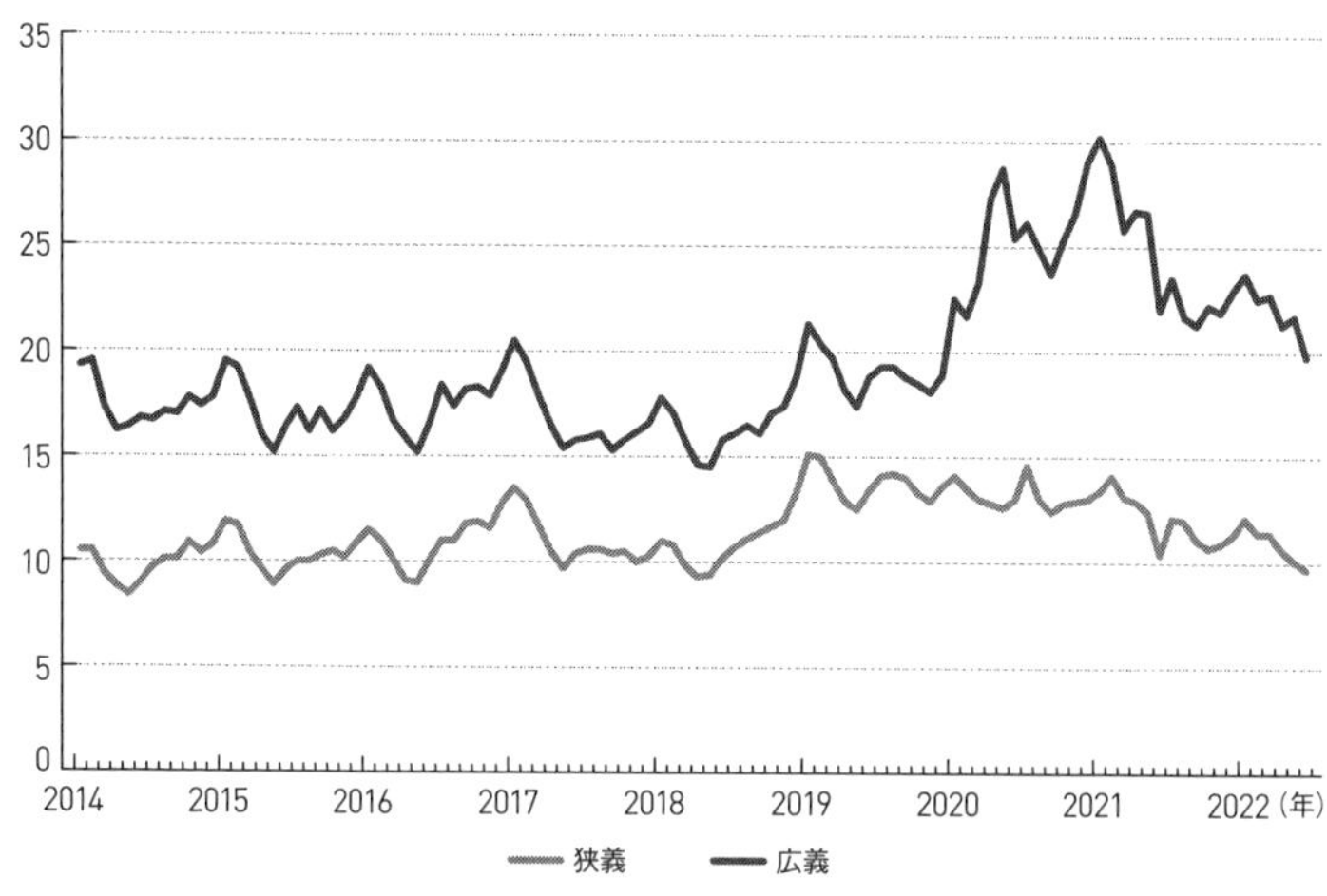

図7-4　失業率：2014年1月－2022年6月

注：狭義は過去1カ月間の求職者の合計の労働人口に占める割合。広義は狭義の失業者と過去3カ月間の求職者の合計の労働人口に占める割合。
出所：トルコ統計局のウェブサイトのデータより筆者作成。

投票行動の最大の決定要因は経済状況である。AKP政権はかつては後光効果により、直近の経済状況に支持率が左右されなかったが、長引く経済低迷でその効果は消えている（第2章参照）。二〇一四年以降減少を続けていた一人あたり国民所得は、二〇二〇年には二〇〇七年以下の水準に後戻りした（第2章の図2－1参照）。

テレビや新聞の九割以上を保有する親政権メディアが政府の望む情報のみを流そうとしても、経済状況の悪化は国民の目から隠せない。インフレによる生活必需品価格や電気・ガス料金の高騰、本人や身内の失業状態（図7－4）などは、自らの眼で観察されるからである。しかも、インフレや失業の悪化は、トルコでコロナ感染が初めて確認された二〇二〇年三月以前にすでに起きていた。一人あたり国民所得の低下の原因は、経済成長の鈍化だけではない。為替相場が、名目値ではもちろん、実質値でも二〇一四

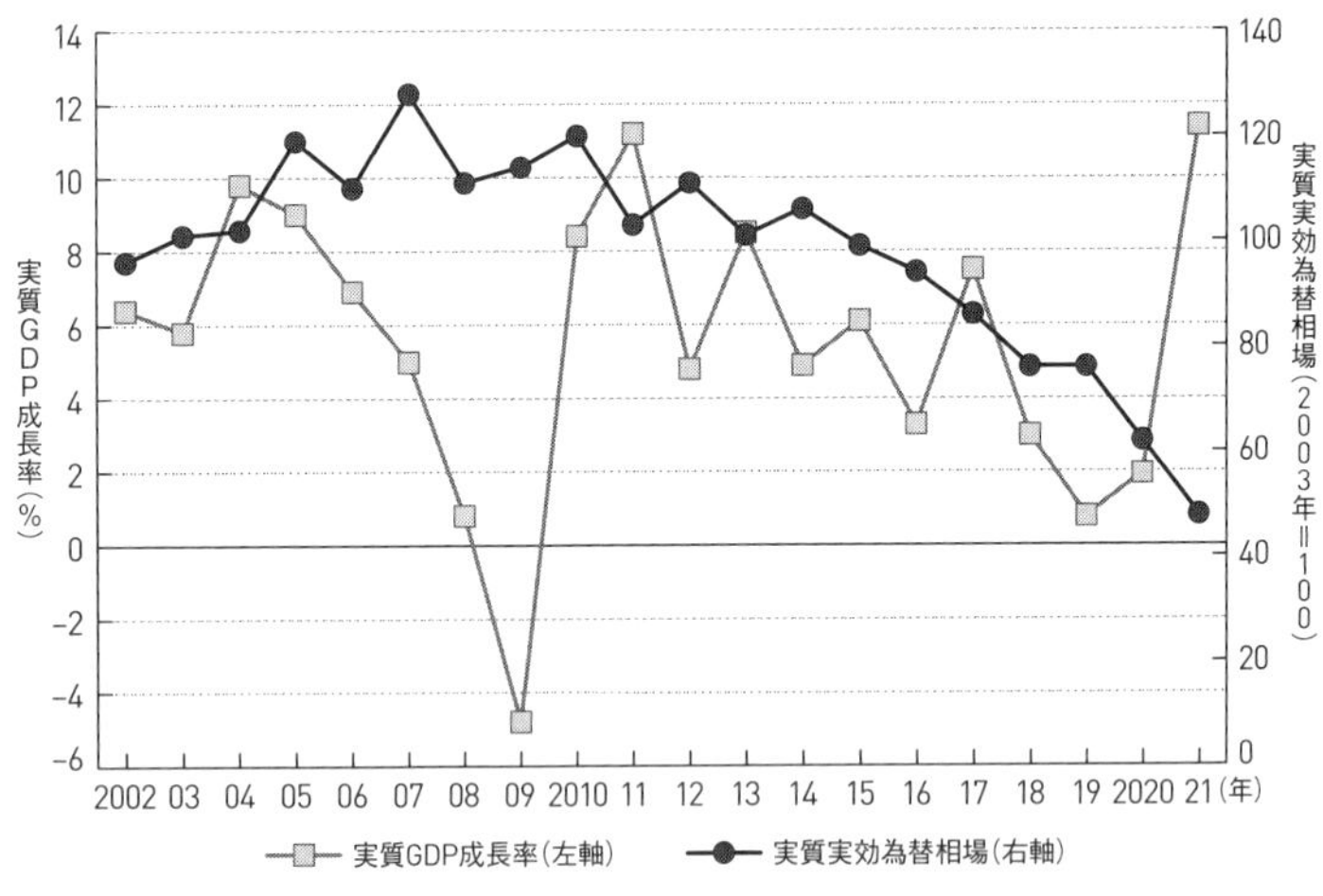

図7−5　GDP成長率と為替相場の低落傾向：2002-2021年

注：実質実効為替相場は2003年を100とする。
出所：実質GDP成長率はIMFのウェブページのデータ，実質実効為替相場はトルコ中央銀行のウェブページのデータより筆者作成。

年以降一貫して下落しているのがより大きな原因である（図7－5）。

ＡＫＰ政権は二〇一四年以降、先進国から途上国への資本流入が先細りしているにもかかわらず、中央銀行に政策金利を下げるよう圧力をかけ続けてきた。トルコリラの為替相場は、前述のように二〇一六年冬、二〇一八年夏、二〇二〇年秋、二〇二一年秋に急落した。

為替相場下落の影響は低所得世帯に強く現れる。低所得世帯の支出項目は貿易財で低価格品が中心だが、これらの支出項目は為替相場下落の影響が大きい[47]。これに対し、高所得世帯は支出項目が非貿易財で高価格品が中心であるために為替相場下落の影響を受けにくい。そのため両世帯の間の所得格差が広がった。所得格差を示すジニ係数は、ＡＫＰ政権当初は低下したのに、二〇一五年に上昇に転じた（図7－6）。賃金上昇は急上昇するインフレ率以下にとどま

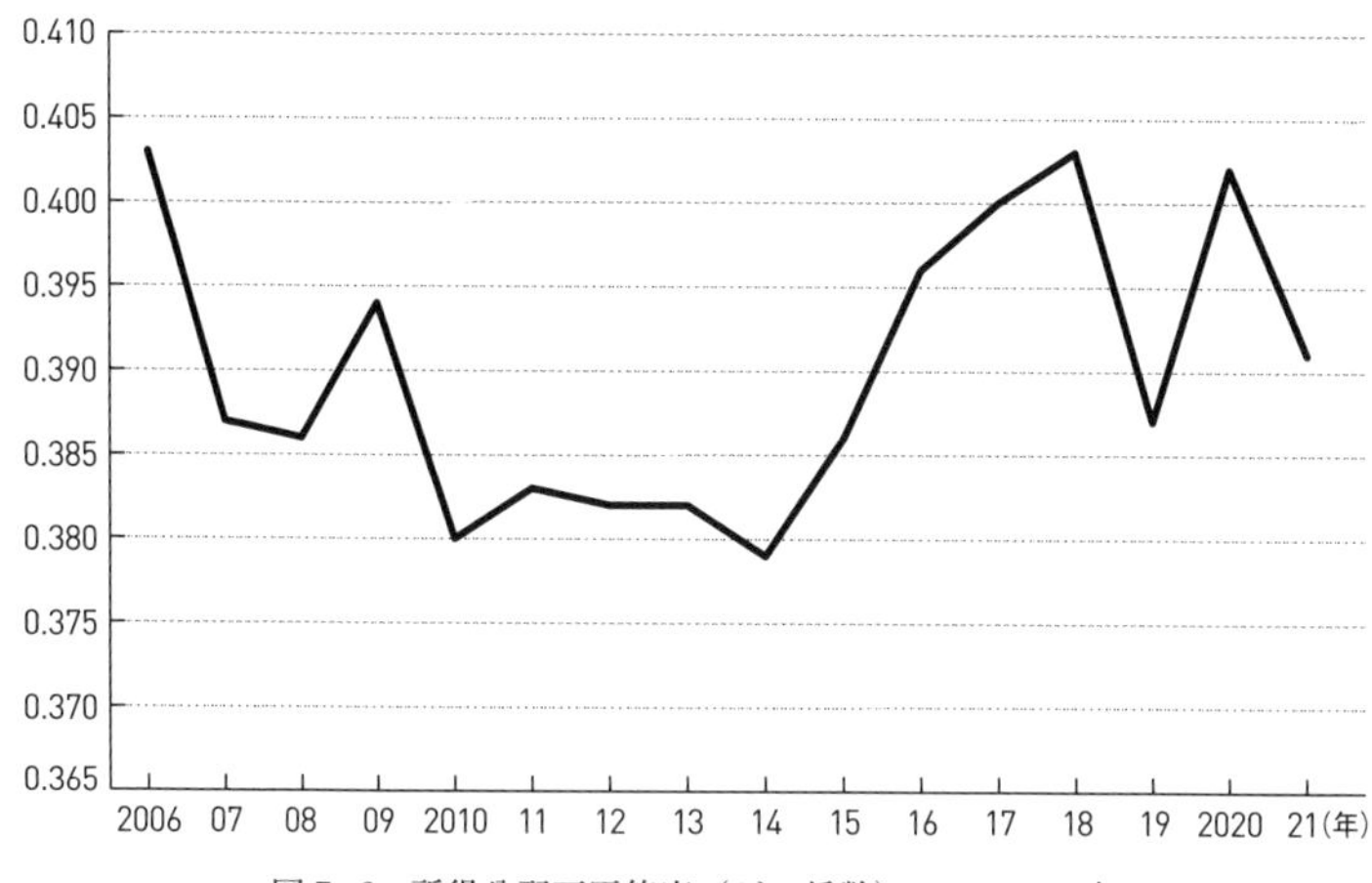

図 7-6　所得分配不平等度（ジニ係数）：2006-2021 年

出所：トルコ統計局のウェブサイトのデータより筆者作成。

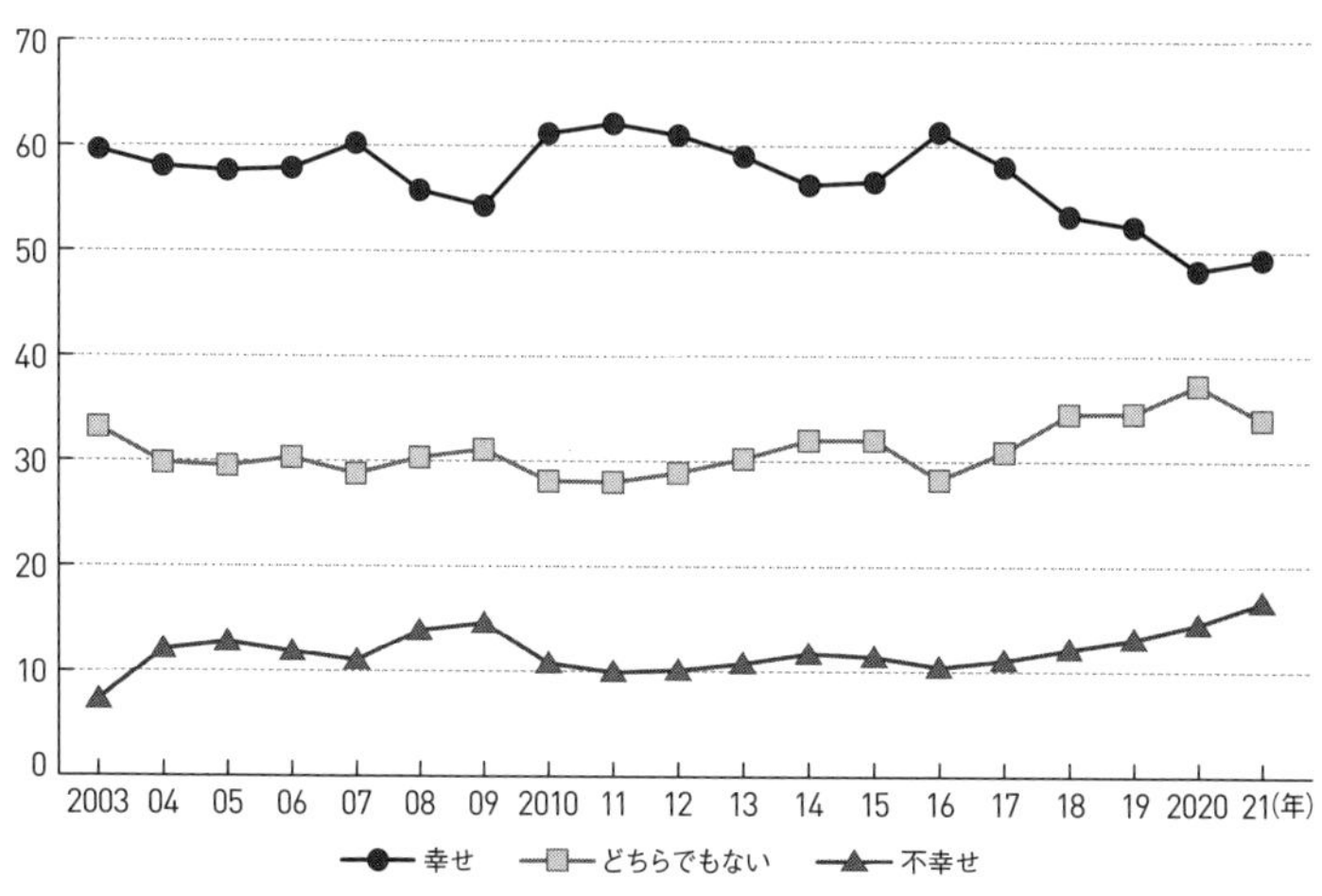

図 7-7　幸福度：2003-2021 年

出所：トルコ統計局のウェブサイトのデータより筆者作成。

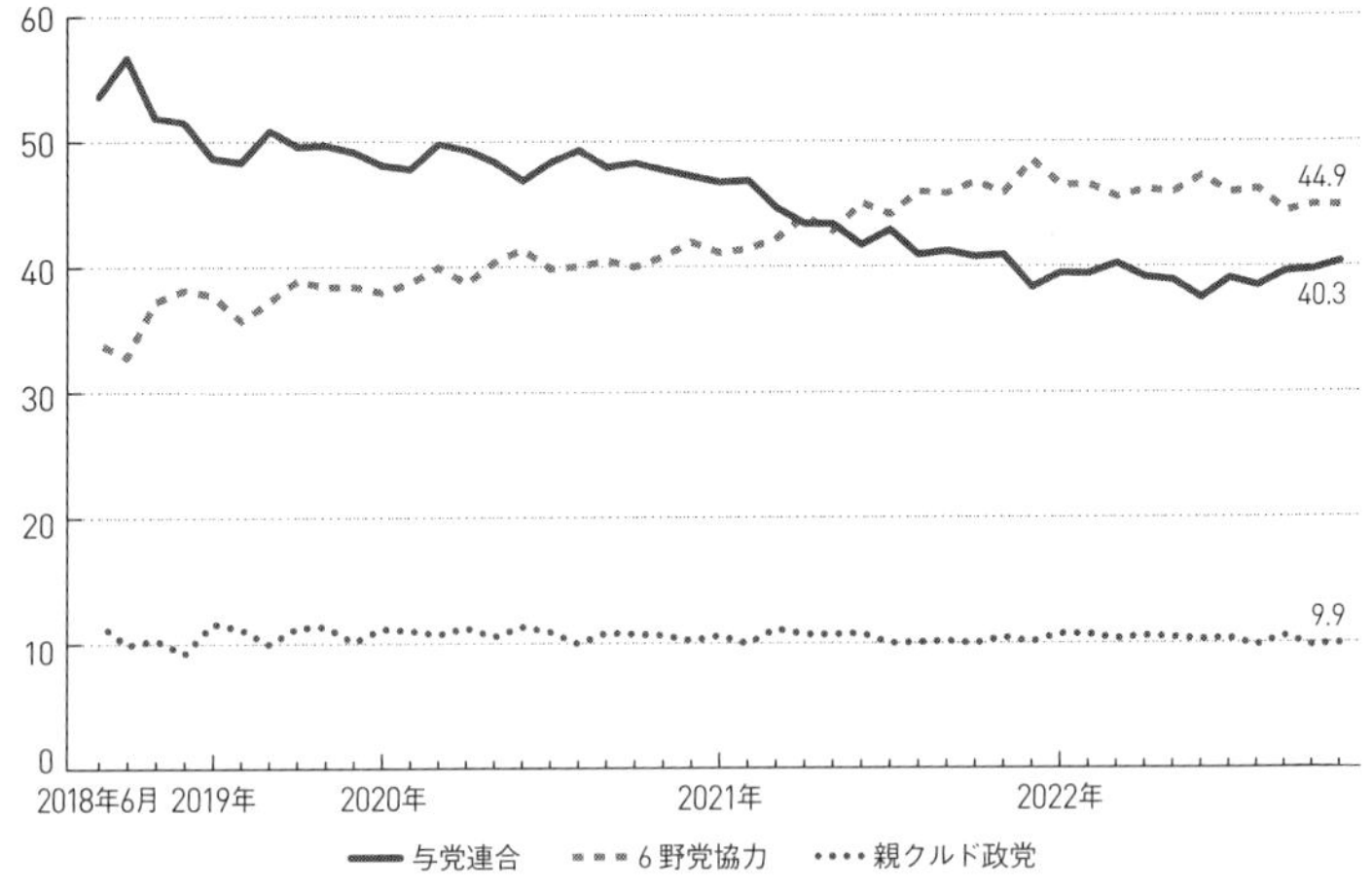

図7-8　政党連合支持率：2018年6月－2022年11月（%）

注：「今日（またはこんどの日曜日に）選挙があればどの党に投票しますか」との問いに対する回答。毎月の世論調査数は平均して10件程度。与党連合はAKPとMHP，6野党協力はCHP，İYİ，DEVA，SP，GP，DP。

出所：Vikipediで集約されている世論調査各社の公表されたアンケート結果の月別平均値をもとに筆者作成（https://tr.wikipedia.org/wiki/%C3%9Clke_%C3%A7ap%C4%B1nda_2023_T%C3%BCrkiye_genel_se%C3%A7imleri_i%C3%A7in_yap%C4%B1lan_anketler#Anket_ortalamalar%C4%B1）。

っている。給与所得者のGDPに占める比率は二〇二〇年が三九%だったのが、二〇二一年に三六%、二〇二二年に三二%へと低下している[48]。

経済危機の慢性化は有権者の意識を変えつつある。二〇〇三年に統計が取られはじめた国民の幸福度が、二〇一八年以降は最低記録を更新し続けている（図7-7）。二〇一八年までのAKP得票率は第6章の図6-3で示したとおりだが、それ以降の与党支持率も前記の幸福度を反映するかのように、長期的低下傾向にある。その結果、野党連合の中核となる二野党の合計支持率が、与党連合の合計支持率と拮抗する状態が二〇二一年春に生まれた（図7-8）。

野党の戦略

野党はＡＫＰ政権期で最も広範で持続的な、六野党の協力体制（六野党協力）を構築した。[49] それは共和人民党（ＣＨＰ）と善良党（İＹİ）の二野党連合に他の四野党が協力する形である。そもそも二野党連合が二与党連合に支持率で拮抗していたため、かりに他の四野党のどれか、あるいはすべて離脱しても野党陣営として大きな痛手にはならない。六野党協力は、二〇二二年二月に政権合意に調印して以来、毎月一回の党首会談を積み重ねるとともに分科会が政策綱領を作成してきた。そして一一月に憲法分科会が策定した、憲法の民主化改正案を発表した。[50] そして、次期双選挙で政権交代が実現すれば、できるだけ早く憲法改正を実現し、強化された議院内閣制（後述）に移行することで合意した。体制移行すれば、大統領も議会もその任期を終える。

六野党協力は単なる数合わせではない。たとえば、ハンガリーの二〇二二年四月の総選挙で、六野党連合が期待に反して与党に大敗したことは記憶に新しい。だが、トルコとハンガリーの六野党にはふたつの違いがある。第一に、ハンガリーでは野党連合が比較的最近誕生し、しかも極右派を含んでいたため緩い政策合意しかなかった。トルコの野党協力では、二〇一七年以降の五年にわたる野党間信頼醸成があるうえ、中道（左右）派のみが参加しているため、後述のようなきわめて具体的な法改正案で合意できている。第二に、ハンガリーでは、首相・議院候補は六党参加の予備選で決定された。予備選で敗退した政党は敗北選挙区での選挙協力に消極的だった。トルコでは大統領候補を六党合意で決定する。また、議会選挙候補も選挙区別アンケートをもとに調整する。そのため政党間競争による軋轢を押さえられる。

このように政策や選挙協力での合意形成は徐々に進んでいる。遅れているのは大統領候補の決定である。実は、六野党協力の候補が大統領に当選しても、議院内閣制への早期移行が実現すれば、新大統領はその任期を全うできない。しかも移行までの間も、その権限を抑制的に行使することで合意されている。そのため、新大統領は実質的には体制移行のための調整役であるが、世論ではそのような認識は薄い。また六野党協力としても、「権力を行使しない大統領候補」とあえて宣伝する理由はない。選挙戦で与党側から「弱い指導者」と攻撃されるからである。

焦点は、世論調査の支持率でエルドアンを上回る三人の候補（いずれも野党第一党のCHPに所属）のうち誰を擁立するかである。二〇二二年世論調査平均支持率でみると、エルドアンとの格差は、ヤヴァシュ・アンカラ広域市長が一〇％以上、イマモール・イスタンブル広域市長が一〇％程度、クルチダロールCHP党首が五％程度である。[51] 上位二候補は、三位よりも民族主義、宗教性の点で保守的であるため、平均的なトルコ有権者の価値観に訴える。

当初の想定では、世論調査で最も勝利が確実な候補を擁立するはずだった。しかし、野党協力を二〇一八年以来献身的にまとめてきたクルチダロールが、体制移行期に求められる中立的な大統領の資質を備えているとの期待を背景に、立候補に意欲を示す言動が続いている。彼は、エルドアンの介入が続いている中央銀行、インフレを過小に見積もっている統計局、公務員統一試験での与党支持者優遇が疑われている文部省、シリア難民の有権者登録に関わっていると伝えられる移民局、選挙過程介入が懸念される民間軍事顧問会社などへの「訪問」をおこない、「自分が」政権に就けば現在のさまざまな問題を是正すると述べるようになった。

これに対し、İYİから二〇二二年九月以降に不快感が示されるようになった。その後、クルチダロールは自己顕示を控えるようになったものの、İYİでは依然として「勝てる候補」を求める声が強い。世論調査での与党連合の支持率が九月以降に持ち直したことも、三候補のなかで人気三位のクルチダロールには逆風となった。

エルドアンの巻き返し

二〇二二年秋以降、エルドアン大統領の世論支持率は持ち直す方向にある。何でもありの総力戦の中身は、所得政策、硬軟両様の対外政策、有力候補の排除である。

エルドアンは、インフレにともなう実質所得低下に遅ればせながら対応した。最低賃金手取額のドル換算値は、二〇二〇年初に四二〇ドルだったが、二〇二一年末の急速なインフレで同年一二月に二二八ドルにまで落ち込んだ。それを二〇二二年一月に五〇％、七月に三〇％の、異例の年二回引き上げを実施した[52]。それでも七月の三二八ドルという値は、二〇二〇年初に比べてまだ九二ドル少ない。

二〇二二年九月には、エルドアンは「社会住宅プロジェクト」を発表し、約一〇〇万世帯に安価な住宅を二〇年の分割払いで提供すると約束した。また、低所得世帯の生活手当の受給対象条件と金額を拡大した。約五〇〇万人への年金未支給問題についても、彼はこれまで対応を拒否していたが、年末までに解決策を発表すると約束した[53]。

これらの経済措置の実施や発表に加え、二〇二二年夏の外国人観光客回帰も消費者信頼指標の若干の改善に貢献した。すると七月以降、それまで低迷していた与党連合の支持率（図7－8）やエルドアン

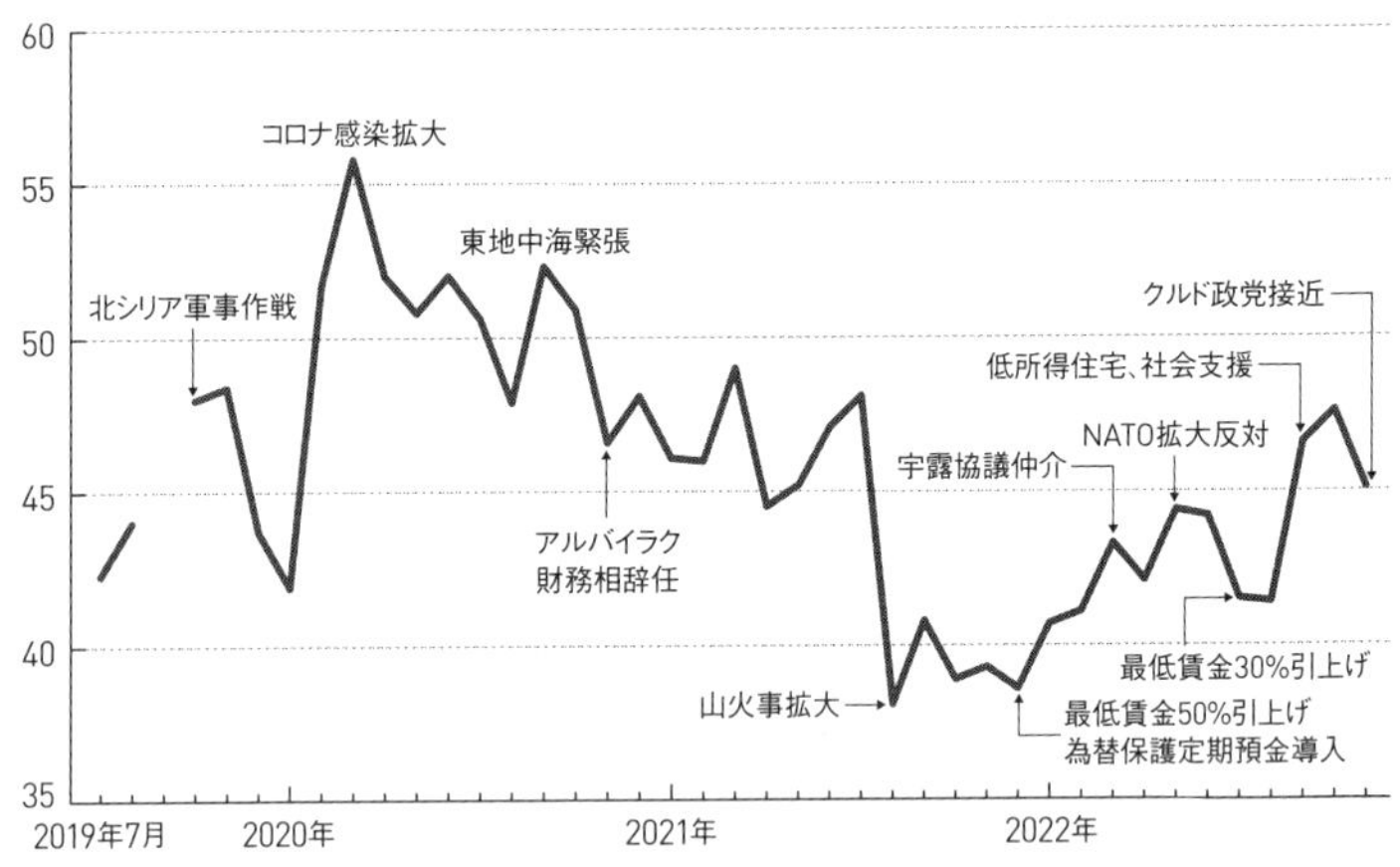

図7−9　エルドアン大統領信任率（%）

注：エルドアン大統領の業績を「信任する」,「信任しない」,「わからない」のうち「信任する」と回答した人の比率。2019年8月のデータは公表されていない。
出所：メトロポール社世論調査のツイッター公開データ（https://twitter.com/metropoll）より筆者作成。

大統領の業績に対する信任率（図7－9）は、若干ながら持ち直してきた。ただし、図7－9からは、経済措置のエルドアン支持押し上げの効果は三カ月程度続くものの、年末に消滅するかにみえる。その場合、エルドアンは二〇二三年初めにもういちど、大幅な最低賃金引き上げなどにより支持率浮揚を狙う可能性が高い。

対外関係では硬軟を使い分け、民族主義意識への訴えと経済立て直しの両方を狙っている。エルドアンは二〇二二年一一月にイスタンブルの繁華街で起きた爆弾テロ事件をも利用した。彼は事件をＰＫＫによる犯行と断定し、北シリアにおけるＰＫＫ系組織の拠点に対して報復の空爆をおこなったうえで、地上戦を予告した。ＰＫＫはトルコにおけるテロ組織だが、トルコ軍の攻撃を避けられる北シリアにクルド民主統一党（ＰＹＤ）という姉妹組織を作り、勢力を拡大してきた。そのためＰＹＤへの軍事作戦は国内世論の支持を得やすい。
エルドアンはウクライナに侵攻したロシアの窓口役として影響力を増すと、欧米に対しては強い態度に出ている。[54]欧米はこれまでトルコのＰＹＤへの軍事作戦を批判してきたが、エルドアンはスウェーデンとフィンランドの北大西洋条約機構（ＮＡＴＯ）加盟手続きでトルコ国会の承認を先延ばしにして、今後の北シリア軍事作戦に対する米国の反対を抑えようとしている。

他方、険悪な関係に陥っていた中東のアラブ首長国連邦（ＵＡＥ）、サウジアラビア、エジプト、イスラエルなどとは、二〇二一年末以降関係改善を進めている。その大きな理由はトルコ経済の立て直しである。外資呼び込みや貿易拡大に加え、為替介入資金と選挙資金の調達が必要だからである。最近でも二〇二二年一一月にエルドアンがカタールで、エジプトのシシ大統領と初めて対面して握手を交わすと、両国の関係改善を求めていたサウジアラビアから五〇億ドルがトルコ中央銀行の外貨預金口座に振り込まれ、[55]両国の仲介をしていたカタールから一〇〇億ドルがスワップないし外貨預金として、そのうち約三〇億ドルが一二月末までにトルコに供与されることが決まった。[56]

エルドアンの巻き返しはこれで終わらなかった。大統領選挙候補で人気第二位であるイマモールに、一二月、イスタンブルの地方裁判所で二年七カ月の禁固刑判決が下されたのである。イマモールが二〇一九年六月、イスタンブル広域市長再選挙後におこなった発言が高等選挙委員会を中傷したとの理由で、検察が起こしていた訴訟の最初の判決である。

今後、高等裁判所と最高裁判所への控訴が可能であるが、一年以上の禁固刑が確定すれば、イマモールは政治活動が禁じられて大統領候補資格を失い、イスタンブル広域市長の職も失う。現在の司法府は政権の影響下にあるため、選挙までに判決が早急に確定する可能性はある。代わりの広域市長は議会決議で決まるが、現在のイスタンブル広域市の議会は与党が多数であるため、イスタンブル広域市政を与党が取り戻すことになる。

今回のイマモールに対する政治的訴訟は、大統領選挙での有力候補の排除を意図していたであろうが、与党が選挙で失ったイスタンブル広域市政を選挙以外の方法で取り戻そうとするこれまでの執拗な試みの結果でもある。というのも、イスタンブル広域市は、与党の選挙資金調達や支持基盤の宗教勢力への財源分配などで重要な役割を果たしてきたからである。

有力候補を政界から一時的に追放することがその候補者への有権者の支持をかえって高めることは、かつて不当な判決によりイスタンブル広域市長の職を追われたエルドアン自身が二〇〇三年に首相に就任したことで体現した(57)。イマモールも、二〇一九年三月統一地方選挙でイスタンブル広域市長選挙結果が無効とされ、六月のやり直し選挙で対抗馬との差を広げて大勝した。政権はこの反発効果を充分承知しているはずである。この政治的訴訟がかりに「権利を剥奪された」イマモールの支持率を上げる結果になっても、少なくとも選挙でイマモールが大統領候補にならず、イスタンブル広域市が与党の支配下にあればよい、との魂胆であろう。

鍵を握る親クルド政党

六野党協力にとって今後の戦略は三つある。第一に、国民の支持の高まりを期待できるイマモールを候補として政権に勝負を挑むことである。しかし、一年以上の有罪判決が、選挙直前または最中に下る可能性は高い。すると、イマモールの候補または当選結果が無効となるうえ、代わりの候補を擁立できないという危険がある。

第二の戦略は、人気第一位のヤヴァシュ擁立である。だがこれは熟慮を要する。実は、通常引用されている世論調査は、大統領選挙二回目の投票を想定した質問への回答結果である。実際の選挙では、一回目の投票で六野党協力に含まれていない親クルド政党である人民の民主党（ＨＤＰ）が候補を擁立するかが、世論調査結果と選挙結果の間で大きな違いを生む。

世論調査は、当然ながら有権者の自由意志を反映する。これに対し、選挙ではＨＤＰは候補を擁立する場合は第二回目の投票で、擁立しない場合は第一回目の投票で、党として誰を支持するかを宣言するはずである。ＨＤＰ支持者の政党帰属意識は非常に強いので、有権者の一割を占める支持者はまとまってどちらかの候補を支持することになる。

ヤヴァシュは、現在はＣＨＰ所属ながら元は民族主義的なＭＨＰ出身で、クルド民族の権利自由を擁護する態度を示していない。そのため、クルド系の有権者一般の一部は支持しても、ＨＤＰが政党として支持する可能性は低い。これに対し、クルチダロールＣＨＰ党首は、自身がクルド系であることを別としても、これまでクルド地域でＣＨＰの住民との対話を促進して同地域での支持率上昇を実現した。

現在、ＨＤＰを含めたクルド政治勢力でクルド有権者の支持が多いのは、ＨＤＰ元党首のセラハッティン・デミルタシュである。彼は政治的裁判の結果、二〇一六年以来投獄されているが、獄中からクルチダロールへの支持を、メディアを通じて二〇二二年九月に暗示した。一二月のイマモール有罪判決後も、その姿勢を維持している。ＨＤＰ現指導部もデミルタシュの意向を配慮せざるをえないであろう。

そこで第三として、クルチダロール擁立の可能性は充分ありうる。クルチダロールがエルドアンに勝利する条件は、ＨＤＰの支持を獲得するとともに、イマモールへの不正への抗議を続けることで世論の信任を高めることであろう。

実は、エルドアンも最近、ＨＤＰの取り込みを試みている。それまでエルドアンがテロリスト呼ばわりしていたＨＤＰ議員団に、二〇二二年一一月、司法相が憲法改正の提案を理由に国会で面会した。また、獄中のデミルタシュが同月、クルド地方の病院に入院中の父親に面会するため特別機で送迎された。ただし、ＨＤＰとの接触はかえってエルドアン支持者の反発を買い、彼の信任率を引き下げた（図7－9）。

エルドアンはその後、ＨＤＰの取り込みをあきらめたようにみえる。また、この間も憲法裁判所で、ＨＤＰの強制解党訴訟は続いていた。エルドアンが解党判決への圧力を強めるとの観測もある。ＨＤＰを解党させればエルドアンとしては、トルコ民族主義有権者からの支持拡大、ＨＤＰ支持者の自主投票、六野党のＨＤＰに対する足並みの乱れ、などが期待できるかもしれない。しかし逆効果もある。クルド有権者はエルドアンに強く反発するだろう。獄中のデミルタシュのクルド有権者への影響力はむしろ強まる。「何でもあり」の巻き返しは、巻き戻る可能性もある。

一党優位制成立の最大の要因が組織化と経済業績だったように、その衰退の要因も組織弱体化と経済失政に求められる。しかも、組織的弱体化が経済失政を引き起こしている。経済政策を立案実施できる人材を与党や政府からエルドアンが排除していき、エルドアノミックス、すなわち低金利融資により建設不動産業を成長させることに誰も口出しできなくなった体制が、二〇一八年六月以降の集権的大統領制だった。しかし、そのエルドアノミックスが経済原理により拒絶されたのが二〇一八年以降の経済危機である。経済危機下では、第3章でみたように、社会保障制度により国民の経済的不満を抑え込むことはできない一方、汚職への不満が増大して政権支持が大きく揺らぐ。一党優位制が一頭優位制に変質したことで、政権崩壊の可能性はより高まった。

デミレル元大統領のたとえ話にあった動物園のつじつま合わせとは、飼育係が毎晩、新たな羊を檻に追加していることだった。そのため動物園は大層な支出を強いられていたのである。エルドアンへの権力集中過程で経済政策から専門知が排除されてきた。低金利（事実上はマイナス金利）を求めているのがエルドアンであることは周知のことだ。しかし、つじつま合わせを誰が、どのような見込みや意図でおこなっているかが不透明である。

経済記者サーラムによれば、つじつま合わせは中央銀行内の集団、財務省内の集団、および大統領顧問団によりおこなわれている(58)。このように政策権限や政策知識の有無とは無関係に決められる政策が、一貫性や整合性を持つことはそもそも期待できない。さらには、次にどのような政策が出されるのかも予想できない。政策担当者でさえ決めかねているだろう。このようなつじつま合わせが、低金利政策のそもそもの効果に加えて経済政策および経済の不確実性を高め、政権の経済業績をさらに悪化させているのである。

このように経済失政は政権交代を予想させるが、エルドアンは次期大統領選挙直前に有権者の経済的不満をある程度解消していればよいと考えている。羊と狼の共存は選挙直前だけ実現すればよいのである。エルドアンが関係改善を進めた湾岸諸国、さらにロシアが提供する資金がそのための命綱である。最近の賃金引き上げは製品価格への転嫁を通じて、今後インフレに拍車をかけるであろう。だが、政府公表インフレ率が三桁に達していない大きな理由は、これまでの賃金上昇率がインフレ率を大きく下回っていることである。すなわちエルドアンにとって、賃金を大幅に引き上げてもそれが三桁インフレをもたらすまでに時間的猶予がある。野党は政権の経済失政を批判することで、ある程度の得点を稼いだ。ただし、選挙まで残された数カ月の間は、エルドアンが繰り出す奇襲を受ける立場になった。

コラム【9】　海峡の番人かNATOのジョーカーか――ウクライナ紛争

トルコはウクライナ紛争への関与で、ウクライナとロシアの会談の場を設定したり、ウクライナの穀物輸出再開支援に関与して国際社会に協力する態度を見せたりしながら、北大西洋条約機構（NATO）の拡大の足を引っ張って攪乱要因となったのはなぜか。

それはトルコの国際法上の権限とエルドアンの意図から説明できる。権限では、トルコの海峡管理国としての地位が国際条約で保障されているからである。一九三六年に締結されたモントルー条約では、トルコがボスポラス海峡とダーダネルス海峡での一般船舶の安全な航行のため、戦艦の平時および戦時の航行を禁止ないし制限するなどの権利が認められている。

ウクライナ紛争勃発の直後、トルコはモントルー条約にある「交戦国の海峡通過禁止」規定に従い、ロシア戦艦の両海峡から黒海への航行を禁じた。実際には、ロシアの攻撃のほとんどは黒海以外からだったため、この措置は戦況にはあまり影響を与えなかった。むしろトルコが海峡の番人として、国際社会で与えられた権利から期待される役割を果たす意思を示す象徴的な行為だった。実際、この権利の行使は、ウクライナ大統領ウォロディミル・ゼレンスキーからも求められていた。

モントルー条約など制度に依拠する外交は、大統領府の大統領側近ではなく外務省の生え抜きの、外交官の地道な接触と交渉により実現した（二〇二二年三月四日付Yetkin Report参照）。これらの国家エリートをエルドアンは西欧かぶれの代名詞として「モンシェール（フランス語で最愛の人を意味する）」（表4－1参照）と皮肉ってきたが、今回はその恩恵にあずかったのである。

またウクライナの穀物を黒海を通って輸出するための穀物回廊の取極は、フルシ・アカル国防相が中心と

ボスポラス海峡の要塞：ルメリ・ヒサル［©Wikimedia Commons］

なった交渉で実現した。このように海峡管理国家としての役割を担ったのは、外務省と国防省という正式な国家制度の組織だった。

エルドアンは、実はトルコ共和国初期に建国の世俗主義的指導者たちが欧米に対してトルコの主権を回復するために締結したモントルー条約などの諸条約を無視することで、これら指導者の貢献を無視してきた。さらにはイスタンブル運河という、モントルー条約を無効にしかねない構想を打ち出して開発利権の拡大を狙った（二〇二〇年に同事業に見せかけた入札をおこなった）。

イスタンブルに運河を通せばボスポラス海峡の地理的条件が変化する。航路がもとの一つから二つに増え、海峡としての性格を失うからである。これによりトルコの海峡管理権が損なわれると文書で警告した退役軍人たちが二〇二一年に逮捕拘束されたことは、言論の自由のみならず、モントルー条約の軽視を物語る。

エルドアンの意図は、中立的な仲介者の立場

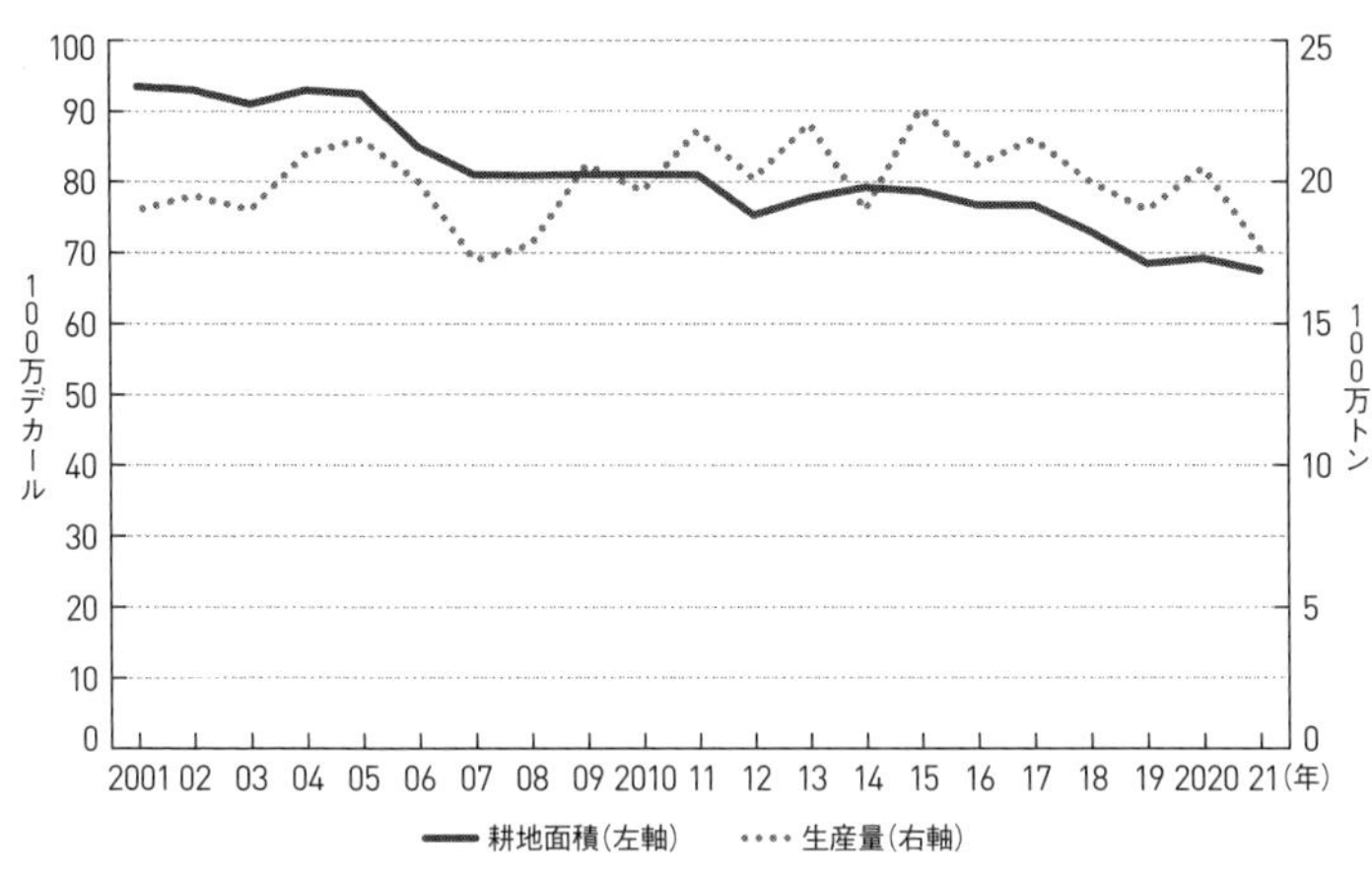

コラム図3　国産小麦：耕地と生産

出所：トルコ統計局のウェブページのデータより筆者作成。

を利用して、NATO加盟国でありながら対ロシア制裁に参加せず、ロシアとの貿易や資本取引を維持して国内経済のこれ以上の悪化を食い止めることである。国内インフレ率は公式統計で八〇%に達したが、食料品のインフレ率はそれをはるかに上回る。トルコは二〇二一年に輸入小麦の三分の二をロシアから、ウクライナからは一割強を調達している。とくに直近の二年間は小麦の生産が落ち込み、生産量の約半分に相当する量の小麦を輸入している。政府の農業支援の欠如により生産量が増えず、耕地面積は減少している（コラム図3）。

また貴重な外貨獲得源である観光客では、二〇二一年ではロシア人が全体の二割で第一位である。天然ガス輸入の四五%、原油輸入の二五%もロシアからである。トルコはロシアに制裁しなかったからといって、軍用ドローン売却などにより支援してきたウクライナとの関係がとくに悪化するわけでもない。

さらに、外交において制度ではなく個人関係を重視するエルドアンは、ロシア大統領プーチンとの二〇二二年八月の直接会談で、ロシアとの貿易のルーブル決済に合意した。トルコリラの対ドル相場下落に悩むトルコは、ロシア産天然ガスのルーブル決裁をこれまで望んできた。ロシアは経済制裁によりドル建て取引が難しくなったため、トルコの申し入れに応じた。

ロシア資本は、ロシア国営企業により建設されたトルコ唯一の原子力発電所であるアックユ原発のほぼ完全所有、トルコ建設王手のカリオンジュ建設の株式取得などで、トルコに流入している。これらの外貨流入は、トルコとしては中央銀行外貨準備赤字（図７－３参照）を補填しトルコリラ為替相場下落を抑えるのが目的とみなされている。

エルドアンが強行したロシア製Ｓ－４００ミサイル防衛システムの購入、東地中海でのギリシアとの軍事的緊張演出などは、トルコがＮＡＴＯにとって信頼しにくい加盟国との印象を与えてきた。ウクライナ紛争でトルコが仲介的役割を果たしたことで、対ロシア経済制裁へのトルコの不参加は欧米からこれまで黙認されていたが、このような両国の経済関係の深化によるロシアの制裁回避路の拡大に、欧米諸国は懸念を強めている。

番人はトルコの国家制度、ジョーカーはトルコの大統領、ともいえる。

終　章　引力政治から無力政治へ

公正発展党（ＡＫＰ）が選挙に勝ち続けて政権を維持できた最大の理由は、強権政治ではなく、引力政治にあった。引力政治とは、政権が後光力、庇護力、言説力という三つの力により国民を引き寄せる政治である。終章ではまず、その三つの力が引力政治を築いた力学、つぎに引力政治が無力政治へと変質していく力学を明らかにする。そして最後に、今後のトルコの政治体制の変革を展望したい。

引力政治の力学

後光力を生んだのはＡＫＰ政権第一期の経済業績だった。一党優位制ではその国にとって、大きな転換期を成功裏に乗り切ると、その好業績の後光効果が与党支持強化につながる。多くの場合、後光効果は良好な経済業績に支えられていた。トルコにおける一党優位制の台頭も、外生的危機→社会勢力の志向転換→危機克服→後光効果という典型的過程をたどった。二〇〇一年にトルコは史上最大の金融危機を経験した。ＡＫＰ政権がその第一期（二〇〇二～二〇〇七年）に経済成長と安定を実現すると、ＡＫＰ政権の経済運営を信頼する後光効果が生まれ、有権者は短期的経済状況を政権支持判断の材料としなくなった。

庇護力では、トルコにおける社会保障拡充の目玉は国民皆健康保険導入と社会扶助拡大だった。これらの社会保障改革が低所得で組織力を欠く層を対象としたことは、ＡＫＰ政権への支持の拡大と固定化に貢献した。ＡＫＰ政権は、①既存社会保障制度の受益者格差解消、②民間部門からの寄付奨励、③伝統的家族制度活用にもとづく現実的な社会福祉制度を構築した。これらは追加的財政支出を抑えられるうえ、自由市場経済、政治的保守主義という政権イデオロギーにも合致する。ただし、国民の経済状況認識が悪化すると、社会福祉の恩恵を感じても政権を支持しない人々が増えることを、世論分析は明らかにした。

言説力では、ＡＫＰ政権が批判勢力を封じ込める過程を民主主義的闘争と国民に印象づけるうえで、エルドアンは巧妙な言説転換を用いた。彼は、長年トルコで世俗主義的国家エリートが民選政権を転覆してきたことを口実に、選挙での多数派が人民の意思を代表するという多数派主義を唱え、少数意見を排除するポピュリスト言説を確立した。

制度侵食

ただし、このような政権維持の力学は、①民主主義と市場経済を保障する国家制度と、②有権者との密接な意思疎通を実現する政党組織、このふたつが機能している限りにおいて成り立つ。制度が（数人であればまだしも）単独の政治指導者の恣意に取って代わられると、その指導者は強権を用いているようでいて、無力政治に陥る。恣意的な意思決定は、制度に依拠する意思決定よりも合理性や情報の質量ではるかに劣るからである。権力集中は人材と情報を減少させることにより執行能力を低下させる。トルコの政治体制が二〇一八年以降は強権化が進みながら一党優位制が衰退したという逆説の理由も、そこにあった。

エルドアンが、長期政権の最大の危機を機会に転じたのが二〇一六年七月クーデタ未遂だった。それは、トルコの過去のクーデタとまったく異なる性格を持っていたうえ、トルコの政権のみならず体制を転覆する可能性さえあった。しかしこのクーデタ未遂は結果として、集権的大統領制導入に決定的な役割を果たした。第一に、非常事態令による政府批判勢力の拘束、第二に、国民意識の高揚に乗じた第三野党の政権への接近により、憲法改正を二〇一七年四月に実現できたのである。

集権的大統領制の導入は与党の集票・政策機能を低下させた。そもそも一党優位制は、政権獲得のために政党が全力稼働で集票して樹立できた体制である。ＡＫＰの一党優位制の政治的インフラ（下部構造）は、国内で最も組織化された政党だった。親イスラム政党の改革派がトルコの厳格な世俗主義を考慮して結党したＡＫＰは、当初、親イスラムではなく、保守民主主義と自称した。民主主義、人権、多元主義という普遍的規範の一部として、宗教の自由を間接的に求めた。経済では、自由市場と民営化をほかの政党よりも主張した。組織の点では、ＡＫＰはＲＰが築いた対人関係構築による日常的選挙活動に加え、一九九四年統一地方選挙で獲得した大都市自治体を政治マシンとして、二〇〇二年以降の選挙で最大利用したことはすでにみたとおりである。

二〇一七年四月に集権的大統領制導入のための憲法改正が成立した。二〇一八年六月以降、大統領・議会が別々の選挙で選ばれるようになると、議会過半数獲得は与党政権樹立の必要条件ではなくなり、国会議員が入閣することもできなくなった。しかも、大統領には広範な大統領令交付権限が付与された。このため議会の機能と質は低下し、さらに与党やその支持者の集票・選挙活動の意欲と機能も弱まった。大統領集権化は経済政策に大きな影響を及ぼした。集権的大統領制の導入で閣僚や省庁官僚の専門的知識と判断が大統領に届かなくなる一方で、大統領の側近が影響力を増した。これらが政策判断を誤る危険性を高めた。インフレ進行下でも大統領が中央銀行に金利引き下げを求め続けたことは、二〇一八年八月の通貨危機、二〇一九年三月統一地方選挙での大都市での与党の敗北、二〇二一年には与野党の支持率の逆転をもたらした。一党優位制成立の最大の要因が組織化と経済業績だったように、その衰退の要因も組織弱体化と経済失政に求められた。

無力政治の力学

このような制度浸食は三つの力を弱め、現政権を無力政治に向かわせた。無力政治の象徴は、三カ月しか世論の支持を浮揚させられない経済施策、親政権企業への税収分配、エルドアンの記者会見でのプロンプタ依存である。第一に、後光力については、AKP政権はその経済運営に対して得られた信頼に乗じて、公共事業主体に傾倒していった。また、財政規律と物価安定を重視する経済閣僚を遠ざけた。政策金利引き下げと融資拡大による経済の名目的成長に固執し、二〇一八年に起きた経済危機を慢性化させた。トルコリラは二〇二一年の一年間で四割下落し、インフレは政府発表で三六%、実際はその倍以上に達した。AKP政権は約二〇年前の政権樹立直前と酷似した経済危機状況に陥った。

第二に、二〇一四年以降、ドル換算での一人あたり所得低下に連動するかのように、庇護力も低下し、所得不平等が拡大している。AKP政権下で社会保障制度は拡充した。しかし、国民の経済状況認識が悪化すると、社会福祉の恩恵を感じても政権を支持しないことを、本書は明らかにした。さらに、公共事業が(野党により五大マフィアとも呼ばれる)特定企業へ優先的に、しかも予定収入保証などの優遇条件で発注される事態が恒常化した。親政権メディアを保有するこれら企業が関与した汚職が社会保障財源を圧迫していることは、国民の目にも明らかになった。

第三に、言説力では、二〇一一年以降にエルドアンが民主主義を唱えなくなったとともに、国民の民主主義への信頼が低下した。エルドアンは代わりに対外的脅威と愛国主義を強調する言説に転じた。それは、二〇一五年のISやPKKによるテロ頻発や二〇一六年クーデタ未遂事件など、安全保障意識の高まった時期にはAKPへの支持回復に有効だったが、二〇一八年に発生した経済危機とその慢性化がもたらした経済認識の悪化には無力だった。

さらに、集権的大統領制への移行後、エルドアンが大統領府顧問からの情報をもとに意思決定するのが常態となり、国民の感覚と離れた言動を繰り返すようになった。大統領府側近らによる情報操作は大統領批判勢力への攻撃を目的としているため、国民の主要関心に訴えられない。代わりに野党は、国民の最大の不満である経済問題の原因が大統領自身であるとの言説を展開し、国民の共感をよんだ。

選挙を間近にしたエルドアンは巻き返しに転じたが、しかし、その手法も無力政治の様相を呈している。二〇二三年二月六日にトルコ南部で発生した大地震は、権力独占による機能低下とエルドアンの判断力低下の両方を如実に示した。災害緊急事態管理局も国軍も、大統領の指示待ちを余儀なくされ、地震発生から二日ものあいだ政府による人命救助活動がおこなわれなかったのである。この救助活動の遅れが被害を拡大させた、との批判が被災地から上がった。エルドアンは選挙で震災復興に世論の関心を向け、人災との批判をかわそうと試みていた(1)。

体制移行後の政策

六野党協力は、選挙に勝利すれば憲法改正を経て議院内閣制へ移行(復帰)すると、二〇二二年二月の「強化された議院内閣制」の六党合意で公約している。その新体制とは、現在の集権的大統領制はもとより過去の議院内閣制よりも三権分立を強化する一方で、政治的安定性を維持するための機能をも加える。大統領は二〇〇七年改憲前と同様、無党派で七年一期、実権は首相に与えられる。新たな制度で特筆すべきは、内閣不信任案の提出者は、代替の内閣名簿への国会過半数支持を得る必要がある(建設的不信任)、憲法裁判所判決を国家組織が履行する義務を負うなどである。

現在のトルコの最大の問題は経済状況であるが、六野党は具体的な経済政策を提案していないとの批判も野党支持勢力からは聞かれる。しかし中央銀行元副総裁のファティヒ・オザタイが述べるように、経済構造改革の根幹が市場経済を正しく機能させるための制度改革であることは、トルコ出身の世界的経済学者であるダロン・アジェムオールやダニ・ロドリックが指摘するところである(2)。そのような制度改革は六党合意の核心であった。

6 野党合意文書調印式（2022 年 2 月 28 日）［©Wikimedia Commons］

たとえば、（一）中央銀行を初めとする独立経済機関の長は二期を上限とし、内閣が指名するが、解任されない、中央銀行を通貨政策の唯一の決定機関とする、（二）公共入札法での例外規定を撤廃、欧州評議会の汚職対策国家グループ（GRECO）勧告決議に国内法を調和する、（三）司法府人事機関である判事検事委員会を判事・検事委員会に分割、判事委員会から司法相、司法次官を除外、国会の特定多数決で任命する、（四）違憲審査で公法人にも個人的審査請求権を付与し、立法・行政・司法府、政府機関、政党などが府・機関の違憲行為を訴えることを可能にする、（五）メディアの独占を防ぐために公正取引委員会に監督権を付与、ラジオテレビ高等委員会は国会の特定多数決で選出する、などの法改正提案が盛り込まれた。

また、六野党協力に穏健派勢力が結集していることは、政権交代によりトルコの外交政策も穏健化することを予想させた。前述のように、現在の政権は民族主義を強調することにより支持基盤固めを図り、外交を内政に利用してきた。外交での対外強行姿勢の行き過ぎは経済制裁や外資流入の落ち込みで国内経済の悪化に拍車をかけ、いわば自らの首を絞める結果となった。現在は行き過ぎの修正過程にあるとはいえる。それでも、ウクライナ紛争に乗じてふたたびNATO諸国への圧力戦術に出るなど、現政権の機会主義的な民族主義外交路線は放棄されていない。穏健派勢力による野党政権の実現は、このようなイデオロギー的外交を、外務省などの国家制度が重要な役割を果たす現実的外交に転換させる契機となるだろう。

野党勢力は世論調査で対与党で若干有利であったとはいえ、投票・開票過程への政権による介入の可能性をも考慮すると、一〇%以上の格差での勝利が必要であった。そのため、六協力野党は投票所監視強化のための準備をおこなっていた。もし政権交代が起きていたのならば、その経済政策は、六野党合意に従い、経済制度の独立性回復による経済安定化をめざすものだっただろう。野党党首のなかで、その経済運営手腕で傾聴される元経済担当副首相のアリ・ババジャン民主主義進歩党（DEVA）党首は、インフレを一桁に下げるのに政権交代から二年後を見込んでいた。経済立て直しが実現して初めて、体制移行選挙が可能になっただろう。

コラム【10】　トルコ大地震――与野党の復興選挙

トルコ南東部のガズィアンテップ県内およびカフラマンマラシュ県内を震源とする、それぞれマグニチュード七・八と七・五の連続した二つの地震では、国内での犠牲者は四万五〇〇〇人、負傷者は一一万五〇〇〇人に達した。これはトルコ共和国が一九二三年に成立してから起きた地震のなかで最大の被害である。隣国シリアでも犠牲者は八〇〇〇人、負傷者は一万五〇〇〇人と報告されている。

たしかに、今回の地震の規模はこれまでになく大きい。国内の被災地は一〇県に及ぶ。トルコ企業財界連合の試算では、その復興費用はトルコのGDPの一〇分の一に相当する八四〇億ドルに達するという。

今回の地震の規模が非常に大きかったとはいえ、被災地や社会メディア（SNS）では政権への批判が噴出した。政権に対する最大の批判は、地震発生から二日ものあいだ人命救助がおこなわれなかったことである。また、民間による救済活動も、政府機関である災害緊急事態管理局（AFAD）の許可待ちを続けさせられ、そのAFADも大統領の指示待ちとなっていた。

現体制ではそもそも大統領に絶対的な権限がある。初動の遅れの批判に反論したアカル国防相は、地震三〇分後に国軍が救助活動準備を完了し、一時間後に大統領に状況報告をおこなったと述べた。これは、大統領が国軍派遣の判断を下さなかったという証言でもある。大統領の指示が遅れた理由については、閣僚たちが震災対応策を大統領に提示すると、大統領の許可なしに会議を招集したために叱責された、との情報も漏れ伝わった。

政権が情報統制により批判を防ぐことは難しかった。二月八日に初めて被災地を訪れたエルドアンは被災者に対して、「これは（アッラーの神が定めた）運命の計画のなかにあるものだ」と述べたが、二一日の被災地再訪問の際には、「地震に冬の厳しい条件も加わり、震災後最初の数日には（対応に）不足や支障があったことは知っている」と、厳しい世論に配慮せざるをえなかった。

ＡＫＰ政権は、これまでも公共インフラ・プロジェクトを特定の建築請負業者に競争入札や監査なしに任せ、それが長期停電、炭鉱火災、列車衝突事故、山火事延焼などにつながった。今回の地震の被災地でも、これらの企業により建設された空港、住宅や政府施設の多くが崩壊した。

だが、違法建築は親政権企業だけがおこなっているわけではない。環境都市省の二〇一八年の資料によると、トルコの建築の半数以上が建築法に違反している。建築法が違法建築を抑止できない大きな理由は、建築恩赦法が頻繁に出されるために、法を遵守しないほうが得であるという認識が広がったことである。

建築恩赦法は一九八三年から二〇〇一年までの一八年間に六つ、ＡＫＰ政権下の二〇〇二年から二〇二二年までの二〇年間に八つ成立した。もともと建築恩赦法は、農村からの国内移民が都市周縁の公有地を不法占拠して建てた住宅を対象にしていたが、その後、建築法令に違反した集合住宅やホテルも対象になった。

建築恩赦法の対象者は当初は自宅所有者だったが、その後は建設業者や賃貸物件所有者が多くなった。そのため、違法建築と知らずに入居や滞在して被災することが、今回の地震でも多く見られた。その一方で、建築恩赦法を批判してきたのは都市計画や建築工学の専門家に限られていた。

野党も建築恩赦法には賛成してきたし、安価な違法建築住宅に住む市民のあいだにも同法への期待は常にあった。前述の建築恩赦法のすべてが、総選挙または統一地方選挙の前後一年のあいだに成立したことも意味深い。それらには有権者に向けられた、一票の「お願い」と「お礼」が込められている。違法建築容認の責任は現政権のみにあるわけではない。

エルドアンが二〇二三年二月一五日に主催したＡＫＰ中央執行委員会は、災害後に経済の悪化が進むことを懸念し、選挙を遅くとも六月一八日に実施する方向を固めた（その後、エルドアンは三月一日、選挙を五月一四日に実施すると宣言した)。

ところで、今回の地震はエルドアンの支持基盤の地域で起きた。直近二〇一八年総選挙での政権与党(AKPとMHP)の得票率は全国平均で五三・七%だが、被災一〇県のうち七県では六〇~七〇%台である。

そのためエルドアンは、地震の被害をめぐる政権への非難が妥当でないと支持基盤に訴え、そのつなぎ止めに望みを託している。政権への非難をそらす手法として、彼は責任転嫁と争点ずらしを用いている。

まず、責任転嫁では、住宅倒壊の直接の責任者を捕まえて、違法建築容認という政権の責任を回避することである。ボズダー司法相は、被災一〇県で「地震関連犯罪調査局」の設置を宣言、また建設業者や監査業者など二〇〇人近くが逮捕拘束されたと述べた。

つぎに、争点ずらしでは、世論の批判が集中している救助活動の遅れではなく、復興対策に注目させることである。遅くとも四カ月後に実施される選挙であれば、復興の実現がなくてもその希望を売ることができる。エルドアンは二月九日、被災者へ五〇〇〇ドル相当の現金支給、一年以内の二〇万戸の住宅建設を約束した。二二日には、被災地域での従業員解雇を三カ月間禁止するとともに雇用者の費用軽減策を打ち出した。

エルドアンは政権に近い五大建設企業に復興支援のための献金を約束させるとともに復興事業を先導することを求めた。親政権企業としては、復興事業に全面的に関与して現政権を支えることは自己の利益につながる。

選挙はこれまで野党により、強権政治を終わらせるための「体制変革選挙」と位置づけられてきた。エルドアンはそれを「復興選挙」に変えた。早期復興が現政権の再任にかかっていると主張することで、被災地の与党支持者をつなぎ止めることに賭けた。

はたして地震二週間以降におこなわれた五社のアンケート調査結果では、AKPの支持率は前月比で平均して一ポイント程度の低下にとどまった。他方、六野党協力は大統領統一候補を決められず、復興対策について明確なメッセージを打ち出せなかった。

しかも三月三日、六野党のうち世論支持率が二番目の善良党（İYİ）のアクシェネル党首が候補決定をめぐり同協力からの離脱を表明し、野党陣営は分裂の危機に至った。エルドアン曰く、「われわれは人命を重視するが、野党は党利を重視する」。野党はエルドアンを救命したかに見えた。

しかし六野党協力は三日間で不和を解消し、クルチダロール共和人民党（CHP）党首擁立で合意した。その鍵は、世論調査で人気第一位と第二位のアンカラ市長とイスタンブル市長を選挙後に副大統領に任命するという取り極めだった。

これは「クルチダロールでは選挙に勝てない」とのİYİの懸念への対応だった。だが、結果として、野党のドリーム・チーム結成となった。また、民族融和的なクルチダロールが大統領候補となったことで、クルド政党の支持を得られる可能性も高まった。もしこのチームが政権を取れたのなら、真価は、その震災復興策でまず問われただろう。

注記

序章　なぜ一党優位を維持できたのか

（1）Nwokora and Pelizzo (2014). この定義は、ジョヴァンニ・サルトーリによる定義を拡大したものである（Sartori 1976, 431-441）。

（2）これらは、政党連合でなく単一政党による一党優位制である。

（3）ンオコラ氏が共有してくださったデータをもとに筆者計算。同氏に心よりお礼申し上げる。

（4）<https://freedomhouse.org/country/turkey/freedom-world/2020>.

（5）Carothers (2018), Levitsky and Way (2020).

（6）エルドアンの人物紹介については、コラム［1］とコラム［4］を参照。コラム［1］は以下の文献を参考にした。Çakir and Çalmuk (2001)、Yavuz (2021)、ウィキペディア（Wikipedia）・トルコ語ページのエルドアンについての項目（https://tr.wikipedia.org/wiki/Recep_Tayyip_Erdo%C4%9Fan）。また、コラム［4］は以下の文献を参考にした。<http://www.aksiyon.com.tr/kitaplik/bas-bakan-erdoganin-futbol-kariyeri-kitap-oldu_513853>, <http://www.hurriyet.com.tr/spor/futbol/26890186.asp>, <http://www.cumhuriyet.com.tr/haber/turkiye/157399/Hoca_ya_ulasmak_lazim_Hakancigim.htmlCumhuriyet>.

（7）トルコ共和国近現代史については、新井（2001）、今井（2017）、小笠原（2019）を参照。

第1章　公正発展党とは——政党としての特質

（1）バルガットは、米国研究者ダニエル・ラーナーがその近代化理論の基礎となる著書の執筆のために聞き取り調査をおこなった伝統的農村でもあった（Lerner 1958）。福祉党はこのような伝統と近代の中間帯に党本部を構え、一般国民とつながっていた。

（2）世界における政党の類型化は、これまでドゥヴェルジェやサルトーリなどにより提示されてきた（Duverger 1955; Sartori 1976）。それらをこのような体系に統合したのが、ガンサーとダイアモンドである（Gunther and Diamond 2003）。

（3）ＰＫＫについては、コラム［2］とコラム［3］を参照。

（4）本書では、イスラム教に何らかの関連がある組織を「イスラム系」と称した。それら組織のうち、イスラム教を支持するものを「親イスラム」、イスラム教にもとづく国家や社会を目指すものを「イスラム派」として区別した。トルコにおける親イスラム政党については、澤江（2005）を参照。

（5）ＡＫＰのイデオロギーを論じる際には、ＲＰよりも国民的視点（ＭＧ）からの変化や継続性が焦点になってきたが、本章では政党論としてＡＫＰをＲＰと比較する。ＲＰはＭＧのイデオロギーをほぼそのまま踏襲してきた。

（6）これは、ＲＰの一九九一年以降の選挙公約での主要な主張となった「公正な秩序」をも反映している。資本主義、社会主義、イスラム主義の折中的な公約を発表して、所得格差是正など社会民主主義的主張をも取り上げた。

（7）ＡＫＰ二〇〇二年選挙綱領を参照。

（8）ＡＮＡＰの有力国会議員ではムラト・バシュエスキオールが八月二八日に、エルカン・ムムジュが八月三一日に、ＡＫＰへ入党している。Aydin and Taşkin (2016).

（9）<http://www.hurriyet.com.tr/kadrolasma-146104>, <http://www.hurriyet.com.tr/ha-anap-ha-dyp-ha-akp-146308>.

（10）間（2003a, 74）。

（11）<http://www.gazetevatan.com/yeni-kabinedeki-surprizler--dengeler-134760-gundem/>.

（12）この内閣改造で閣外となった八閣僚のうちメフメト・アリ・シャーヒンを除く七閣僚が非ＲＰ系だったのに対し、入閣した九名のうち四名（アルンチュ、サドゥッラー・エルギン、オメル・ディンチェル、ニハット・エルギュン）がＲＰ系、他の二名（タネル・ユルドゥズ、ムタファ・デミル）も親イスラムとして知られていた。

（13）<http://www.gazetevatan.com/rusen-cakir-387313-yazar-yazisi-omurga-eski--kabine-yeni/>.

（14）*Cumhuriyet*, 6 Ekim 2012.

（15）公務員服装に関する一九八二年の内閣令における、「女性は職場では頭を覆わない」との文言が削除された。

（16）二〇一〇年までの宗務庁長官は、政教分離の原則に従い政治的発言を避けていた（Öztürk 2016）。

（17）Yavuz (2019, 72).

（18）世界各国の政党について筆者がマニフェスト・プロジェクトのデータセットより計算したところ（Volkens et al. 2020）、経済政策は二二%、社会政策は二二%だった。

（19）間（1995）。一九八〇年代から一九九〇年代半ばまでが都市化の速度は最も高く、一九八五年ごろに都市人口が農村人口を上回った。都市への農村人口の大規模流入は、都市の拡大部分における「周辺化」をもたらした。

（20）トルコでは統一地方選挙での全国平均得票率として、県議会選挙得票率を用いてきた。その前の一九八九年統一地方選挙でのＲＰの得票率は九・八%。

（21）エルドアンは、一九九九年に四か月間禁固刑に服した。コラム［1］参照。

（22）Çakır (1994).

（23）また、ＲＰ市政下での大都市の公共事業入札において、親イスラム派企業の落札が相次いだ（Bulut 1999, 50-52）。イスラム運動への資金が提供されるとともに、そのかなりの部分がＲＰに還元された。

（24）図１－３は、間（2019, 7）の図序－４を転載したものである。国内移民純流入率とは、国内移民流入率から国内移民流出率を差し引いた比率（千分の一表示。以下も同様）。国内移民流入率とは、県外から該当郡への国内移民流入数が該当郡人口に占める比率。国内移民流出率とは、該当郡から県外への国内移民流出数が該当郡人口に占める比率。国内移民数は、一九九五年から二〇〇〇年の間に関するもの。一九九五年と二〇〇〇年の国勢調査の人口統計からトルコ統計局が算出した。なお二〇一六年以降、イスタンブルは国内移民純流出県となった。<https://t24.com.tr/haber/ayvacik-ta-3-dakika-arayla-art-arda-deprem,812007>.

（25）「ＡＫＰ組織内規」（Ak Party Teskilat Iç Yönetmeligi）を参照。

（26）県組織では本部が五〇名、郡組織では本部が六〇名、女性部、青年部がそれぞれ三〇名である（Doğan 2016, 70-71）。

（27）Doğan (2016, 73-102). ＡＫＰの党組織と活動についての詳細は、イスタンブル県キャウトハーネ郡の中低所得層が多いサナイ地区で二〇一一年一一月から二〇一二年一一月の間に著者がおこなった面接・参与観察調査に依拠している。

（28）Doğan (2016, 93-95).

（29）Doğan (2016, 95-102).

（30）Doğan (2016, 257-264).

（31）Joppien (2018, 81).

（32）<https://www.yeniasir.com.tr/yazarlar/yunus.karakaya/2017/11/07/mahalle-temsilcilikleri-ve-ak-parti>.

（33）Joppien (2018, 92-93), White (2002, 198-199).

（34）Joppien (2018, 91).

（35）Kemahlioğlu and Özdemir (2018).

（36）二〇二〇年二月四日現在で一〇一九万五九〇四名だった。<https://tr.euronews.com/2020/02/16/ak-partinin-uye-sayisi-378-bin-artisla-10-milyonu-gecti-diger-partilerde-durum-ne>, <https://www.yargitaycb.gov.tr/icerik/1095>.

（37）Erdoğan Tosun (2018, 38).

（38）バシロフはエルドアン主義の四つの主要構成要素として、①与党を優遇する選挙、②エルドアンの家族による経済利権支配、③反エリート・反制度的言説、④イスラム主義を指摘する（Bashirov 2018）。

（39）大統領の無党派規定は、選出直後から任期終了まで適用される。そのためこの党大会にはギュルのみならずエルドアンも憲法上参加できないはずだった。

（40）集権的大統領制のための憲法改正後の最初の大統領・議会選挙は二〇一九年一一月だったのにもかかわらず、いくつかの規定はそれ以前に現職大統領に適用されていた。

（41）二〇一一年、二〇一五年、二〇一八年総選挙直後のアンケート調査（ＣＳＥＳ）より筆者計算。いずれも家計所得や宗教性についての無回答を除いた比率。なお、無回答が存在するため、与党支持者と野党支持者ないし棄権者の所得順位下位四割の人口比の加重平均は四割に一致しない。

（42）ＡＫＰの支持が弱い地域のうち、経済的に発展した西部沿岸部は世俗主義のＣＨＰ、経済的発展度が最も低く、クルド系市民の比率が高い南東部（クルド地域）では親クルド政党が強い。

（43）トルコ外交については、今井(2015)、コラム［8］とコラム［9］を参照。

（44）クーデタ未遂は第5章、ギュレン派については、コラム［2］を参照。

（45）トルコの北シリアへの軍事作戦については、コラム［7］を参照。同コラムは、間寧「トルコシリア侵攻――エルドアン大統領のトラウマと打算」『フォーサイト』（二〇一九年一〇月一七日掲載）を改稿したものである。なお、トルコ軍は二〇二〇年二月、北シリアにおいて停戦監視をおこなっていた際にシリア軍と直接交戦したが、このときはＰＫＫを標的としていなかった（間寧 2020）。

第2章　後光力――経済業績と有権者

（1）このトルコ語を直訳すると、「どこからどこまで」となる。

（2）間（1998）。

（3）Nannestad and Paldam (2002).

（4）Hellwig et al. (2020, 56).

（5）Nannestad and Paldam (1994), Lewis-Beck and Stegmaier (2013).

（6）Pempel (1990, 77-82).

（7）Pempel (1990, 344). ペンペルは、実際には一党民主主義という語句を用いたが、以下に引用した三事例は一党優位制の条件を満たしている（Pempel 1990）。

（8）自民党が所得倍増計画により一九六〇年代に経済的奇跡を達成、その時代を象徴するという意味で支配的になった（Muramatsu and Krauss 1990, 300）。

（9）Esping-Andersen (1990, 48-55).

（10）Aronoff (1990, 265-267), Shalev (1990, 123).

（11）経済の成功は一党優位制台頭の必要条件ではない。アフリカ諸国の体系的な分析では、一党優位制と他の政党制の間で経済実績に有意な違いが見いだされなかった（Lindberg and Jones 2010）。アルゼンチンに一党優位制をもたらしたのは、政党間競争が限定的で法の支配も弱いことだったとの議論もある（Anderson 2009）。

（12）Nwokora and Pelizzo (2014).

（13）Clarke et al. (2009, 166; 188).

（14）Clarke (2004, 109-111).

（15）Anderson and Ishii (1997).

（16）Owen and Tucker (2010).

（17）Nwokora and Pelizzo (2014), Aronoff (1990), Esping-Andersen (1990), Muramatsu and Krauss (1990), Shalev (1990).

（18）Pempel (1990, 344).

（19）ＡＫＰは二〇一五年六月総選挙で第一党となるも議会過半数を失ったが、同年一一月の（組閣期限切れによる）やり直し総選挙で議会過半数を回復した。

（20）Yavuz (2006, 2009), Ayan Musil (2014), Gumuscu (2013), Çarkoglu (2011).

（21）Aytaç (2018).

（22）間（2001, 2）。このような危機の構造的要因は、脆弱な金融部門と国際収支での短期資本依存だった。
（23）<https://www.erkymm.com/resimler/yoTV_nin_AB_Muktesebat_Aysndan_Deerlendirilmesi_VERG_DyNYASI_2008_KASIM.pdf>.
（24）一人あたり国民所得の増加は、実質経済成長のみならずトルコリラの対ドル為替相場の上昇も反映している（https://rodrik.typepad.com/dani_rodriks_weblog/2013/06/how-well-did-the-turkish-economy-do-over-the-last-decade.html）。実際、貿易赤字が恒常的なトルコの国民にとって、輸入品価格を左右するトルコリラの対ドル為替相場の重要性は大きい。
（25）Ugur (2019), Önis and Bakir (2007).
（26）間（2006）。
（27）クムジュは米国で教鞭を執り、トルコ政府や中央銀行の要職をも歴任した新聞コラムニストである。Erkan Kumcu, "Seçim sonuçlarinin iktisadi yorumu," *Hürriyet*, 30 Temmuz 2007.
（28）<https://konda.com.tr/wp-content/uploads/2017/02/2007_07_KONDA_Sandigin_Icindekini_Ne_Belirledi.pdf>.
（29）標本規模三五七九、六月三〇日〜七月一日実施。
（30）三割を切る水準は二〇一四年まで維持された（Çarkoglu and Kalaycioglu 2021, 167）。
（31）Çarkoğlu (2008), Çarkoğlu (2012), Gidengil and Karakoç (2014), Baslevent et al. (2009), Kalaycioğlu (2010).
（32）Çarkoğlu (2012). 代わりにイデオロギーや党派性の影響が強くなったことも指摘されている。
（33）ＡＫＰがトルコ有権者の支持を固めるうえで、イスラム的価値と宗教心も大きな役割を果たした（Gumuscu 2013; Ayan Musil 2014）。
（34）貴重なデータセットを著者と共有してくださったコンダ社とアクソイ社に心よりお礼申し上げる。
（35）Sudman (1966). 標本抽出ではまず、合計四万六七九七の行政区分最小単位（地区［mahalle］ないし村［köy］）の地域特性と選挙結果が層化され、つぎに面接地（地区ないし村）は層の人口規模に応じて無作為に抽出された。最後に面接地で年齢と性別の割当が適用され、一二から一八人に対する個人面接がおこなわれた（KONDA 2012）。
（36）Arceneaux (2003), Weschle (2014), Tillman (2008).
（37）Tillman (2008), Weschle (2014).
（38）Sanders and Carey (2002).
（39）方法論の観点からは、長期的、短期的な経済業績評価の間に深刻な多重共線性はみられないため、両方の変数を用いることは選挙予測の向上に貢献すると考えられる。

（40）Remmer (1991), Benton (2005), Hazama (2007), Toros (2011) を参照。
（41）選挙予想については、Stegmaier and Norpoth (2013) を参照。
（42）IPSOS Sosyal Arastirmalar Enstitüsü (2015), MetroPOLL Stratejik ve Sosyal Arastirmalar Merkezi A.S. (2015).
（43）Munyar (2015).

第3章　庇護力——社会的保護の拡充

（1）Eurostat (2016, 10).
（2）The World Bank (2017).
（3）Meltzer and Richard (1981).
（4）Syed Mansoob et al. (2017).
（5）Marina and Anna (2017), Brooks (2015).
（6）Marina and Anna (2017).
（7）Huber et al. (2006), Huber and Stephens (2012).
（8）van Doorslaer et al. (2000).
（9）O'Donnell et al. (2007).
（10）Ross (2006).
（11）Pradhan et al. (2007).
（12）Jowett and Hsiao (2007). メキシコにおいて皆保険制度導入が富裕家計よりも貧困家計の保健支出を減らしたとの報告もあるが、改革後一年のみについての分析だった（Knaul et al. 2009）。
（13）Barrientos (2013, 100-106).
（14）間（1997）。
（15）Bugra and Keyder (2006).
（16）ただし、その先駆けは一九九九年マルマラ地震後の社会的保護拡充である。
（17）Özden (2014).
（18）Eder (2010). しかも政府が資金配分した福祉供給者の大半は宗教系福祉団体だった（Eder 2010; Köses and Bahçe 2010）。また二〇

○五年都市自治体法改正により、都市自治体が社会福祉目的で民間部門から財とサービスを購入することが可能になった（Göçmen 2014, 99）。

（19）Üçkardesler (2015).

（20）Bugra and Candas (2011).

（21）特待カード（原語の直訳は「緑のカード」）は、特定の貧困水準以下の市民に無料で入院医療サービスを提供するために一九九二年に導入された。特待カード保有者の比率は二〇〇二〜二〇〇三年には約八・六%だったが、二〇〇九年までに一二%になった（OECD-World Bank 2008; Yasar 2011）。

（22）World Bank (2010, 47), Yasar (2011, 123).

（23）ＡＫＰ二〇一一年総選挙公約参照（https://www.akparti.org.tr/media/iesaeuoj/12-haziran-2011-genel-secimleri-secim-beyannamesi.pdf）。

（24）Atun et al. (2013).

（25）World Health Organization (2012, 4-7), Atun et al. (2013, 79-81).

（26）Yilmaz (2013, 69).

（27）少なくとも一度は産前検診を受けた女性の比率は、資産の最低五分位階層では二〇〇三年の四五%から二〇〇八年の八四%に、被保険者でない母親では六四%から九一%に、それぞれ上昇した（Atun et al. 2013, 82-6）。

（28）Özbek (2006, 350).

（29）<http://www.sgkrehberi.com/haber/7869/sigortalilarin-emekli-ayliklari-nasil-hesaplaniyor.html>.

（30）Akinci et al. (2012), OECD-World Bank (2008), World Bank (2010), Yardim et al. (2010), Yasar (2011), Tatar et al. (2011).

（31）Erus and Aktakke (2012), Üstündag and Yoltar (2007), Yilmaz (2013).

（32）Erus and Aktakke (2012).

（33）Ross (2006).

（34）Tatar et al.（2011, 37）. 家庭医による診察と予防医療からなる一次医療は無料のままである（Türkiye Cumhuriyeti Sosyal Güvenlik Kurumu 2013）。

（35）Üstündag and Yoltar (2007), Yilmaz (2013), Öztürk (2015).

（36）Tatar et al. (2011, 37). 著者の二〇〇九年以降の一般市民への聞き取りでも、自己負担は妥当な水準であるとの回答が支配的だった。

（37）しかも社会扶助は、未労働者、失業者、不動産所有者というＡＫＰ支持層に厚く、就業者には薄く配分されているとの指摘もある

（Köses and Bahçe 2010）。

（38）Üçkardesler (2015).

（39）Tekgüç (2018).

（40）Yentürk (2018, 67).

（41）ASPB (2017c, 14). 国内全市予算総額における社会扶助支出も同様の額であることが確認できる（Belediyeler-Bütçe-Gider-leri-Eko-Fonk-15 <https://muhasebat.hmb.gov.tr/mahalli-idareler-butce-istatistikleri>）。

（42）ASPB (2017b).

（43）Urhan and Urhan (2015, 241-245).

（44）これらの条件を満たすために、あえて低賃金で非正規雇用で、あるいは偽名で正規雇用で、働き続ける受給者もいる（Kutlu 2018, 240）。

（45）広域市による社会扶助については、二〇〇四年の広域市制法（法律五二一六号）が定めている。

（46）Karaman (2013, 3422-3424), Erman (2016), Urhan (2018, 185-188), Karadoğan (2018, 218-222).

（47）Karadoğan (2018, 218-222).

（48）Karadoğan (2018, 218-222).

（49）Kutlu (2018, 243).

（50）Kutlu (2018, 241).

（51）Metin (2011, 195-6). ＡＫＰ市政以外、たとえば野党第一党のＣＨＰ市政でも小規模ながら社会扶助はおこなわれている（http://www.atasehir.bel.tr/sosyal-yardim-hizmetleri）。

（52）<https://sosyalhizmethaber.com/sosyal-yardimlar/ulkemizde-sosyal-yardimlar.html>.

（53）Urhan (2018, 185), Kutlu (2018, 231-233, 291).

（54）Kutlu (2018, 277).

（55）Urhan and Urhan (2015, 254).

（56）Balaban (2018, 131).

（57）たとえば、アルゼンチンでの社会扶助支給での恣意性を参照（Weitz-Shapiro 2016, 28-40）。

（58）ASPB (2017a, 48).

(59) ただし、四割との主張もある（https://www.evrensel.net/haber/354533/her-10-kisiden-4u-sosyal-yardimlarla-yasiyor）。

(60) Bahçe and Köse (2018, 50-52).

(61) 社会移転所得から社会保険（健康保険、退職年金、遺族年金、および失業保険）を除いた「その他社会移転」が社会扶助に相当する。

(62) Köses and Bahçe (2010).

(63) Pacek and Radcliff (1995), Palmer and Whitten (2002), Margalit (2011).

(64) Singer (2011), Park and Shin (2019).

(65) Fossati (2014), Singer (2011, 2013, 2018).

(66) 詳細については、著者による近刊のIDE Discussion Paperを参照。

(67) 二項変数であるため、以下の推計はロジット・モデルを用いた。

(68) 五ポイント指標（1＝とても悪い、2＝悪い、3＝良くも悪くもない、4＝良い、5＝とても良い）を五項目の名目変数として推計をおこなうと、否定的認識が肯定的認識より強い効果を示した（ワルド検定では国内経済状況認識が従属変数に対して二次曲線効果が確認された）。この傾向はヴァレンス非対称性に従っている。そのため、五ポイント指標を連続変数として扱うことは不適切と判断した。

(69) それが平均限界効果である。ただし、政策領域評価の値は1から5までの五つの値に限られるため、平均限界効果を平均離散変化（Average Discrete Change: ADC）として推計した（Long and Mustillo 2018）。

(70) Özden (2014), Önis (2012, 141-142).

第4章　言説力——民主主義からポピュリズムへ

(1) Rusen Çakir, "Erdoğan: Demokrasi tramvayinda ihtirasli bir yolcu," *Vatan*, 6 Kasim 2012. 原典は、Nilgün Cerrahogluとの対談（*Milliyet*, 14 Temmuz 1996）。なお、その対談から二〇年後の回顧も興味深い（https://www.cumhuriyet.com.tr/yazarlar/nilgun-cerrahoglu/dunya-erdogana-kral-ciplak-diyor-509071）。

(2) Phillips and Hardy (2002, 4-11), van Dijk (1993, 275). 言説分析とは、政治家やマスコミなどが、言説（発言や文章）を用いて、社会的現実（人々の共通認識）を構築する過程の分析である（Phillips and Hardy 2002, 4-11）。

(3) Galston (2018, 11). 本章の第一節と第二節は、間（2018）に依拠している。

（4）Mudde and Kaltwasser (2015, 500-12).

（5）Kuru (2007).

（6）Çinar (2005, 78).

（7）Arat (2005, 23).

（8）Lipset and Rokkan (1967).

（9）Mardin (1973).

（10）Esen and Gumuscu (2016).

（11）Roberts (2006).

（12）Barr (2009).

（13）Weyland (1999, 384-6).

（14）Küçükali (2015, 67).

（15）<http://www.haberturk.com/gundem/haber/711672-dindar-bir-genclik-yetistirmek-istiyoruz->. 元経済官僚のケマル・クルチダロールは、二〇一〇年にＣＨＰ党首に就任し、党の路線を、厳格な世俗主義と単一国民国家主義から、宗教的自由と民族融和へ転換した。

（16）Küçükali (2015, 70).

（17）Küçükali (2015, 67).

（18）Gamson and Modigliani (1987, 143).

（19）Walgrave et al. (2015), Meguid (2008, 22-40).

（20）Walgrave et al. (2014).

（21）Elver (2012) および間（2008）。

（22）"MGK'da AKP'ye laiklik uyarisi," *Cumhuriyet*, 1 Mayis 2003; "Gerginligi yaratan kilometre taslari," *Cumhuriyet*, 1 Mayis 2003.

（23）国会議事録によれば、セゼル大統領は七年間（二〇〇〇年五月から二〇〇七年八月）の任期中に七七の法案に署名を拒否して差し戻し、歴代大統領のなかで最多記録をつくった。そのうち六四がＡＫＰ政権期（約五年間）、残りの一三が前任の連立政権期（約二年間）である。年平均拒否数は、ＡＫＰ政権期は前政権期の倍に達した。"Veto rekortmeni Ahmet Necdet Sezer" <http://www.haberx.com/veto_rekortmeni_ahmet_necdet_sezer(17,n,10400018,588).aspx>, Erol Tuncer, "Sezer'li 7 yil (7)," *Radikal*, 28 Nisan 2007 <http://www.radikal.com.tr:80/haber.php?haberno=219694>. また、セゼルは七年間の任期中に三〇名の候補を任官拒否した（http://arsiv.sabah.

com.tr/2007/07/25/haber,97A17F19B4C14889839DA8E35F60A64B.html）。

（24）データベースについての詳しい説明は、Hazama (2014) を参照。

（25）エルドアンは、イスタンブル広域市長時代の一九九八年に、宗教的対立を煽る詩を詠んだという罪で禁錮刑（四カ月）を受け被選挙権を剥奪されため、二〇〇二年一一月総選挙で立候補できなかった。首相になるためには国会議員資格が必要だった。エルドアンは一二月の憲法改正により被選挙権を回復、二〇〇三年三月の国会議員補欠選挙で当選した後に首相に就任した。

（26）Muharrem Sarikaya, “Sikinti vekaleten atamalarda” <http://arsiv.sabah.com.tr/2003/05/28/s1812.html>.

（27）Çetin (2003).

（28）*Cumhuriyet*, 4 Eylul 2004.

（29）*Cumhuriyet*, 1 Kasim 2004.

（30）*Cumhuriyet*, 3 Kasim 2004.

（31）クルの言う消極的世俗主義である（Kuru 2009）。

（32）“Cumhriyet'e bagli olmali,” *Cumhuriyet*, 13 Nisan 2007.

（33）“Ulusal dayanisma,” *Cumhuriyet*, 15 Nisan 2007. その後、イスタンブルやイズミルでも大衆行動が起きた（Halktan büyük uyari, Cumhuriyet, 30 Nisan 2007; “Izmir'in alani yetmedi,” *Cumhuriyet*, 14 Mayis 2007）。

（34）“Arinçin dedigi oldu,” *Cumhuriyet*, 25 Nisan 2007.

（35）“Olumlu Gelisme,” *Cumhuriyet*, 25 Nisan 2007.

（36）“Sorry tale behind Turkish crisis,” *Financial Times*, 30 April 2007.

（37）同条項は軍事クーデタを合法化する役割を果たしていたため、AKP政権は二〇一三年七月に同条項を修正し（法律第六四九六号）、軍部の任務を対外防衛と国外任務に限定した。

（38）CHPの主張は、サビフ・カナドール元最高検察庁長官の、多くの法学者により批判された主張を借用したものである。

（39）間（2008）。

（40）<https://medyascope.tv/2020/07/28/deva-partisi-genel-sekreteri-sadullah-ergin-anlatiyor/>.

（41）ただし民主化の意図する内容は曖昧で、クルド語での教育や自治権拡大などは容認しなかった。エルドアンが以下の発言をした市民団体との会合で出されたクルド語での学校教育などの要求に対し、エルドアンはトルコにおけるすべての民族集団に対して言語別の教育を提供することは不可能であると返答した。

(42) *Cumhuriyet*, 8 Ekim 2008.

(43) <https://www.mynet.com/erdogan-baykal-zirvesinde-kriz-110100475407>, <https://www.ntv.com.tr/turkiye/erdogan-chpye-giderse-robot-kamera-cekecek,iCS7po6yu0yVtWgZcec2yg>, <https://www.sabah.com.tr/siyaset/2009/10/16/baykal_robot_kameralar_hazir>.

(44) <http://www.milliyet.com.tr/yazarlar/fikret-bila/kurtce-yayin-politikasi-1033572/>.

(45) 一九九六年の発言のように、民主主義を路面電車にたとえて目的地に達したら降りるとまでは言わなかった。

(46) 間（2015）。

第5章　危機を機会へ——二〇一六年七月クーデタ未遂

(1) たとえばＣＮＮＴＵＲＫは、クーデタ未遂の動向を伝えるテレビ放送をインターネットを通じて生放送した。

(2) ギュレン派は一般的には「ギュレン運動」と呼ばれてきたが、今日においては社会運動とはいえないため、ギュレン派との呼称を使う。

(3) Ahmet Sik, "Darbenin perdearakasini anlatti," *Cumhuriyet*, 15 Temmuz 2016.

(4) "Hulusi Akar'in ifadesi: Ne diyorsun ulan sen, manyakmisin!," *Cumhuriyet*, 25 Temmuz2016.

(5) 間（2006）。

(6) Yavuz and Balci (2018).

(7) Veren (2016), Keles (2016). この二名の元幹部は、表面上は穏健性を装いつつ国家機関に浸透して「平和裏に」国家を掌握するという目的が、一九九〇年代半ばにギュレン派組織幹部を集めた会議で知らされたと証言している。

(8) Üçok (2016). 彼は軍部内のギュレン派の動向を把握して軍指導部に警告を発したために、ギュレン派検事・判事による陰謀裁判で投獄された経験を持つ。

(9) Selvi (2017).

(10) Veren (2016).

(11) Yavuz (2018).

(12) 国際社会でのギュレン派の容認度の高さは、二〇〇一年の九・一一事件以降の欧米社会で反イスラム世論が強まるなか、ギュレン派が近代的、平和的、穏健なイスラム運動として自らを宣伝した結果でもある（Lacey 2014）。

(13) 現在、ヴェレンはイスラム系新聞『イェニアキット』紙のコラムニスト、ケレシュはトルコ中央部にあるエルジエス大学神学部教授である。

（14）CNNTürk, "Türkiye' nin Gündemi," 5 Agustos 2016.

（15）Yavuz (2013, 25-48), Veren (2016), Keles (2016).

（16）ヴェレンによれば、一九九〇年代後半には、軍部内動向についてのメモをギュレン派将校が拳や口に隠してギュレンに持参していた。

（17）Keles (2016).

（18）"Iste' FETÖ' sözlügü," *Cumhuriyet*, 9 Agustos 2016.

（19）Üçok (2016). 士官学校受験者のうち七五～八〇%がほぼ満点で合格していた（CNNTürk, "Tarafsiz Bölge," 24 Temmuz 2016）。

（20）Avci (2010, 435).

（21）イルケル・バシュブー元国軍参謀総長の発言（CNNTürk, "Tarafsiz Bölge," 1 Agustos 2016）。

（22）" 'Özel'i dinler kayitlari abiyegönderirdik'," *Cumhuriyet*, 21 Temmuz 2016.

（23）"Eski MIT'çi Önis: Iktidar cema atin önünü açti," *Cumhuriyet*, 23 Temmuz 2016.

（24）Selvi (2013). ギュレン派の警察への浸透については、それが一九八七年に始まっていたとの指摘もある（Sener 2009, 55-134）。また、警察官僚の克明な証言もある（Avci 2010）。

（25）Özalp (2010, 77-81).

（26）"Kavganin bilançosu," *Cumhuriyet*, 5 Aralik 2013.

（27）元ギュレン派判事検事最高委員会委員証言。

（28）Çakir and Sakalli (2014).

（29）裁判所は検察部門をも含む。

（30）Tasci (2011).

（31）Üçok (2016).

（32）エルドアンはギュレン自身がとくに推した二名のみを候補に認めた（Abdülkadir Selvi, "Paralelyapi devleti nasil düsürecekti?" *Yeni Safak*, 28 Aralik 2015）。

（33）Selvi (2013).

（34）"Hâkimiyet pazarliga tabi," *Cumhuriyet*, 13 Ekim 2014.

（35）“Yargi paketi Genel Kurul'dangeçti: Makul süphe ile aramaartik yasal,” *Cumhuriyet*, 2 Aralik 2014.

（36）“Erdoğan, bürokratlarin I Danistay'a atadi,” *Cumhuriyet*, 17 Aralik 2014; “Yargitay'da'parralel' temizlik,” *Cumhuriyet*, 19 Aralik 2014.

（37）“ 'Tam tesekküllü' AKP yargisi...10 soruda yargi paketi,” *Cumhuriyet*, 1 Temmuz 2016.

（38）“Bankers fret as Erdogan increases pressure to keep Turkish voters spending,” *Financial Times*, 29 November 2016.

（39）二〇一五年一一月総選挙での国会議席配分は、ＡＫＰが三一七、ＣＨＰが一三四、ＨＤＰが五九、ＭＨＰが四〇。国会議席過半数は二七六。

（40）世論調査会社メトロポール社の二〇一六年一〇月調査参照。

第6章　小党依存の強権化——集権的大統領制導入

（1）これは、日本の自衛隊が憲法に違反しているから憲法改正すべきとの理屈と似ているようで異なる。日本の改憲議論は、自衛隊の存在意義を認めている。これに対し、バフチェリは、エルドアンの越権行為の正当化にまで踏み込んでいない。イラク戦争での自衛隊派遣をめぐり、自衛隊派遣が可能な非戦闘地域がどこかとの野党の質問に対し、自衛隊がいるところが非戦闘地帯であるとの小泉純一郎首相の答弁により近い。

（2）Ａ＆Ｇのおこなった世論調査は、大統領制支持が反対を上回ったことを示した。二〇一六年六月調査では「賛成」が三七・四％、「反対」が四二・五％、「意見なし」が二〇・一％だったのに対し、一〇月調査では「賛成」が四五・一％、「反対」が四〇・五％、「意見なし」が一四・四％と逆転した。

（3）しかし国民投票での賛成票が五一％と薄氷の結果であったのは、ＭＨＰ支持者の七割が反対票を投じたことによる（http://www.ipsos.com.tr/node/1174）。

（4）電話を用いて無作為抽出標本一五〇一人を対象に実施された。賛成票を投じたとの回答は五一・二％（七六九人）、反対票を投じたとの回答は四八・八％（七三二人）で、実際の投票結果とほぼ一致している（IPSOS Sosyal Arastirmalar Enstitüsü 2017）。

（5）間（2015）。ＡＫＰはその後のＰＫＫテロ再開による治安悪化不安に乗じて一一月の再総選挙で議会過半数を回復したが、その結果もおおむねＭＨＰへ流れた票を取り戻したことによる。

（6）IPSOS Sosyal Arastirmalar Enstitüsü (2017).

（7）憲法一一六条によれば、決議には定員の五分の三の賛成が必要。

（8）民主的大統領制諸国において再選または三選を禁止する国が多いが、自由で公平な選挙が実施される限り、再選以上を禁止することが民主主義に必要とはいえない（Shugart and Carey 1992, 87-91）。

（9）通常の大統領制諸国では、政党は議会与党となることよりも大統領を選出することに注力するため、大統領は必ずしも議会の自党議員を支配できない。これに対し、トルコの政党はそもそも議会多数を制して首相を擁立することを前提としていたため党規律は強い。

（10）トゥルグット・オザル大統領（一九八九〜九三年）とユルドゥルム・アクブルット首相（一九八九〜九一年）およびメスット・ユルマズ首相（一九九一年）との関係や、スュレイマン・デミレル大統領（一九九三〜二〇〇〇年）とタンス・チルレル首相（一九九三〜九六年）の関係である。

（11）その後、エルドアンは党執行部を使ってダウトール首相を党総裁、そして首相職から実質的に解任させ、より従順なビナリ・ユルドゥルムを後任に指名した。だが、エルドアンが行政府の長であるかのように振る舞うようになったのは、二〇一六年七月クーデタ未遂にともなう非常事態令公布後である。

（12）民主的大統領制諸国の多くでも大統領が党員であることを禁止していないが、大統領候補は党首でない。予備選挙を勝ち抜いた人間が党の統一候補に選出される。そのため、大統領と与党との間に制度的関係はない。

（13）議会と大統領は選挙と解任において互いに独立しているという原則（separate origin and survival）である。

（14）Moreno, Crisp, and Shugart (2003, 119-120).

（15）Europa Publications (ed.) (2017).

（16）上級裁判所には、憲法裁判所、最高裁判所、最高行政裁判所が該当する。

（17）二〇一四年三月に政府がTwitterやYouTubeへのアクセスを遮断したが、四月に憲法裁判所がアクセス解禁を命じる判決を下している。また九月に前記のアクセス禁止を合法化する法律が成立したが、ふたたび憲法裁判所が違憲判決を下した。二〇一六年二月には、テロ容疑で拘束されていた新聞記者の釈放を、言論の自由を理由に命じた。

（18）大統領および副大統領、閣僚の弾劾は、大統領についてはあらゆる罪、大統領以外については職務に関する罪を理由として、国会定数過半数で提案、同五分の三で発議、同三分の二で憲法裁判所に訴追される。

（19）<http://www.hurriyet.com.tr/yazarlar/abdulkadir-selvi/erdogan-erken-secim-kararini-nasil-aldi-40809719>.

（20）<https://www.sozcu.com.tr/2018/yazarlar/yilmaz-ozdil/erken-secim-2-2357008/>.

（21）<http://t24.com.tr/haber/piar-arastirma-bu-pazar-secim-olsa-erdogana-oy-veririm-diyenlerin-orani-yuzde-30,597627>.

（22）政局の先を見越したバフチェリの行動は、過去から一貫している。一九九九年発足の三党連立政権の第三与党でありながら政権の人気が低下したとみるや、二〇〇二年に総選挙繰り上げを求めて連立政権を崩壊させた。二〇一五年六月総選挙で与党過半数割れ後に野党第一党が示した連立政権提案を拒否して、一一月の再選挙に道を開いた。ただしその行動様式は、個人的性格よりは中小政党としての性格に起因すると考えられる。

(23) すべての政党は政党連合が可能になったため、主要野党も結集して選挙連合を形成した。親クルド政党であるＨＤＰは選挙連合に参加できなかったが、前回総選挙同様、一〇％以上の得票率を上げて院内政党の座を維持した。

(24) <http://www.cumhuriyet.com.tr/haber/siyaset/912557/Yerele_ittifak_hamlesi..._Belediyeler_sekillendirilecek_.html>.

(25) <http://www.hurriyet.com.tr/gundem/son-dakika-bahceliden-erken-secim-mesaji-40807547>.

(26) ＭＨＰから除名された国会議員たちが結党したİYİへの世論支持の高まりも大きな理由と考えられる。メトロポール社による二〇一八年三月の世論調査によると、ＭＨＰからİYİへ四～四・五ポイントの票の純移動が見込まれる。これに対し、ＡＫＰからİYİへの票の純移動は〇・五ポイントにすぎない。

(27) 報道の中立性を監視する機関であるラジオテレビ高等委員会は、不公平な選挙報道をおこなった、公共放送局であるトルコ・ラジオテレビ局の処罰を高等選挙委員会に求めた。だが、同委員会は、二〇一六年七月一五日のクーデタ未遂後の非常事態令下で公布された政令により選挙運動期間の懲戒権限を失っているとの理由で応じなかった。

(28) 電話（Computer-assisted telephone interviewing: CATI）を用いて全八一県の一八歳以上の有権者二九〇六名を対象に実施された（IPSOS Sosyal Arastirmalar Enstitüsü 2017）。

(29) アクシェネル・İYİ党首は、アルバニア系といわれる。

(30) 統一候補選挙での政党別得票率は、県議会選挙得票率を基準に計算される。

(31) 前回の統一地方選挙（二〇一四年）では、両党は与野党に分かれていたうえ、ＭＨＰはまだ党分裂を経験していなかったため、今回の選挙結果との比較はあまり意味がない。なお、今回の選挙で野党連合は組まれなかったが、世俗主義のＣＨＰと中道右派民族主義のİYİは選挙協力をして候補者調整をおこない、他の野党も選挙区における有力野党の市長候補を支持するなどして野党陣営分裂を避けた。

(32) 中央集権的なトルコでは、地方行政において中央統治と地方自治が併存している。中央政府が県と郡に内務官僚である県・郡知事を任命して中央が地方を統治する一方、県議会、市議会、市長、町長は選挙で選ばれる。

(33) トルコの県庁所在地名は、県名と同じである。たとえば、イスタンブル県の県庁所在市はイスタンブル広域市となる。与党連合が新たに獲得した五つの県庁所在市の県人口規模は三五位以下である。

（34）イスタンブル広域市長再選挙については、コラム［6］を参照。同コラムは、間寧「盗票が嘘と見抜かれたイスタンブール市長再選挙」『フォーサイト』（二〇一九年七月八日掲載）を改稿したものである。

（35）選挙三日前、獄中のＰＫＫ党首オジャランが、選挙で野党を支持せずに中立を保つよう呼びかけるメッセージがメディアで伝えられるなどした。このようにＡＫＰ政権が情報操作目的でテロ指導者を利用したことは、民族主義的なＭＨＰ有権者の離反を招いた。

第7章　崩壊の予兆——統治能力低下と経済危機

（1）<https://www.bloomberght.com/erdogan-dusuk-faiz-politikasiyla-kuru-da-enflasyonu-da-asagi-cekecegiz-2293851>

（2）この話はムラト・エトキンが紹介している（https://yetkinreport.com/2020/11/07/merkez-bankasi-bir-kuzu-daha-gitti-yenisi-geldi/）。

（3）法改正により、（一）中央銀行は物価安定のために金融政策手段を直接決定および実施する任務と権限をもち、物価安定目的に反しない条件で政府の経済成長・雇用政策を支持すること、（二）中央銀行から財務庁または政府部門への短期貸付および融資の禁止、ならびに財務庁または政府機関が発行した借入債の一次市場での購買禁止が定められた（間 2003b, 284-5）。

（4）ＡＫＰ政権発足以降の一三年間での合計一六三回の改訂により、公共入札法対象の例外が拡大し続けた（http://www.cumhuriyet.com.tr/haber/turkiye/305183/Degistirilen_yasalar_yolsuzluklara_zemin_oldu.html; http://www.cumhuriyet.com.tr/koseyazisi/374749/Kamu_ihale_reformuymus_.html）。

（5）Gürakar (2016).

（6）二〇〇一年経済危機後、銀行整理監督機構は多くの銀行の営業免許を取り消し、銀行所有者である財閥企業が倒産した。それら財閥企業が所有していた放送局や新聞は貯蓄預金保険基金により接収され、競売にかけられたことでメディア界の再編が進んだ。二〇〇七年までは国内外からの新規参入によるメディア自由化だったが、二〇〇八年以降はＡＫＰ政権寄りのメディア構築といえる。Yesil (2016, 83-84, 88).

（7）Corke et al. (2014). メディアの多くは公共事業関連企業家により所有されているため、政権は公共事業入札での優遇と引き替えにメディアの政権寄り報道を求めた。

（8）<http://www.hurriyet.com.tr/hukumet-uyeleri-imf-konusunda-farkli-dusunuyor-4393563>.

（9）元経済企画庁官僚で国会議員となったエルハン・ウスタによると、二〇〇七年後半に経済が減速すると経済官僚はさらなる改革を求めたが、閣僚はエルドアンがもはや改革を求めていないと彼らに告げたという（Erdal Saglam, "Tek basina AKP ne yapabilir?"

Hürriyet, 8 Ekim 2015 <https://www.hurriyet.com.tr/yazarlar/erdal-saglam/tek-basina-akp-ne-yapabilir-30260483>)。

（10）その理由は、二〇〇九年三月統一地方選挙を控えて財政支出に制約を課されたくなかったためだとの見方で観測筋が一致していたとされる（http://finans.ekibi.net/konu-hukumetin-imf-ile-catistigi-bes-nokta-erdal-saglam.htm）。

（11）Çetin et al. (2016).

（12）通常の政令ではなく、「法的効力を持つ政令」といわれる政令で、公布と同時に法的効力が発生するが事後に議会承認を必要とする。

（13）Uzunoğlu (2020).

（14）典型的なレント醸成方法は、建造物規制のある都市計画を修正したのちに名ばかりの入札をおこない、都市の国有地を特定の個人に名目的価格で売却することである。これは表面上は国家収入の減少をもたらさないため（Boratav 2016, 7）、新自由主義の財政規律原則に反さないようにみえるが、正しくは得べかりし税収の損失をもたらしている。

（15）Demiralp et al. (2016).

（16）<https://www.hurriyet.com.tr/ekonomi/babacan-mali-kural-ile-ilgili-aciklama-yapiyor-14686745>.

（17）Demiralp et al. (2016).

（18）政権汚職捜査とは、エルドアン政権との対立を深めていたギュレン派が（第5章参照）、同派の検事・判事を動員した大規模な汚職捜査により政権転覆を謀ったものであるが、エルドアンはこれを押さえ込んだ。

（19）エルドアンは、金利が高いとインフレが進むというエルドアノミックスを説いているが、常識的な経済理論では、インフレを抑えるためには金利を上げて通貨供給量を減らす必要がある。なお、エルドアンは駆け出し政治家のころ、自らの選挙区の零細企業が低金利を求めていた経験から、経済成長のために低金利が必要と認識するようになったとの、経済学者ムラット・クビライによる説もある。

（20）このような政治家による口先介入は二〇一四年以降急増し、トルコリラ為替相場下落の圧力となった（Demiralp and Demiralp 2019）。

（21）エルドアンや閣僚による口先介入に中央銀行が反応して金利が低下するようになったことも統計的に検証されている（Demiralp and Demiralp 2019）。

（22）*Hürriyet*, 15 Eylül 2014.

（23）総選挙繰り上げの理由のひとつは、ＰＫＫとの停戦合意以降、ＡＫＰへの民族主義票が低下し続けていたことをエルドアンが危惧したことにある。

（24）ＥＵとの難民合意については、コラム［5］を参照。

（25）集権的大統領制導入後、ダウトール元首相とババジャン元副首相はエルドアンの強権化を批判してＡＫＰから離反し、それぞれ二つの新党を結成した。前者の未来党（ＧＰ、二〇一九年一二月結成）が保守寄り、後者の民主主義進歩党（ＤＥＶＡ、二〇二〇年六月結成）が中道寄りという違いはあるが、両党の支持者のほとんどが元ＡＫＰ支持者であるため、両党は合計支持率が三％程度であるものの、両党の支持率増加はＡＫＰの支持率減少に直結する。

（26）エルドアンは、二〇一五年一一月総選挙後にＡＫＰが同年六月総選挙で失った議会過半数を回復すると、初当選のアルバイラクをダウトール首相の内閣にエネルギー相として入閣させていた。当時エルドアンは議院内閣制下の「無党派」大統領だったため、閣僚任命権限は無かったにもかかわらず、である。

（27）Güzel (2017).

（28）<https://www.cumhuriyet.com.tr/haber/iktidar-kara-gun-akcesi-icin-harekete-gecti-1459170>, <https://t24.com.tr/haber/mahfi-egilmez-yedek-akce-merkez-bankasi-hazine,828443>, <https://www.bloomberght.com/merkez-bankasi-hazine-ye-krindan-30-2-milyar-tl-aktaracak-2277634>.

（29）アルバイラクの辞任は、ゲートキーパーの地位を利用してエルドアンに情報隠蔽していたことが発覚したことに起因している。さらに自分の非を認めなかったことでエルドアンとの関係を決裂させた。エルドアンは、トルコリラ暴落や対外準備金の枯渇の責任が中央銀行にあると考えた。彼が中央銀行に無理な利下げ要求をした結果とは認識していなかった。

（30）アルバイラクの指示により、中央銀行は天然ガス輸入をおこなう国営会社ＢＯＴＡŞにドル外貨を直接売却するとともに、手持ちのドル外貨を国営銀行に市場で売却させた。中央銀行はＢＯＴＡŞが為替市場で直接外貨調達によりトルコリラ為替相場を下落させることを防ぐとともに、中央銀行による直接介入を隠すことを狙っていた。しかし中央銀行の純外貨準備の減少を市場は認識していた。<https://www.cumhuriyet.com.tr/yazarlar/erdal-saglam/kasim-oncesindeki-ekonomi-yontemleri-geri-geliyor-1850654>.

（31）経済理論に従えば、インフレを抑えるためには金利を引き上げて通貨供給量を減らす必要があるので、エルドアンの主張は理論と反対である。彼がこのエルドアノミックスを本当に信じているかとは別に、低金利政策は不動産・建設業に依拠する彼の経済成長・利権配分モデルの根幹である。

（32）元ＡＫＰ国会議員で、民間銀行や国営銀行での経験があり親ＡＫＰの『イェニシャファック』紙コラムニストも務めた。

（33）ムラト・エトキンの大統領府関係者からの伝聞による（https://yetkinreport.com/2021/03/22/kuzularin-sessizligi-agbal-dort-ay-dayan-di-ya-kavcioglu/）。

（34）元大蔵省次官マフフィー・エーイルメズによる解説（https://www.mahfiegilmez.com/2022/05/herkesin-sordugu-sorular-ve-yantlar-1.html）。

（35）<https://medyascope.tv/2020/11/13/ankara-gundemi-72-gelecek-partisi-insan-haklari-baskani-prof-dr-serap-yazici-askeri-mudahale-donemlerinde-bile-bu-olcude-hukuk-devleti-ve-insan-haklari-ihlalleri-yasanmamisti/>.

（36）<https://www.imf.org/en/Topics/imf-and-covid19/Fiscal-Policies-Database-in-Response-to-COVID-19>.

（37）<https://yetkinreport.com/2021/04/17/tobb-da-erdogan-hukumetine-muhalefete-basladi/>, <https://www.cumhuriyet.com.tr/haber/tesk-esnafa-bir-dokunsan-bin-ah-isitiyorsun-1832037>.

（38）辞任の理由は、教育省内のイスラム教団の影響力拡大も含む（https://yetkinreport.com/2021/08/02/ankara-da-yaniyor-kabine-bir-gidiyor-bir-geliyor/）。

（39）<https://yetkinreport.com/2021/05/31/erdoganin-ataturk-dusmanliginin-azmasindan-cikari-ne/>.

（40）<https://www.sozcu.com.tr/2020/gundem/kadin-secmenler-akpden-kopuyor-5920046/>, <https://avrasyayatirim.com/index.php/haber/siyaset/gezici-anketi-kadinlar-akpden-kaciyor>.

（41）<https://www.cumhuriyet.com.tr/yazarlar/mine-sogut/ne-oldu-oldurdun-mu-1841666>, <https://www.cumhuriyet.com.tr/yazarlar/zulal-kalkandelen/siz-kac-hayvani-oldurdunuz-1842110>.

（42）<https://www.cumhuriyet.com.tr/haber/altayli-erdoganin-ucretli-asi-israrini-yazdi-o-iddianin-hedefi-biz-degiliz-1849672>.

（43）<https://tr.wikiquote.org/wiki/Recep_Tayyip_Erdo%C4%9Fan>.

（44）<https://www.cumhuriyet.com.tr/haber/erdoganin-katildigi-canli-yayinda-prompter-ve-suflor-detayi-1859823>.

（45）<https://www.cumhuriyet.com.tr/haber/erdoganin-goruntuleri-gundem-oldu-uyukladi-konusmakta-zorlandi-1854306>.

（46）Selçuk and Hekimci (2020). 一二八〇億ドルキャンペーンのＡＫＰ支持に与えた影響については、アクソイなどの世論調査結果を参照。

（47）貿易財と非貿易財の典型はそれぞれ、食料品と人的サービスである。貿易財に占める流通経費は非貿易財に占める流通経費よりも小さいために、為替相場下落の影響が非貿易財よりも大きい（Cravino and Levchenko 2017）。

（48）いずれも第１四半期の値。第２四半期の値では、二〇二〇年の三六・八％から二〇二一年の三二・六％、二〇二二年の二五・四％へと低下した（https://data.tuik.gov.tr/Bulten/Index?p=Quarterly-Gross-Domestic-Product-Quarter-II:-April---June,-2022-45550）。最低賃金が年初に引き上げられるが、その後のインフレで実質賃金が目減りするため、年の初めに近いほど労働分配比率は高い。

（49）四野党の連合（国民連合）に二野党が連帯しているため、六野党協力と表現したが、トルコでは六人卓と呼ばれている。

（50）この憲法改正案は、これまでで最も民主化を推進する内容となっている。

（51）クルチダロールについては第4章の注（15）を参照。世論調査では、大統領選挙の上位二者による決選投票で、エルドアンに対する候補として想定されている。

（52）最低賃金が引き上げられると、公務員の所得税控除額も連動して引き上げられる。また、公務員給与や年金支給額の引き上げ要求が強まる。

（53）一九九九年と二〇〇八年の年金改革における移行措置の不備により、旧制度で年金受給資格を得ても新制度で導入された定年にならないと年金が支給されない事態が続いていた。年金支給開始年齢は、二〇〇八年に男性六〇歳、女性五八歳となったが、段階的引き上げにより二〇四八年までに男女六五歳になる。

（54）コラム［9］を参照。

（55）<https://www.reuters.com/markets/saudi-discussing-5-billion-deposit-turkey-saudi-finance-ministry-spox-2022-11-22/>. 外貨預金はスワップに比べ、資金をより自由に利用できる。

（56）<https://www.reuters.com/world/middle-east/turkey-final-stage-talks-up-10-bln-funding-qatar-sources-2022-11-25/>.

（57）コラム［1］を参照。

（58）<https://www.youtube.com/watch?v=lkHk58DdAzM>.

終章　引力政治から無力政治へ

（1）コラム［10］を参照。

（2）<https://yetkinreport.com/2022/05/06/enflasyon-kabusu-ucret-ve-maaslari-eritiyor-ne-yapmali/>.

あとがき

「この論文に、公正発展党は出てくるのか?」と、初来日していたエルドアン首相は私に尋ねた。私が、だらだら話してはいけないと自重して「はい、出てきます」とだけ答えると、無言のまま「よし」という雰囲気で私の論文を受け取り、側近に渡した。首相就任翌年の二〇〇四年、日本トルコ協会の懇親会で、事務局のお取り計らいにより「面会」が実現したときである。

その論文は、トルコの政党制が、社会の幅広い層を代弁できるようになり、安定に向かっているという内容だった。その政党制がエルドアン政権下で極度に安定し、日本の自民党顔負けの一党優位制になるとは、予想もできなかった。

まさに「ネレデ〜ン、ネレエ」(なんと、ここまで来たものだ)。

なぜそのような超長期政権が実現したのか。それは本書が示したような三つの柱からなる引力政治だった。

では引力政治は、トルコをどのように変えたのか。本書でみたように、経済は政権第三期までは顕著に成長し続けた。低所得者も社会保障の恩恵を受けられるようになった。軍部や司法府によるエリート支配は終わった。

それが「エルドアンが変えたトルコ」である。ただしこのような変革は、エルドアンがそのチームとともに実現した。ときには彼の及び腰や変心があったにもかかわらず、である。

エルドアンがチームとの相談でなく独断を優先するようになると、トルコの変革は後退した。我流の経済運営が行き詰まると、「われわれ」と「その他」の対立を煽る言説だけが頼りとなった。

このような変革の後退は、皮肉にも、別の変革をもたらしつつある。すなわち、異なるイデオロギーを持つ政党のあいだで、合意形成と連帯が生まれた。エルドアンによる政治的両極化は、野党勢力を一つの極に結集させた。また、エルドアンのチームから排除され、あるいは離脱した人々が野党勢力に参加し、その政策能力を高めている。

五月一四日の大統領・国会同時選挙は、野党勢力が若干優勢だったとはいえ、大統領選挙では、過半数獲得者が出ずに五月二八日の決選投票にもつれ込んだ。大統領にエルドアンが選ばれたので、変革後退がより深刻化するだろう。

六野党協力の統一候補であるクルチダロールが選ばれたのなら、六野党協力間の詳細な合意文書に従い政治経済改革が始まり、直接投資の流入が増加すると予想された。しかしその前に、現政権の「つじつま合わせ」の経済政策の歪みが一挙に露呈し、短期的には為替相場などが変動することは避けられない。そこで野党の経済閣僚候補たちは、選挙直前に予定政策を宣言することで、国内外市場の信頼を獲得し、移行期の混乱を押さえ込もうとしていた。

クルチダロールが勝利した後に、議院内閣制への体制移行が実現すれば、現野党間の競争が顕在化し、政党制はふたたび流動化しただろう。それでも、この合意の経験は、政党の競争や政府の政策が制度にもとづかなければならないとの認識を定着させた。それがトルコの政治文化を変えていく可能性には期待が持てた。

このようなトルコの事例を検証することで、より広い、比較政治学の観点からは、トルコを含むグローバル・サウスにおいて、長期政権による政治経済変革の可能性、その政権が強権化した場合の野党の戦略などの点で、重要な知見を得ることができた。今後、ハンガリーやブラジルとトルコの比較研究も実現すれば、興味深い結果が期待できる。

*

本書は、日本貿易振興機構アジア経済研究所二〇一九～二〇年度研究会「トルコにおける一党優位制」の成果である。また、本研究をおこなうにあたり、日本学術振興会科学研究費（研究課題１７Ｋ０３５７４と２２Ｋ０１３２４）の助成を受けた。

著者はトルコにおける政党制や政治行動を研究してきたが、個別テーマについての論文が多く、博士論文を基にした著書（*Electoral Volatility in Turkey: Cleavages vs. the Economy*）以降はいわゆる大きな疑問を扱った単著を書いていない。なぜ長期政権が続くのかという関心は膨らみつつも、検証の難しさからこの問題への取り組みは先送りになっていた。

それが、その長期政権の雲行きが怪しくなり、このテーマ自体が消滅するかもしれないとの危機感から重い腰を上げた。そして、とにかくここまでで自分が言えることをもとに、本を完成することに決めた。またエルドアン政権期トルコを理解する助けとして、一〇本のコラムを用意した。

本書の後半とコラムの大部分は、著者が過去に発表した論考や記事をもとにしつつ、それらに新たな内容を加えて大幅に改稿かつ再編したものである。詳しくは、巻末の「初出一覧」を参考にしていただきたい。そこにあるように、本書コラムへの転載を快諾していただいた新潮社『フォーサイト』編集部にお礼申し上げる。

本研究にあたっては、いうまでもなく多くの国の人々にお世話になった。とくに、トルコ国会図書館、世論調査会社のコンダ、メトロポール、アクソイ各社、政治学者ズィム・ンオコラ教授は、注記で示したとおり、貴重なデータを共有してくださった。また、毎年のトルコでの現地調査では多くの政治学者や経済学者の方々との意見交換が新たな視点を与えてくれた。

勤務先であるアジア経済研究所では、研究会での報告や草稿へ熟慮のコメントをいただいたり、出版までの事務手続きで多くの支援を受けたりした。お世話になった方々はあまりに多く、お名前を挙げられないのが心苦しい。とくに、脱稿後に研究所内部の匿名査読者、外部（アジア経済研究所評価委員会）の二名の匿名査読者からは、目から鱗を落とし活路も示すたいへん有り難いコメントをいただき、大幅な改稿ができた。

本書の執筆にあたっては、アジア経済研究所の成果出版アドバイザーである勝康裕さんにたいへんお世話になった。研究論文ではなく、一般書として本書を世に出すための多くのアドバイスをいただいた。

また、作品社編集部の福田隆雄さんにもたいへん感謝している。一党優位制という研究上のテーマを、エルドアン政権のトルコという枠組みに取り込むとともに、私が割愛を覚悟していた多数の図表を価値あるデータとして受け容れてくださった。

最後に、散歩や夕食の時などに、私の「口頭報告」に対して、読者・筆者の両視点からのコメントを厭わなかった妻にも感謝したい。

二〇二三年五月

間　寧

追記（二〇二三年五月三〇日）：本書刊行直前、エルドアンが五月二八日の決選投票を制した。彼のしたたかな「言説力」が存分に効果を発揮したといえよう。しかし、この任期中は、経済立て直しや後継者選びなどのさまざまな問題を解決しなければいけない。今後の情勢分析を著者は引き続きおこなっていく所存である。

初出一覧

序章から第4章　書き下ろし
第5章「浸透と排除──トルコにおけるクーデタ未遂とその後」『アジ研ワールド・トレンド』第二五七号（二〇一七年三月）
第6章「トルコ型大統領制のための憲法改正・無改正」『IDEスクエア：世界を見る眼』（二〇一七年四月）、「トルコ大統領・国会選挙繰り上げ──『指導者』と政局屋」『IDEスクエア：世界を見る眼』（二〇一八年五月）、「トルコ二〇一八年六月大統領・国会同日選挙──政局屋依存の集権的大統領制へ」『IDEスクエア：世界を見る眼』（二〇一八年六月）、「トルコの二〇一九年統一地方選挙──常勝与党の敗北感」『IDEスクエア：世界を見る眼』（二〇一九年四月）
第7章「ポスト・エルドアンへの胎動──権力独占と機能低下」『IDEスクエア：世界を見る眼』（二〇二一年六月）、「トルコの利下げと選挙──エルドアンの選択」『IDEスクエア：世界を見る眼』（二〇二一年一二月）、「選挙と野合──トルコにおける野党合意の力学」『IDEスクエア：世界を見る眼』（二〇二二年六月）、「エルドアンの巻き返し──選挙前トルコの政治経済」『IDEスクエア：世界を見る眼』（二〇二三年一月）
終　章　書き下ろし

コラム1　書き下ろし
コラム2　一部第5章参照
コラム3「トルコにおけるクルドの春」『アジ研ワールド・トレンド』第二一五号（二〇一三年八月）
コラム4「トルコ──サッカーと政治」『アジ研ワールド・トレンド』第二三七号（二〇一五年六月）
コラム5「EUとトルコの難民対策合意」『IDEスクエア：世界を見る眼』（二〇一六年三月）
コラム6「盗票が嘘と見抜かれたイスタンブール市長再選挙」『フォーサイト』（二〇一九年七月八日）
コラム7「トルコシリア侵攻──エルドアン大統領のトラウマと打算」『フォーサイト』（二〇一九年一〇月一七日）
コラム8　書き下ろし
コラム9　書き下ろし
コラム10「トルコ大地震──エルドアン政権の復興選挙」『IDEスクエア：世界を見る眼』（二〇二三年三月）

【著者略歴】

間 寧（はざま やすし）

1961年生まれ。1984年，東京外国語大学英米語学科卒。1991年，中東工科大学（アンカラ，トルコ）行政学修士課程修了。2004年，ビルケント大学（アンカラ，トルコ）政治学博士課程修了。1984年，アジア経済研究所入所。1989～91年に在アンカラ海外派遣員，1998～99年に在アンカラ海外調査員。中東研究グループ長などを経て，2022年より地域研究センター主任研究員。2007年～現在，東京外国語大学大学院客員教授。専門は，比較政治学，トルコ政治経済。最近の主な著作に，"Conservatives, nationalists, and incumbent support in Turkey," Turkish Studies, Vol. 22 (2021)，編著に『トルコ』（シリーズ・中東政治研究の最前線1，ミネルヴァ書房，2019年）など。

エルドアンが変えたトルコ
――長期政権の力学

2023年6月20日　第1刷印刷
2023年6月30日　第1刷発行

著者――――間 寧

発行者―――福田隆雄
発行所―――株式会社作品社
〒102-0072 東京都千代田区飯田橋2-7-4
tel 03-3262-9753　fax 03-3262-9757
振替口座 00160-3-27183
https://www.sakuhinsha.com

編集――――勝 康裕
本文組版――有限会社閏月社
製図――――米山雄基
装丁――――小川惟久
印刷・製本――シナノ印刷(株)

ISBN978-4-86182-972-7 C0031

人名索引

事項索引

［サ　行］

［タ　行］

参考文献

Akinci, Fevzi, et al. (2012) "Assessment of the Turkish Health Care System Reforms: A Stakeholder Analysis", *Health Policy*, 107 (1): 21-30.

Anderson, Christopher J., and Jun Ishii (1997) "The Political Economy of Election Outcomes in Japan", *British Journal of Political Science*, 27 (4): 619-630.

Anderson, Leslie E. (2009) "The Problem of Single-Party Predominance in an Unconsolidated Democracy: The Example of Argentina", *Perspectives on Politics*, 7 (4): 767-784.

Arat, Yeşim (2005) *Rethinking Islam and Liberal Democracy: Islamist Women in Turkish Politics*. Albany: SUNY Press.

Arceneaux, Kevin (2003) "The Conditional Impact of Blame Attribution on the Relationship between Economic Adversity and Turnout", *Political Research Quarterly*, 56 (1): 67-75.

Aronoff, Myron J. (1990) "Israel under Labor and the Likud: The Role of Dominance Considered", in T. J. Pempel (ed.), *Uncommon Democracies*, Ithaca: Cornell University Press.

ASPB, Aile ve Sosyal Politikalar Bakanlığı (2017) *2016 Yılı Faaliyet Raporu* [cited June 23, 2017]. Available from http: //www.aile.gov.tr/data/58b58e4c691407119c139239/2016%20%20Faaliyet%20Raporu.pdf.

ASPB, Aile ve Sosyal Politikalar Bakanlığı (2017) *Sosyal Yardım Programlarımız* [cited October 31, 2017]. Available from http: //sosyalyardimlar.aile.gov.tr/sosyal-yardim-programlarimiz.

ASPB, Aile ve Sosyal Politikalar Bakanlığı (2017) "Türkiye'nin Bütünleşik Sosyal Yardım Sistemi".

Atun, Rifat, et al. (2013) "Universal Health Coverage in Turkey: Enhancement of Equity", *The Lancet*, 382 (9886): 65-99.

Avcl, Hanefi (2010) *Haliç'te Yaşayan Simonlar*. Ankara: Angora.

Ayan Musil, Pelin (2014) "Emergence of a Dominant Party System after Multipartyism: Theoretical Implications from the Case of the Akp in Turkey", *South European Society and Politics*, 20 (1): 71-92.

Aydın, S., and Y. Taşkın (2016) *1960'tan Günümüze: Türkiye Tarihi*. İstanbul: İletişim Yayınları.

Aytaç, Selim Erdem (2018) "Relative Economic Performance and the Incumbent Vote: A Reference Point Theory", *The Journal of Politics*, 80 (1): 16-29.

Bahçe, Serdal, and Ahmet Haşim Köse (2018) "Kapitalizmin Yoksulluğu: Vatandaş Yada Toplumsal Sınıf Olarak Yoksullar?", in Denizcan Kutlu (ed.), *Sosyal Yardim Alanlar:*

Emek, Gecim, Siyaset ve Toplumsal Cinsiyet, Istanbul: İletişim Yayınları.

Balaban, Utku (2018) "İslamcı Refah Rejim ve Siyaset: Yeni Korporatizmin Bölgesel Oy Dağılımına Etkileri", in Denizcan Kutlu (ed.), *Sosyal Yardim Alanlar: Emek, Gecim, Siyaset ve Toplumsal Cinsiyet*, İstanbul: İletişim Yayınları.

Barr, Robert R. (2009) "Populists, Outsiders and Anti-Establishment Politics", *Party Politics*, 15 (1): 29-48.

Barrientos, A. (2013) *Social Assistance in Developing Countries*. Cambridge: Cambridge University Press.

Bashirov, Galib (2018) "The Akp after 15 years: Emergence of Erdoganism in Turkey Au - Yilmaz, Ihsan", *Third World Quarterly*, 39 (9): 1812-1830.

Baslevent, Cem, et al. (2009) "Party Preferences and Economic Voting in Turkey (Now That the Crisis Is over)", *Party Politics*, 15 (3): 377-391.

Benton, Allyson Lucinda (2005) "Dissatisfied Democrats or Retrospective Voters?: Economic Hardship, Political Institutions, and Voting Behavior in Latin America", *Comparative Political Studies*, 38 (4): 417-442.

Boratav, Korkut (2016) "The Turkish Bourgeoisie under Neoliberalism", *Research and Policy on Turkey*, 1 (1): 1-10.

Brooks, Sarah M. (2015) "Social Protection for the Poorest: The Adoption of Antipoverty Cash Transfer Programs in the Global South*", *Politics & Society*, 43 (4): 551-582.

Bugra, Ayşe, and Aysen Candas (2011) "Change and Continuity under an Eclectic Social Security Regime: The Case of Turkey", *Middle Eastern Studies*, 47 (3): 515-528.

Buğra, Ayşe, and Çağlar Keyder (2006) "The Turkish Welfare Regime in Transformation", *Journal of European Social Policy*, 16 (3): 211-228.

Bulut, Faik (1999) *İslamcı Şirketler Nereye?*, *Tarikat Sermayesi*. [Turkey]: Su Yayınevi.

Çakır, Ruşen (1994) *Ne Şeriat Ne Demokrasi*, *Siyahbeyaz Dizisi*. Cağaloğlu, İstanbul: Siyahbeyaz, Metis Güncel.

Çakır, R., and F. Çalmuk (2001) *Recep Tayyip Erdoğan: Bir Dönüşüm öyküsü*. Beyoğlu, İstanbul: Metis Yayınları.

Çakır, Ruşen, and Semih Sakallı (2014) *100 Soruda Erdoğan X Gülen Savaşı*, *Siyahbeyaz Dizisi*. İstanbul: Metis.

Çarkoğlu, Ali (2011) "Turkey›s 2011 General Elections – Towards a Dominant Party System?", *Insight Turkey*, 13 (3): 43-62.

Çarkoğlu, Ali (2012) "Economic Evaluations Vs. Ideology: Diagnosing the Sources of Electoral Change in Turkey, 2002-2011", *Electoral Studies*, 31 (3): 513-521.

Çarkoğlu, Ali, and Ersin Kalaycıoğlu (2021) *Fragile but Resilient?* Vol.: hardcover. Ann Arbor: University of Michigan Press.

Çetin, Tamer, et al. (2016) "Independence and Accountability of Independent Regulatory Agencies: The Case of Turkey", *European Journal of Law and Economics*, 41 (3): 601-620.

Çınar, Alev (2005) "Modernity, Islam, and Secularism in Turkey: Bodies, Places, and Time".

Carothers, Christopher (2018) "The Surprising Instability of Competitive Authoritarianism", *Journal of Democracy*, 29: 129-135.

Clarke, Harold D. (2004) *Political Choice in Britain*. Oxford; New York: Oxford University Press.

Clarke, Harold D., et al. (2009) *Performance Politics and the British Voter*. Cambridge: Cambridge University Press.

Corke, Susan, et al. (2014) "Democracy in Crisis: Corruption, Media, and Power in Turkey" <https: //freedomhouse.org/report/special-reports/democracy-crisis-corruption-media-and-power-turkey> (accessed September 11, 2014).

Cravino, Javier, and Andrei A. Levchenko (2017) "The Distributional Consequences of Large Devaluations", *The American Economic Review*, 107 (11): 3477-3509.

Demiralp, Seda, and Selva Demiralp (2019) "Erosion of Central Bank Independence in Turkey", *Turkish Studies*, 20 (1): 49-68.

Demiralp, Seda, et al. (2016) "The State of Property Development in Turkey: Facts and Comparisons", *New Perspectives on Turkey*, 55: 85-106.

Doğan, S. (2016) *Mahalledeki Akp: Parti Işleyişi, Taban Mobilizasyonu ve Siyasal Yabancılaşma*. İstanbul: İletişim.

Duverger, Maurice (1955) *Political Parties, Their Organization and Activity in the Modern State*. London: Methuen.

Eder, Mine (2010) "Retreating State? Political Economy of Welfare Regime Change in Turkey", *Middle East Law and Governance*, 2 (2): 152-184.

Elver, Hilal (2012) *The Headscarf Controversy, Religion and Global Politics*. New York: Oxford University Press.

Erdoğan Tosun, Gülgün, Tanju Tosun, Yusuf Can Gökmen (2018) "Party Membership and Political Participation in Turkey", in Sabri Sayarı, Pelin Ayan Musil and Özhan Demirkol (eds.), *Party Politics in Turkey*, London: Routledge.

Erman, T.E. (2016) *"Mış Gibi Site": Ankara'da Bir Tokİ-Gecekondu Dönüşüm Sitesi*. İstanbul: İletişim.

Erus, Burcay, and Nazli Aktakke (2012) "Impact of Healthcare Reforms on out-of-Pocket Health Expenditures in Turkey for Public Insurees", *Eur J Health Econ*, 13 (3): 337-46.

Esen, Berk, and Sebnem Gumuscu (2016) "Rising Competitive Authoritarianism in Turkey", *Third World Quarterly*: 1-26.

Esping-Andersen, Gøsta (1990) "Single-Party Dominance in Sweden: The Saga of Social Democracy", in T. J. Pempel (ed.), *Uncommon Democracies*, Ithaca: Cornell University Press.

Europa Publications (ed.) (2017) *The Far East and Australasia 2018*, 49th ed. London: Routledge.

Eurostat (2016) *European System of Integrated Social Protection Statistics, Esspros: Manual and User Guidelines 2016 Edition*. European Union. Available from http: //ec.europa.eu/eurostat/documents/3859598/7766647/KS-GQ-16-010-EN-N.pdf/3fe2216e-13b0-4ba1-

b84f-a7d5b091235f.

Fossati, Diego (2014) "Economic Vulnerability and Economic Voting in 14 Oecd Countries", *European Journal of Political Research*, 53 (1): 116-135.

Galston, William A. (2018) "The Populist Challenge to Liberal Democracy", *Journal of Democracy*, 29 (2): 5-19.

Gamson, William, and Andre Modigliani (1987) "The Changing Culture of Affirmative Action", in Richard Braungart (ed.), *Research in Political Sociology*, Greenwich, CT: Jai Press, Inc.

Gidengil, Elisabeth, and Ekrem Karakoç (2014) "Which Matters More in the Electoral Success of Islamist (Successor) Parties - Religion or Performance? The Turkish Case", *Party Politics*.

Göçmen, Ipek (2014) "Religion, Politics and Social Assistance in Turkey: The Rise of Religiously Motivated Associations", *Journal of European Social Policy*, 24 (1): 92-103.

Göle, Nilüfer (1996) *The Forbidden Modern: Civilization and Veiling, Critical Perspectives on Women and Gender*. Ann Arbor: University of Michigan Press.

Gumuscu, Sebnem (2013) "The Emerging Predominant Party System in Turkey", *Government and Opposition*, 48 (02): 223-244.

Gunther, Richard, and Larry Diamond (2003) "Species of Political Parties: A New Typology", *Party Politics*, 9 (2): 167-199.

Gürakar, Esra (2016) *Politics of Favoritism in Public Procurement in Turkey: Reconfigurations of Dependency Networks in the AKP Era*. New York: Palgrave Macmillan.

Güzel, Fatih (2017) "Sovereign Wealth Funds: A Comparison of the Turkish Sovereign Wealth Fund with the World Samples", *Periodicals of Engineering and Natural Sciences (PEN)*, 5.

Hazama, Yasushi (2007) *Electoral Volatility in Turkey, I.D.E. Occasional Papers Series*. Chiba: Institute of Developing Economies, Japan External Trade Organization.

Hazama, Yasushi (2012) "Non-Economic Voting and Incumbent Strength in Turkey", IDE Discussion Paper Series, No. 340, March. Chiba: Institute of Developing Economies, Japan External Trade Organization.

Hazama, Yasushi (2014) "The Making of a State-Centered Public Sphere in Turkey: A Discourse Analysis", *Turkish Studies* 15 (2):163-180.

Hellwig, Timothy, et al. (2020) *Democracy under Siege?: Parties, Voters, and Elections after the Great Recession, Comparative Study of Electoral Systems*. Oxford: Oxford University Press.

Huber, Evelyne, et al. (2006) "Politics and Inequality in Latin America and the Caribbean", *American Sociological Review*, 71 (6): 943-963.

Huber, Evelyne, and John D. Stephens (2012) *Democracy and the Left: Social Policy and Inequality in Latin America*. Chicago: University of Chicago Press.

Inglehart, R., C. Haerpfer, A. Moreno, C. Welzel, K. Kizilova, J. Diez-Medrano, M. Lagos, P. Norris, E. Ponarin & B. Puranen et al. (eds.) (2014) *World Values Survey: Round Five -*

Country-Pooled Datafile Version.

Inglehart, R., C. Haerpfer, A. Moreno, C. Welzel, K. Kizilova, J. Diez-Medrano, M. Lagos, P. Norris, E. Ponarin & B. Puranen et al. (eds.) (2014) *World Values Survey: Round Six - Country-Pooled Datafile Version.*

IPSOS Sosyal Araştırmalar Enstitüsü (2015) *2015 Genel Seçim Sandık Sonrası Araştırması* [cited July 1, 2015]. Available from http: //www.ipsos.com.tr/node/1066.

IPSOS Sosyal Araştırmalar Enstitüsü (2017) *Anayasa Degis¸Iklig Referandumu Sandık Sonrası Aras¸ Tırması* [cited April 21, 2017]. Available from http: //www.ipsos.com.tr/ node/1174.

Joppien, Charlotte (2018) *Municipal Politics in Turkey, Routledgecurzon Studies in Middle Eastern Politics*. London: Routledge.

Jowett, Matthew, and William C Hsiao (2007) "The Philippines: Extending Coverage Beyond the Former Sector", in William C. Hsiao and R. Paul Shaw (eds.), *Social Health Insurance for Developing Nations*, Washington, D.C.: World Bank.

Kalaycıoğlu, Ersin (2010) "Justice and Development Party at the Helm: Resurgence of Islam or Restitution of the Right - of - Center Predominant Party?", *Turkish Studies*, 11 (1): 29-44.

Karadoğan, Emirali (2018) "Sosyal Yardımlar Zararlı (Mı?): 'Bir Paket Makarna' Nın öz Saygı Düzeyine Etkisi ve Klientalizm Sorgulaması", in Denizcan Kutlu (ed.), *Sosyal Yardim Alanlar: Emek, Gecim, Siyaset ve Toplumsal Cinsiyet*, İstanbul: İletişim Yayınları.

Karaman, Ozan (2013) "Urban Neoliberalism with Islamic Characteristics", *Urban Studies*, 50 (16): 3412-3427.

Keleş, Ahmet (2016) *Feto'nun Günah Piramidi*. Istanbul: Destek.

Kemahlioğlu, Özge, and Elif Özdemir (2018) "Municipal Control as Incumbency Advantage: An Analysis of the Akp Era", in Sabri Sayarı, Pelin Ayan Musil and Özhan Demirkol (eds.), *Party Politics in Turkey*, London: Routledge.

Kirdiş, Esen (2015) "The Role of Foreign Policy in Constructing the Party Identity of the Turkish Justice and Development Party (Akp)", *Turkish Studies*, 16 (2): 178-194.

Knaul, Felicia Marie, et al. (2009) "Preventing Impoverishment, Promoting Equity and Protecting Households from Financial Crisis: Universal Health Insurance through Institutional Reform in Mexico", in Diana Pinto Masís and Peter Smith (eds.), *Health Care Systems in Developing and Transition Countries*, Cheltenham, UK: Edward Elgar.

Köseş, Ahmet Haşim, and Serdal Bahçe (2010) " 'Hayırsever' Devletin Yükselişi: Akp Yönetiminde Gelir Dağlımı ve Yoksulluk", in Bülent Duru and İlhan Uzgel (eds.), *Akp Kitabı: Bir Dönüşümün Bilançosu*, Ankara: Phoenix.

Küçükali, C. (2015) *Discursive Strategies and Political Hegemony: The Turkish Case*. Amsterdam: John Benjamins Publishing Company.

Kuru, Ahmet (2007) "Passive and Assertive Secularism: Historical Conditions, Ideological Struggles, and State Policies Towards Religion", *World Politics*, 29 (4): 568-594.

Kuru, Ahmet T. (2009) *Secularism and State Policies toward Religion*. Vol.: hardback, *Cam-*

bridge Studies in Social Theory, Religion, and Politics. Cambridge: Cambridge University Press.

Kutlu, Denizcan (2018) "Sosyal Yardim Alanlar Konuşuyor", in Denizcan Kutlu (ed.), *Sosyal Yardim Alanlar: Emek, Gecim, Siyaset ve Toplumsal Cinsiyet*, İstanbul: İletişim Yayınları.

Lacey, Jonathan (2014) " 'Turkish Islam' as 'Good Islam': How the Gülen Movement Exploits Discursive Opportunities in a Post-9/11 Milieu", *Journal of Muslim Minority Affairs*, 34 (2): 95-110.

Lerner, Daniel (1958) *The Passing of Traditional Society: Modernizing the Middle East, The Passing of Traditional Society: Modernizing the Middle East.* New York: Free Press.

Levitsky, Steven, and Lucan Way (2020) "The New Competitive Authoritarianism", *Journal of Democracy*, 31: 51-65.

Lewis-Beck, Michael S., and Mary Stegmaier (2013) "The Vp-Function Revisited: A Survey of the Literature on Vote and Popularity Functions after over 40 Years", *Public Choice*, 157 (3-4): 367-385.

Lindberg, Staffan I., and Jonathan Jones (2010) "Laying a Foundation for Democracy or Undermining It? Dominant Parties in Africa's Burgeoning Democracies", in Matthijs Bogaards and Francoise Boucek (eds.), *Dominant Political Parties and Democracy: Concepts, Measures, Cases, and Comparisons*, London: Routledge.

Lipset, Seymour Martin, and Stein Rokkan (1967) "Cleavage Structures, Party Systems, and Voter Alignments: An Introduction", in Seymour Martin Lipset and Stein Rokkan (eds.), *Party Systems and Voter Alignments*.

Long, J. Scott, and Sarah Mustillo (2018) "Using Predictions and Marginal Effects to Compare Groups in Regression Models for Binary Outcomes", *Sociological Methods & Research*: 004912411879937.

Manacorda, Marco, et al. (2011) "Government Transfers and Political Support", *American Economic Journal: Applied Economics*, 3 (3): 1-28.

Mardin, Şerif (1973) "Center-Periphery Relations: A Key to Turkish Politics?", *Daedalus*, 102 (1): 169-190.

Margalit, Yotam (2011) "Costly Jobs: Trade-Related Layoffs, Government Compensation, and Voting in U.S. Elections", *American Political Science Review*, 105 (1): 166-188.

Marina, Dodlova, and Gioblas Anna (2017) *Regime Type, Inequality, and Redistributive Transfers in Developing Countries*. Helsinki, Finland: UNU-WIDER.

Meguid, Bonnie M. (2008) *Party Competition between Unequals: Strategies and Electoral Fortunes in Western Europe, Cambridge Studies in Comparative Politics*. Cambridge: Cambridge University Press.

Meltzer, Allan H., and Scott F. Richard (1981) "A Rational Theory of the Size of Government", *Journal of Political Economy*, 89 (5): 914-927.

Metin, Onur (2011) "Sosyal Politika Açsından Akp Dönemi: Sosyal Yardım Alanında Yaşananlar", *Çalışma ve Toplum*, (28).

MetroPOLL Stratejik ve Sosyal Araştırmalar Merkezi A.S. (2015) *Türkiye'nin Nabzı Haziran*

2015: Seçim Sonuçları ve Koalisyon Seçenekleriyle Siyasette Yeni Dönemin Gündemi [cited June 15 2015]. Available from http: //wwwmetropoll.com.tr.

Moreno, Erika, et al. (2003) "The Accountability Deficit in Latin America", in Scott Mainwaring and Christopher Welna (eds.), *Democratic Accountability in Latin America*, Oxford: Oxford University Press.

Mudde, Cas, and Cristobal Rovira Kaltwasser (2015) "Populism", in Michael Freeden, Lyman Tower Sargent and Marc Stears (eds.), *The Oxford Handbook of Political Ideologies*.

Munyar, Vahap. 2015. "3 Yıldır Ekonomide Patinaj Yapıyoruz." *Hürriyet*.

Muramatsu, Michio, and Ellis S. Krauss (1990) "Dominant Party and Social Coalitions in Japan", in T. J. Pempel (ed.), *Uncommon Democracies*, Ithaca: Cornell University Press.

Nannestad, Peter, and Martin Paldam (1994) "The Vp-Function: A Survey of the Literature on Vote and Popularity Functions after 25 Years", *Public Choice*, 79 (3/4): 213-245.

Nannestad, Peter, and Martin Paldam (2002) "The Cost of Ruling: A Foundation Stone for Two Theories", in Han Dorussen and Michaell Taylor (eds.), *Economic Voting*, London: Routledge.

Nwokora, Zim, and Riccardo Pelizzo (2014) "Sartori Reconsidered: Toward a New Predominant Party System", *Political Studies*, 62 (4): 824-842.

O'Donnell, Owen, et al. (2007) "The Incidence of Public Spending on Healthcare: Comparative Evidence from Asia", *The World Bank Economic Review*, 21 (1): 93-123.

OECD-World Bank (2008) *Oecd Reviews of Health Systems: Turkey*. Paris: Organisation for Economic Cooperation and Development.

OECD-World Bank (2008) *Oecd Reviews of Health Systems: Turkey*. Paris: Organisation for Economic Cooperation and Development

Öniş, Ziya (2012) "The Triumph of Conservative Globalism: The Political Economy of the Akp Era", *Turkish Studies*, 13 (2): 135-152.

Öniş, Ziya, and Caner Bakır (2007) "Turkey›s Political Economy in the Age of Financial Globalization: The Significance of the Eu Anchor", *South European Society and Politics*, 12 (2): 147-164.

Owen, Andrew, and Joshua A. Tucker (2010) "Past Is Still Present: Micro-Level Comparisons of Conventional Vs. Transitional Economic Voting in Three Polish Elections", *Electoral Studies*, 29 (1): 25-39.

Özalp, Hüseyin (2010) *Kuşatılan Yargı, Togan Yayınları*. Kocamustafapaşa, İstanbul: Togan Yayıncılık.

Özbek, Nadir (2006) *Cumhuriyet Türkiyesi'nde Sosyal Güvenlik ve Sosyal Politikalar*. İstanbul: Emeklilik Gözetim Merkezi.

Özden, Barış Alp (2014) "The Transformation of Social Welfare and Politics in Turkey: A Successful Convergence of Neoliberalism and Populism", in İsmet Akça, Ahmet Bekmen and Barış Alp Özden (eds.), *Turkey Reframed*, London: PlutoPress.

Özpek, Burak Bilgehan, and Nebahat Tanriverdi Yaşar (2018) "Populism and Foreign Policy in Turkey under the Akp Rule", *Turkish Studies*, 19 (2): 198-216.

Öztürk, Ahmet Erdi (2016) "Turkey's Diyanet under Akp Rule: From Protector to Imposer of State Ideology?", *Southeast European and Black Sea Studies*, 16 (4): 619-635.

Öztürk, Osman (2015) "Sağlıkta Neo-Liberal Dönüşüm ve Hak Kayıpları", in Meryem Koray and Aziz Çelik (eds.), *Himmet, Fıtrat, Piyasa*, İstanbul: İletişim Yayınları.

Pacek, Alexander, and Benjamin Radcliff (1995) "The Political Economy of Competitive Elections in the Developing World", *American Journal of Political Science*, 39 (3): 745-759.

Palmer, Harvey D, and Guy D Whitten (2002) "Economics, Politics, and the Cost of Ruling in Advanced Industrial Democracies: How Much Does Context Matter?", in Han Dorussen and Michaell Taylor (eds.), *Economic Voting*, London: Routledge.

Park, Brandon Beomseob, and Jungsub Shin (2019) "Do the Welfare Benefits Weaken the Economic Vote? A Cross-National Analysis of the Welfare State and Economic Voting", *International Political Science Review*, 40 (1): 108-125.

Pempel, T. J. (1990) "Conclusion: One-Party Dominance and the Creation of Regimes", in T. J. Pempel (ed.), *Uncommon Democracies*, Ithaca: Cornell University Press.

Phillips, N., and C. Hardy (2002) *Discourse Analysis: Investigating Processes of Social Construction*: SAGE Publications.

Pradhan, Menno, et al. (2007) "Did the Health Card Program Ensure Access to Medical Care for the Poor During Indonesia's Economic Crisis?", *The World Bank Economic Review*, 21 (1): 125-150.

Remmer, Karen L. (1991) "The Political Impact of Economic Crisis in Latin America in the 1980s", *The American Political Science Review*, 85 (3): 777-800.

Roberts, Kenneth M. (2006) "Populism, Political Conflict, and Grass-Roots Organization in Latin America", *Comparative Politics*, 38 (2): 127-148.

Ross, Michael (2006) "Is Democracy Good for the Poor?", *American Journal of Political Science*, 50 (4): 860-874.

Sanders, David, and Sean Carey (2002) "Temporal Variations in Economic Voting: A Comparative Cross-National Analysis", in Han Dorussen and Michaell Taylor (eds.), *Economic Voting*, London: Routledge.

Sartori, Giovanni (1976) *Parties and Party Systems: A Framework for Analysis*. Cambridge: Cambridge University Press.

Selçuk, Orçun, and Dilara Hekimci (2020) "The Rise of the Democracy - Authoritarianism Cleavage and Opposition Coordination in Turkey (2014-2019)", *Democratization*, 27 (8): 1496-1514.

Selvi, Abdülkadir (2013) "Cemaat ve Dershaneler." *Yeni Şafak*, 2 Aralık.

Selvi, Abdulkadir (2017) *Darbeye Geçit Yok*. Istanbul: Doğan Kitap.

Şener, Nedim (2009) *Ergenekon Belgelerinde Fethullah Gülen ve Cemaat, Güncel Yayıncılık*. Istanbul: Güncel yayıncılık.

Shalev, Michael (1990) "The Political Economy of Labor-Pary Dominance and Decline in Israel", in T. J. Pempel (ed.), *Uncommon Democracies*, Ithaca: Cornell University Press.

Shugart, M.S., and J.M. Carey (1992) *Presidents and Assemblies: Constitutional Design and*

Electoral Dynamics. Cambridge: Cambridge University Press.

Singer, Matthew M. (2011) "Economic Voting and Welfare Programmes: Evidence from the American States", *European Journal of Political Research*, 50 (4): 479-503.

Singer, Matthew M. (2013) "What Goes around Comes Around: Perceived Vulnerable Employment and Economic Voting in Developing Countries", *European Journal of Political Research*, 52 (2): 143-163.

Singer, Matthew M. (2018) "Informal Sector Work and Evaluations of the Incumbent: The Electoral Effect of Vulnerability on Economic Voting", *Latin American Politics and Society*, 58 (2): 49-73.

Stegmaier, Mary, and Helmut Norpoth (2013) Election Forecasting. edited by Oxford Bibliographies: Oxford University Press.

Sudman, Seymour (1966) "Probability Sampling with Quotas", *Journal of the American Statistical Association*, 61 (315): 749-771.

Syed Mansoob, Murshed, et al. (2017) *Fiscal Capacity and Social Protection Expenditure in Developing Nations*. Helsinki, Finland: UNU-WIDER.

Taşcı, İlhan (2011) *İlahi Adalet*. İstanbul: Cumhuriyet Kitapları.

Tatar, Mehtap, et al. (2011) "Turkey: Health System Review", *Health Systems in Transition*, 13 (6): 1-186.

Tekgüç, Hasan (2018) "Declining Poverty and Inequality in Turkey: The Effect of Social Assistance and Home Ownership", *South European Society and Politics*, 23 (4): 547-570.

The Comparative Study of Electoral Systems (www.cses.org). CSES MODULE 3 FULL RELEASE [dataset]. December 15, 2015 version.

The Comparative Study of Electoral Systems (www.cses.org). CSES MODULE 4 FULL RELEASE [dataset and documentation]. May 29, 2018 version.

The World Bank (2017) *Social Protection* [cited October 31 2017]. Available from http: //www.worldbank.org/en/topic/socialprotectionlabor/overview.

Tillman, Erik R. (2008) "Economic Judgments, Party Choice, and Voter Abstention in Cross-National Perspective", *Comparative Political Studies*, 41 (9): 1290-1309.

Toros, Emre (2011) "Forecasting Elections in Turkey", *International Journal of Forecasting*, 27 (4): 1248-1258.

Türkiye Cumhuriyeti Sosyal Güvenlik Kurumu (2013) *Muayene Katilim Payi* [cited October 29 2013]. Available from http: //www.sgk.gov.tr/wps/portal/tr/genel_saglik_sigortasi/saglik_hizmetleri/muayene_katilim_payi/.

Üçkardeşler, Emre (2015) "Turkey›s Changing Social Policy Landscape, Winter 2015", *Turkish Studies Quarterly*, (Winter): 149-161.

Üçok, Ahmet Zeki (2016) *Tek Başına: Hakıkat Peşinde Koşanlar Yorulmazlar*. İstanbul: Doğan Egmont.

Ugur, Mehmet (2019) *The European Union and Turkey: An Anchor/Credibility Dilemma*. Aldershot; Brookfield USA: Routledge.

Urhan, Gülcan (2018) "Yerel Refah Sisteminin Oluşumunda Belediye Yardımları ve Yardım

Alma Deneyimi: İşlev ve Sonuçları Açısından Bir Değerlendirme", in Denizcan Kutlu (ed.), *Sosyal Yardim Alanlar: Emek, Gecim, Siyaset ve Toplumsal Cinsiyet*, İstanbul: İletişim Yayınları.

Urhan, Gülcan, and Betül Urhan (2015) "Akp Döneminde Sosyal Yardım", in Meryem Koray and Aziz Çelik (eds.), *Himmet, Fıtrat, Piyasa*, İstanbul: İletişim Yayınları.

Üstündağ, Nazan, and Çağrı Yoltar (2007) "Türkiye›de Sağlık Sisteminin Dönüşümü: Bir Devlet Etnografisi", in Çağlar Keyder, Nazan Üstündağ, Tuba Ağartan and Çağrı Yoltar (eds.), *Avrupa'da ve Türkiye'de Sağlık Politikaları*, İstanbul: Iletisim.

Uzunoğlu, Sarphan (2020) "The Politics of Media in Turkey: Chronicle of a Stillborn Media System", in Günes Murat Tezcür (ed.), *The Oxford Handbook of Turkish Politics*. New York: Oxford University Press.

van Dijk, Teun A. (1993) "Principles of Critical Discourse Analysis", *Discourse & Society*, 4 (2): 249-283.

van Doorslaer, Eddy, et al. (2000) "Equity in the Delivery of Health Care in Europe and the Us", *Journal of Health Economics*, 19 (5): 553-583.

Veren, Nurettin (2016) *Feto*. Istanbul: Destek.

Volkens, Andrea, et al. (2020) The Manifesto Data Collection. Manifesto Project (Mrg/Cmp/Marpor). Version 2020a. Wissenschaftszentrum Berlin für Sozialforschung (WZB).

Walgrave, Stefaan, et al. (2014) "The Limits of Issue Ownership Dynamics: The Constraining Effect of Party Preference", *Journal of Elections, Public Opinion and Parties*, 24 (1): 1-19.

Walgrave, Stefaan, et al. (2015) "The Conceptualisation and Measurement of Issue Ownership", *West European Politics*, 38 (4): 778-796.

Weitz-Shapiro, Rebecca (2016) *Curbing Clientelism in Argentina*. New York: Cambridge University Press.

Weschle, Simon (2014) "Two Types of Economic Voting: How Economic Conditions Jointly Affect Vote Choice and Turnout", *Electoral Studies*, 34 (0): 39-53.

Weyland, Kurt (1999) "Neoliberal Populism in Latin America and Eastern Europe", *Comparative Politics*, 31 (4): 379-401.

White, Jenny Barbara (2002) *Islamist Mobilization in Turkey: A Study in Vernacular Politics*. Seattle: University of Washington Press.

World Bank (2010) *Turkey - Health Transition Project*. Washington D.C.: The Worldbank.

World Health Organization (2012) *Turkey Health System Performance Assessment 2011* [cited November 1 2012]. Available from http: //www.euro.who.int/__data/assets/pdf_file/0004/165109/e95429.pdf.

Yardim, Mahmut Saadi, et al. (2010) "Catastrophic Health Expenditure and Impoverishment in Turkey", *Health Policy*, 94 (1): 26-33.

Yasar, Gulbiye Yenimahalleli (2011) " 'Health Transformation Programme' in Turkey: An Assessment", *The International Journal of Health Planning and Management*, 26 (2): 110-133.

Yavuz, M. Hakan (2006) *The Emergence of a New Turkey*. Salt Lake City: University of Utah Press.

Yavuz, M. Hakan (2009) *Secularism and Muslim Democracy in Turkey*. Vol.: hardback. Cambridge: Cambridge University Press.

Yavuz, M. Hakan (2013) *Toward an Islamic Enlightenment: The Gülen Movement*. New York: Oxford University Press.

Yavuz, M. Hakan (2018) "Postscript: How Credible Are Alternative Senarios?", in M. Hakan Yavuz and Bayram Balci (eds.), *Turkey's July 15th Coup: What Happened and Why*, Salt Lake City: University of Utah Press.

Yavuz, M. Hakan (2019) "Understanding Turkish Secularism in the 21th Century: A Contextual Roadmap", *Southeast European and Black Sea Studies*, 19 (1): 55-78.

Yavuz, M. Hakan (2021) *Erdoğan: The Making of an Autocrat*, *Edinburgh Studies on Modern Turkey*. Edinburgh: Edinburgh University Press.

Yavuz, M. Hakan, and Bayram Balci (2018) *Turkey's July 15th Coup: What Happened and Why*. Salt Lake City: University of Utah Press.

Yentürk, Nurhan (2018) *Sosyal Yardımlardan Güvenliğe Türkiye'nin Kamu Harcamalarl (2006-2017)*. İstanbul: İstanbul Bilgi Universitesi.

Yesil, Bilge (2016) *Media in New Turkey: The Origins of an Authoritarian Neoliberal State*. Urbana: University of Illinois Press.

Yilmaz, Volkan (2013) "Changing Origins of Inequalities in Access to Health Care Services in Turkey: From Occupational Status to Income", *New Perspectives on Turkey*, (48): 55-77.

新井政美（2001）『トルコ近現代史——イスラム国家から国民国家へ』みすず書房。

今井宏平（2015）『中東秩序をめぐる現代トルコ外交——平和と安定の模索』ミネルヴァ書房。

今井宏平（2017）『トルコ現代史——オスマン帝国崩壊からエルドアンの時代まで』中央公論新社。

小笠原弘幸（2019）『トルコ共和国国民の創成とその変容——アタテュルクとエルドアンのはざまで』九州大学出版会。

澤江史子（2005）『現代トルコの民主政治とイスラーム』ナカニシヤ出版。

間寧（1995）「世俗主義トルコのイスラム政党」『アジ研ワールド・トレンド』1 (4): 30-31。

間寧（1997）「トルコ」田中浩編『現代世界と福祉国家』御茶の水書房。

間寧（1998）「トルコにおける市民社会と政治」酒井啓子編『中東諸国の社会問題』アジア経済研究所。

間寧（2001）「トルコ経済危機——対インフレ政策の挫折」『現代の中東』(31): 2-12。

間寧（2003）「現状分析 トルコ2002年総選挙と親イスラム政権の行方」『現代の中東』(35): 69-79。

間寧（2003）「トルコにおける財政赤字とインフレーション」同著『金融政策レジームと通貨危機——開発途上国の経験と課題』日本貿易振興機構アジア経済研究所、

第9章。

間寧（2006）「視点 トルコのEU加盟交渉開始」『現代の中東』(40): 11-15。

間寧（2008）「現状分析 スカーフの解禁与党の解党——トルコ」『現代の中東』(45): 43-50。

間寧（2015）「2015年6月トルコ総選挙——公正発展党政権の過半数割れと連立政権模索（トレンドリポート）」『アジ研ワールド・トレンド』(10月): 48-51。

間寧（2018）「トルコ——エルドアンのネオポピュリズム」村上勇介編『「ポピュリズム」の政治学——深まる政治社会の亀裂と権威主義化』国際書院。

間寧（2019）「序章」間寧編著『トルコ』ミネルヴァ書房。

間寧（2020）「世界の潮 シリア・トルコ直接交戦勃発——停戦破綻の力学」『世界』(931): 18-22。

間寧編著（2019）『トルコ』（シリーズ・中東政治研究の最前線）ミネルヴァ書房。